民國文化與文學研究文叢

五 編

李 怡 主編

第 8 冊

三民主義文化／文學的宿命與救贖：
以《文化先鋒》、《文藝先鋒》爲中心

洪 亮 著

國家圖書館出版品預行編目資料

三民主義文化／文學的宿命與救贖：以《文化先鋒》、《文藝先鋒》為中心／洪亮 著 -- 初版 -- 新北市：花木蘭文化出版社，2015〔民104〕
目 2+212 面：19×26 公分
（民國文化與文學研究文叢 五編：第 8 冊）
ISBN 978-986-404-250-0（精裝）
1. 中國文學 2. 文學評論
541.26208　　　　　　　　　　　　　　104012144

特邀編委（以姓氏筆畫為序）：

ISBN- 978-986-404-250-0

9 789864 042500

民國文化與文學研究文叢
五 編 第八冊　　　　　ISBN：978-986-404-250-0

三民主義文化／文學的宿命與救贖：以《文化先鋒》、《文藝先鋒》為中心

作　　者　洪 亮
主　　編　李 怡
企　　劃　四川大學現代中國文化與文學研究中心
　　　　　北京師範大學民國歷史文化與文學研究中心
總 編 輯　杜潔祥
副總編輯　楊嘉樂
編　　輯　許郁翎
出　　版　花木蘭文化出版社
社　　長　高小娟
聯絡地址　235 新北市中和區中安街七二號十三樓
　　　　　電話：02-2923-1455／傳真：02-2923-1452
網　　址　http://www.huamulan.tw 信箱 hml810518@gmail.com
印　　刷　普羅文化出版廣告事業
初　　版　2015 年 9 月
全書字數　194234 字
定　　價　五編 24 冊（精裝）新台幣 45,000 元

三民主義文化／文學的宿命與救贖：
以《文化先鋒》、《文藝先鋒》爲中心

洪　亮　著

作者簡介

洪亮，男，1983 年 1 月生於黑龍江省安達市。先後畢業於北京交通大學電氣工程與自動化專業、首都師範大學中國現當代文學專業、中國社會科學院研究生院中國現當代文學專業，2014 年獲文學博士學位。現爲山東師範大學文學院講師。曾在《中國現代文學研究叢刊》、《魯迅研究月刊》、《文藝爭鳴》、《抗戰文化研究》等刊物發表論文多篇，並分別於 2013 年 3 月、2014 年 3 月兩次獲得唐弢青年文學研究獎入圍獎

提　　要

　　本書以 1940 年代國民黨中央文化運動委員會的機關刊物《文化先鋒》、《文藝先鋒》爲主要研究對象，通過分析兩個刊物上的文藝主張、文學作品、文化批評乃至社會科學方面的論文等等，來考察它們是如何建構起三民主義的文化與文學的，這種文化／文學怎樣試圖獲得合法性，以及它與民族主義之間的關係等等，並在上述分析的基礎上，探討「三民主義」作爲一種主流意識形態在建構過程中的得失。

　　孫中山和國民黨是信奉忠孝仁義等傳統倫理道德的，而兩個《先鋒》上的作品所採取的多是「新文學」的形式，因此三民主義文化／文學便不得不在新舊之間掙扎。孫中山思想中本就有社會主義成分，三民主義文化／文學的提倡者也很注重「反映民生」，但又要與左翼保持距離，把握二者之間的平衡並不容易，因此三民主義理論的曖昧性便會令國民黨在意識形態鬥爭中「左右爲難」。在抗戰期間，三民主義文化／文學借助於民族主義而獲得了極大的合法性，從某種意義上可以說，三民主義恰恰是通過民族主義才得到「救贖」。抗戰勝利以後，隨著民族主義已經不再具有壓倒一切的地位，三民主義文化／文學的內在裂隙便凸顯出來，官方意識形態便遭遇了前所未有的合法性危機。

民國文學：闡釋優先，史著緩行
——第五輯引言

李　怡

　　中國學界提出「民國文學」的概念已經超過十五年了，〔註1〕在新一波的文學史寫作的潮流之中，人們對民國文學的研究也出現了一種期待，就是希望盡快見到一部《民國文學史》，似乎只有完整的文學通史才足以證明「民國文學」研究的合理性，或者說在當前林林總總的文學史寫作意見裏，證明自己作爲新的學術範式的存在。在我看來，受各種主客觀條件的限制，目前最需要開展的工作還不是撰寫一部體大慮深的文學史著，而是努力從不同的角度深入勘探、考察，對這一段歷史提出新的解釋。

一

　　眾所周知，中國文化具有悠久漫長的「治史」傳統。在一個宗教裁決權並沒有獲得普遍認可的國度，人們傾向於相信，通過歷史框架的確立可以達到某種裁決與審判的高度，所謂「名刊史冊，自古攸難，事列春秋，哲人所重。」〔註2〕中國最早的史官除了司職記事，還負責主持祭祀，占卜吉凶，溝通神靈。史不僅可以成爲「資治通鑒」，甚至還具有某種道德的高度，所謂「孔子成《春秋》，亂臣賊子懼」，〔註3〕史家如司馬遷等也是以「究天人之際，通古今之變」自我期許。

〔註1〕　中國大陸最早的「民國文學」設想出現在 1997 年（陳福康），最早的理論倡導出現在 2000 年代早期（張福貴）。

〔註2〕　劉知幾撰，浦起龍釋：《史通通釋・人物》第 240 頁，上海：上海古籍出版社1978 年版。

〔註3〕　《孟子・滕文公章句下》，見楊伯峻《孟子譯注》上冊 155 頁，中華書局 1960年版。

　　文學史的出現原本是現代的事物，它顯然不同於古代的史官治史，這種來自西方的學術方式更屬於學院派知識份子的個體行為。但是，歷史的因襲依然存在，尤其是在一些世代交替的時節，無論是政治家還是知識份子本身，都自覺不自覺地認定「著史」可以樹立某種新的「標準」，完成對過往事物的「清算」。於是，如下一些史著的意義是可以被我們津津樂道的：

　　奠定中國現代文學學科的基礎是王瑤先生的《中國新文學史稿》。集中代表了撥亂反正過渡時期的文學史觀的是唐弢、嚴家炎先生主編的《中國現代文學史》。

　　體現了新時期的現代文學視野、集中展示研究新成果的是錢理群、陳平原、溫儒敏等人的《中國現代文學三十年》。

　　生動體現著「重寫文學史」意義的是陳思和的《中國當代文學史》。

　　展示 1990 年代以降學術研究的「歷史化」傾向的是洪子誠的《中國當代文學史》。

　　揭示「文學周邊」豐富景觀的是吳福輝獨撰的插圖本《中國現代文學史》。

　　錢理群主編的最新三卷本《中國現代文學編年史》展示了以「廣告為中心」的文學生產、流通、接受及其他社會文化環節，讓文學敘述的圖景再一次豐富而生動。

　　今天，隨著「民國文學」研究的呼聲漸起，在一系列命名和概念的討論之後，應該展示更多的文學史研究實績，只有充分的實績才能說明「民國社會歷史框架」的確具有特殊的文學視野價值，如何集中展示這些實績呢？目前容易想到的似乎就是編寫一部紮實厚重的《民國文學史》。

　　但是，在我看來，文學史編寫的工作固然重要卻又不可操之過急。因為，今天所倡導的「民國文學」，並不僅僅是一個名稱的改變（以「民國」替代「現代」），更重要的是一些研究視角和方法的調整。這些重要的改變至少包括：

　　正視民國歷史的特殊性，而不是簡單流於「半封建半殖民地」等等的簡略判斷。據史學界的知識考古，「半封建」一詞曾經出現在馬克思、恩格斯筆下，列寧第一次分別以「半封建」「半殖民地」指稱中國，以後共產國際以此描述中國現實，「半殖民地」一說並先後為中國國民黨人與中國共產黨人所接受，又經過蘇聯內部的理論爭鳴及共產國際的理論演繹，「半

封建半殖民地」的並稱出現在 1926 年以後，〔註4〕又經過 1930 年代初的「中國社會性質問題論戰」，逐步成為中共領導的馬克思主義史學的基本概括。到延安時期，毛澤東最為完整清晰地論述了這一學說，從此形成了對中國知識份子歷史認知的主導性影響，直到今天應該說都有其獨到的深刻的一面。但是作為一種總體的社會性質的認定，是不是就完全揭示了民國歷史的特點呢？就不需要我們具體的歷史問題的研究了呢？當然不是。例如對「封建」一詞的定義在史學界一直爭議不已，民國時代的經濟已經明顯走上了資本主義的發展道路，忽略這一現實就無法解釋中國近現代工商業文化對於文學市場的重要作用，辛亥革命之後的中國儘管軍閥混戰，也難掩其專制獨裁的性質，但是卻也不是「帝國主義買辦與走狗」這樣的情感宣泄就能「一言以蔽之」的。對於民國史，國外史學界同樣多有研究，有自己的性質認定，這也需要我們加以研讀和借鑒。之所以強調這一點，乃是因為在此之前的《中國現代文學史》，幾乎都是以主流史學界的社會性質概括作為文學發展的前提，從舊民主主義革命到新民主主義革命就是中國現代文學發生發展的基礎，文學的偉大和深刻就在於如何更加深刻地反映了這一歷史過程，1980 年代以後，為了急於從這些政治判斷中脫身，我們的文學史又試圖在「回到文學自身」的訴求中另闢蹊徑，所謂「審美的文學史」成為了口號，但是關於中國現代文學在民國時代的諸多歷史基礎的辨析卻被擱置了起來，今天，如果不能正視民國歷史的特殊性，也就不能在文學的歷史前提方面有真正的突破。

　　發掘民國社會的若干細節，揭示中國現代文學生存發展的具體語境。無論是政治、經濟、社會文化等方面，民國社會的種種特徵都直接影響了現代中國文學的生產、傳播和接受，決定著文學的根本生存環境。關於這方面的研究，最近幾年已經在「文化研究」的推動下頗有收穫，不過，鑒於文化研究在來源上的異質性，實際上我們的考察也還較多地襲用外來的文化

〔註 4〕一般認為，1926 年上半年，蔡和森在莫斯科中共旅俄支部會上作《中國共產黨的發展（提綱）》，已經提到「半殖民地和半封建的中國」和「半封建半殖民地的國家」（《聯共（布）、共產國際與中國國民革命運動（1926～1927）》，下冊第 408 頁，北京圖書館出版社，1998 年），另據李洪岩考證，最早的「半殖民地半封建」字樣，則是 1926 年 9 月 23 日莫斯科中山大學國際評論社編譯出版的中文周刊《國際評論》創刊號上的發刊詞，見《半殖民地半封建理論的來龍去脈》（《中國社會科學院近代史研究所青年學術論壇 2003 年卷》，社會科學文獻出版社，2005 年）。

理論，沒有更充分地回到民國自己的歷史環境。例如性別研究、後殖民批判、大眾文化理論等等的運用，迄今仍有生吞活剝之嫌。要真正揭示這些歷史細節，就還需要完成大量紮實的工作，例如民國經濟在各階段的發展與營運情況，各階層的經濟收入及其演變，社會分化與社會矛盾的基本情形，經濟與政治權利的區域差異問題，法制的發展及對私人權利（包括著作、言論權利）的保護與限制，軍閥政治對輿論及思想的控制方式，國民黨政權對輿論及思想的控制方式，國民政府時期的「黨政關係」及其內在的間隙，國民黨內部各派系的矛盾及其對思想控制的影響，民國各時期書報檢查制度的制定與實施情況，民國時期出版人、新聞人、著作人各自對抗言論控制的方式及效果，主流倫理的演變及民間道德文化的基本特點，文學出版機構的經營情況與文學傳播情況，民國時期作家結社及其他社會交往的細節等等，所有這些龐雜的內容倉促之間，也很難為「文學史」所容納，在一個相當長的時間裏都將成為文學研究的具體話題。

　　解剖民國精神的獨特性、民國文本的獨特性，凸顯而不是模糊這一段文學歷史的的形態。文學史究竟是什麼史？這個問題討論過很多年，至今也可能存在不同的意見，在我看來，儘管我們今天一再強調歷史研究與文化研究的重要性，但是所有這些討論最終還都應該落實到對於文學作品的解釋中來，否則文學學科的獨立性就不復存在了。最近幾年，民國文學研究的倡導與質疑並存，但更多的時候還都停留在口號的辨析和概念的爭論當中，就文學研究本身而論，這樣並不是對學術發展的真正推進。如果民國文學研究的提倡不能以大量的具體文學作品的闡釋為基礎，或者說民國文學的理念不能落實為一系列新的文學闡釋的出現，那麼這一文學史框架的價值就是相當可疑的；如果我們尚不能對若干文學作品的獨特性提出新的認識，那麼又何以能夠撰寫一部全新的《民國文學史》呢？

　　以上幾個方面的工作都是一部新的文學史寫作的必須的前提。我們的文學史的新著，從大的歷史框架的設立與理解到局部事件的認定和把握，乃至作為歷史事件呈現的文本的闡釋都與應該此前我們熟悉的一套方式——革命史話語、現代性話語——有所不同，如果只是抓住名稱大做文章，幾乎可以肯定的是，其結果必然很快陷入到業已成熟的那一套知識和語言中去，所謂「民國文學史」也就名不副實了。早在 1994 年，人民出版社就出版過《中國民國文學史》，這個奇特的書名——不是「中華民國文學史」而是「中國民國

文學史」──顯然反映出了當時的某種政治禁忌，平心而論，在 10 年前，能夠涉及「民國」二字，已屬不易，對於其中所承受的禁忌，我們深表理解；但是也的確因爲這一禁忌的存在，所謂「民國」的諸多歷史細節都未能成爲文學史觀察和分析的對象，所以最終的成果還是普遍性的「現代化」歷史框架，「中國民國文學史」的主體還是不折不扣的「現代文學三十年」，對歷史性質、文學意義的描述都依然如故，對作家的認定、作品的解釋一如既往，只不過增加了一點補充：民國建立到五四新文化運動發生的幾年。這樣的文學史著，自然還不是我們理想中的「民國文學史」。

二

當然，能夠標舉「民國」概念的文學史論已經出現了，這就是臺灣學者尹雪曼主編的《中華民國文藝史》及周錦主編的《中國現代文學研究叢刊》系列叢書，也包括最近兩岸學者的最新努力。

尹雪曼（1918～2008），本名尹光榮，河南汲縣（今衛輝市）人。抗戰時期西北聯合大學畢業，美國密西里大學新聞學院文學碩士。曾主編重慶《新蜀夜報》副刊，在上海、天津、西安等地擔任報社記者，1949 年去臺灣。曾任臺灣中國作家藝術家聯盟會長，《中華文藝》月刊社社長，在成功大學、中國文化大學等校任教。自 1934 年起，創作發表了小說、散文及文學評論多種。是很有代表性的遷臺作家。周錦（1928～1992），江蘇東臺人，1949年赴臺，曾經就讀於臺灣師範大學、淡江大學等，後創辦燕智出版社，擔任臺北中國現代文學研究中心主任。兩人的最大貢獻便是撰寫、主編或者參與編撰了一系列的中國現代文學研究論著，在新文學記憶幾近中斷的臺灣，第一次系統地總結了五四以來的中國文學發展歷史，尹雪曼撰寫有《現代文學與新存在主義》、《五四時代的小說作家和作品》、《鼎盛時期的新小說》、《抗戰時期的現代小說》、《中國新文學史論》、《現代文學的桃花源》，總纂了《中華民國文藝史》。〔註 5〕其中，《中華民國文藝史》大約是第一部以「民國」命名的大規模的系統化的文學史著作，民國歷史第一次成爲文學史「正視」的對象；周錦著有《中國新文學史》、《朱自清作品評述》、《朱自清研究》、《〈圍城〉研究》、《論呼蘭河傳》、《中國新文學大事記》、《中國現代小說編目》、《中國現代文學作家本名筆名索引》、《中國現代文學作品書名大辭典》、《中國現

─────────────
〔註 5〕《中華民國文藝史》由臺北正中書局 1975 年初版。

代文學鄉土語彙大辭典》等，此外還主編了《中國現代文學研究叢刊》三輯共 30 本，於 1980 年由成文出版社有限公司印行出版。《中國現代文學研究叢刊》的史論也具有比較鮮明的「民國意識」。《中國現代文學研究叢刊編印緣起》這樣表達了他的「民國意識」：

> 中國新文學運動，是隨著中華民國的誕生而來。儘管後來有各種文藝思潮的激盪以及少數作家思想的變遷，但中國現代文學卻都是在國民政府的呵護下成長茁壯的……〔註6〕

這樣的表述，固然洋溢著大陸文學史少有的「民國意識」，不過，認真品讀，卻又明顯充滿了對國民黨政權形態的皈依和維護，這種主動向黨派意識傾斜，視「民國」為「黨國」的立場並不是我們所追求的學術客觀，也不利於真正的「民國」的發現，因為，眾所周知的事實是，疲於內政外交的「國民政府」似乎在「呵護」民國文學方面並無傑出的築造之功，嚴苛的書報檢查制度與思想輿論控制也絕不是現代文學「成長茁壯」的理由。民國文學的真實境遇難以在這樣的意識形態偏好中得以呈現。

　　同樣基於這樣的偏好，民國文學的優劣也難以在文學史的書寫中獲得准確的評判，例如尹雪曼《中華民國文藝史·導論》作出了這樣概括：「中華民國的文藝發展，雖然波瀾壯闊，變幻無常；但始終有民族主義和人文主義作主流；因而，才有今日輝煌的成就。」「至於所謂『三十年代』文藝，則不過是中華民國文藝發展史中的一個小小的浪花。當時間的巨輪向前邁進，千百年後，再看這股小小的浪花，只覺得它是一滴泡沫而已。其不值得重視，是很顯然的。」〔註7〕

　　民國時期的現代文學是不是以「民族主義」為主流，這個問題本身就值得討論，至少肯定不會以國民政府支持下的「民族主義文藝運動」為主導，這是顯而易見的；至於所謂的「三十年代文藝」當指 1930 年代的左翼文學，事實上，無論就左翼文學所彰顯的反叛精神還是就當時的社會影響而言，這一類文學選擇都不可能是「一個小小的浪花」、「是一滴泡沫而已」，漠視和掩蓋左翼文學的存在，也就很難講述完整的民國文學了。

　　由此看來，20 世紀下半葉的冷戰不僅影響了大陸中國的學術視野，同樣扭曲了海峽對岸的學術認知。受制於此的文學史家，雖然不忘「民國」，但他

〔註6〕周錦：《中國新文學簡史》1 頁，臺北成文出版社 1980 年。
〔註7〕尹雪曼總纂：《中華民國文藝史》1 頁，臺北正中書局 1975 年。

們自覺不自覺地要維護的中華民國依然是以國民黨統治爲唯一合法性的「黨國」，民國社會歷史的眞正的豐富與複雜並不是「黨國」意識關心的對象。以民國歷史的豐富性爲基礎構建現代中國的文學敘述，始終是一個難題，對大陸如此，對臺灣也是如此。

當然，考慮到臺灣歷史與文學的種種情形，《民國文學史》的寫作可能還會再添一個難度：如何描述海峽對岸當今的文學狀況，是排除於我們的「民國文學史」還是繼續延伸囊括，〔註8〕排除於現實不符，從「民國」敘述轉向「臺灣」敘述，恐怕也正是「獨派」的願望，相反，努力將「臺灣」敘述納入「民國」敘述才能體現中華統一的「政治正確」；不過，納入卻也同樣問題重重，「民國」與「人民共和國」並行，不僅有悖於「一個中國」的基本政治理念，就是在當下的臺灣也糾纏不清。我們知道，在今日，繼續奉「民國」之名的臺灣目前正大張旗鼓地推進「臺灣文學」甚至「臺語文學」，所謂「民國文學」至少也不再是他們天然認同的一個概念，學術考察如何才能反映出研究對象本身的思想追求，這個問題也必須面對。也就是說，在今日臺灣，「民國」之說反倒曖昧而混沌。

2011 年，臺灣學者陳芳明、林惺嶽等著的《中華民國發展史・文學與藝術》出版，較之於此前冷戰時期的文學史，這一著作終於跳出了「黨國」意識的束縛，體現出了開闊的學術視野，〔註9〕但是由於歷史的阻隔，關於民國文學的豐富細節都未能在這一史著中獲得挖掘，我們看到的章節就是：百年來文學批評的開展與轉折，百年女性文學，百年現代詩發展與自我身份的探求，故事萬花筒——百年小說圖志，美學與時代的交鋒——中華民國散文史的視野，百年翻譯文學史，從啓蒙救亡開始：中華民國現代戲劇百年發展史等等。從根本上說，《中華民國發展史・文學與藝術》由多位學者合作，各自綜述一個獨立的文學藝術領域，在整體上更像是一部各種文學藝術現象的概觀彙集，而不是完整的連續的歷史敘述。

也是在 2011 年，大陸學者湯溢澤、廖廣莉出版了《民國文學史研究》

〔註8〕 丁帆先生試圖繼續延伸民國文學的概念，他區分了政治意義的「民國」和作爲文化遺產的「民國」，試圖以此作爲破解難題的基礎，不過這一延伸也不得不面對與臺灣作家及臺灣學者對話、溝通的問題（見《關於建構民國文學史過程中難以迴避的幾個問題》，《當代作家評論》2012 年 5 期）。

〔註9〕 陳芳明、林惺嶽等著：《中華民國發展史・文學與藝術》，臺灣政治大學、聯經出版公司 2011 年。

（1912-1949）。〔註10〕湯先生是中國大陸較早呼籲「民國文學史」研究的學者，在這一部近 40 萬字的著作中，他較好地體現了先前的文學史設想：回歸政治形態命名的歷史記事，上溯民國建立的文學發端意義，恢復民國時期文學發展的多元生態。可以說這都觸及到了「民國文學史」的若干關鍵性環節，《民國文學史研究》由「史觀建設」與「編史嘗試」兩大部分組成，前者討論了民國文學史寫作的必要性，後者草擬了「民國文學史綱」，嚴格說來，「史綱」更像是民國時期文學的「大事記」，似乎是湯先生進一步研究的材料準備，尚不能全面體現他的「民國文學史」面貌。

海峽兩岸的學者都開始彙集到「民國文學」的概念下追述歷史，這令人鼓舞，但目前的成果也再次說明，書寫一部完整的《民國文學史》，無論是史觀還是史料，都還有相當的欠缺，時機尚未成熟，同志仍需努力。

三

民國文學史，在沒有解決自己的史觀與史料的時候，實在不必匆忙上陣。在我看來，民國文學研究在今天的主要任務還是對民國社會歷史中影響文學的因素展開詳盡的梳理和分析，對現代文學歷史演變中的一些關鍵環節與民國社會各方面的關係加以解剖，如民國建立與新文學出現的關係、民國社群的出現與現代文學流派的形成、民國政黨文化影響下的思想控制與文學控制、民國戰爭狀態下的區域分割與文學資源再分配等等，至於文學自身力量也不能解決的文學史寫作難題當然更可以暫時擱置（如當代臺灣文學進入民國文學史的問題）。只要我們並不急於完成一部完整系統的民國文學史，就完全可以將更多的精力放在民國文學一個一個的具體問題之上，可供我們研究範圍也完全可以集中於民國建立至人民共和國建立這一段，我想，海峽兩岸的學者都可以認定這就是「民國歷史」的「典型」時期，這同樣可以為我們的雙邊交流營造共同的基礎。在民國文學史誕生之前，我們應該著力於歷史更多更豐富的細節，對細節的了悟有助於我們歷史智慧的增長，而歷史智慧則可以幫助我們最終解決這樣或那樣的歷史書寫的難題。

那麼，在一部成熟的《民國文學史》誕生之前，還有哪些課題需要我們清理和辨析呢？

〔註10〕湯溢澤、廖廣莉：《民國文學史研究》（1912～1949），吉林大學出版社 2011年。

　　我覺得在下列幾個方面，還有必要進一步研討。

　　一是「民國文學」研究究竟能夠做什麼。隨著近幾年來學界的倡導，對於「民國文學」研究的優勢大約已經獲得了基本的認識，但是也有學者提出了自己的疑慮：研討民國文學，對於那些反抗民國政府的文學該如何敘述？例如左翼文學、延安文學。或者說，民國文學是不是就是國統區追求民主、自由這類「普世價值」的文學，「民國機制」是不是與「延安道路」分道揚鑣？在我看來，「民國文學」就是一種近現代中國進入「民國時期」以後所有文學現象的總稱，既包括國統區的文學，也包括解放區的文學，因爲「民國」不等於「黨國」，也代表了某種「革命者」共同的「新中國」的夢想，左翼文化、解放區反抗的是一黨專制的「黨國」，而不是民主自由均富的「新中國」，尤其在抗戰時期，當解放區轉型爲民國的特區之後，更是恰到好處地利用了民國的憲政理想爲自己開闢生存空間，爲自己贏得道義與精神上的優勢，只有在作爲「新中國」的「民國」場域中，左翼文學與延安文學才體現出了自己空前的力量，「延安道路」才得以實現。「民國文學」也不是歌頌民國的文學，相反，反思、批判才是民國時期知識份子的主流價值取向，所以，我們可以發現，「民國批判」往往是民國文學中引人矚目的主題，左翼文學精神恰恰是民國時代一道奪目的風景，儘管它的文學成就需要實事求是地估價。在這個意義上，民國文學史的研究肯定是中國近現代史學的組成部分，而不是大眾時尚潮流（如所謂「民國熱」）的結果。

　　民國文學研究更深入的理論問題還在於，這樣一種新的文學史研究範式的出現究竟有什麼深刻的學術意義？對整個文學史研究的進行有何啓發？我認爲，相對於過去強調「現代性」時間意義的「中國現代文學史」而言，「民國文學史」更側重提醒我們一種「空間」的獨特性，也就是說，從過去的關注世界性共同歷史進程的「時間的文學史」轉向挖掘不同地域與空間獨特涵義的「空間的文學史」，以空間中人的獨特體驗補充時間流變中的人類共同追求，這就賦予了所謂「民族性」問題、「本土性」問題與「中國性」問題更切實的內涵，從此出發，中國文學研究的新範式也許可以誕生？

　　二是「民國文學」研究當以大量的具體文學現象的剖析爲基礎。這一方面是繼續考察各類民國文化現象對於文學發展的重要影響，包括經濟、政治、法律、教育、宗教之於文學發展的動力與阻力，也包括各區域文化現象對於文學生長的有形無形的影響，包括民國時期一些重要的歷史事件對於文學的

特殊作用，例如國民革命。過去我們梳理中國現代的「革命文學」，一般都從 1927 年大革命失敗之後的無產階級文學倡導開始，其實「革命」是晚清以來就一直影響思想與現實的重要理念，中國現代文學的「革命意識」受到了多重社會事件的推動，從晚清種族革命到國民革命再到無產階級革命等等都在各自增添新的內容，仔細追溯起來，「革命文學」一說早在國民革命之中就產生了，國民革命也裹挾了一大批的中國現代作家，爲他們打上了深刻的「革命」意識，不清理這一民國的重要現象，就無法辨析文學發展的內在脈絡。大量現代文學現象（特別是文學作品）的再發現、再闡釋是民國新視野得以確立的根據。如果我們無法借助新的視野發現文學文本的新價值，或者新的文學細節，就無法證明「民國視野」的確是過去的「現代文學視野」能夠代替的。所幸的是，最近幾年，一些年輕的學者已經在「民國機制」的視野下，發掘了中國現代文學的新的內涵。這裡僅以《文學評論》雜誌爲例：顏同林從「法外權勢的失落與村落秩序的重建」這一角度提出對趙樹理小說的嶄新認識〔註 11〕，周維東結合延安文化，剖析了解放區文學「窮人樂」主題的意味〔註 12〕，李哲發現了茅盾小說中沉澱的民國經濟體驗〔註 13〕，鄔冬梅結合 1930 年代的民國經濟危機重新解讀了左翼文學〔註 14〕，羅維斯發現了民國士紳文化對茅盾小說的影響〔註 15〕，張武軍透過「民國結社機制」挖掘了從南社到新青年同仁的作家群體聚散規律，賦予社團流派研究全新的方向〔註 16〕。在重新研討新文學發生過程的時候，李哲發現了北京大學教育「分科」的特殊意義〔註 17〕，王永祥則解剖了民國初年的國家文化所形成的語境與氛圍〔註 18〕。這樣的研究都在很大程度上突破了過去的「現代文學」研究視域，通過自覺引入民國歷史視角而推動了文學史研究的發展。

〔註 11〕 顏同林：《法外權勢的失落與村落秩序的重建——以趙樹理四十年代小說爲例》，《文學評論》2012 年 6 期。
〔註 12〕 周維東：《解放區的天是明朗的天——延安時期的移民運動與「窮人樂」敘事》，《文學評論》2013 年 4 期。
〔註 13〕 李哲：《經濟‧文學‧歷史——〈春蠶〉文本的三個維度》，《文學評論》2012 年 3 期。
〔註 14〕 鄔冬梅：《民國經濟危機與 30 年代經濟題材小說》，《文學評論》2012 年 3 期。
〔註 15〕 羅維斯：《「紳」的嬗變——《動搖》的一種解讀》，《文學評論》2014 年 2 期。
〔註 16〕 張武軍：《民國結社機制與文學的演進》，《文學評論》2014 年 1 期。
〔註 17〕 李哲：《分科視域中的北京大學與「新文化運動」》，《文學評論》2013 年 3 期。
〔註 18〕 王永祥：《〈新青年〉前期國家文化的建構與新文學的發生》，《文學評論》2013 年 5 期。

當然，類似的文本再解釋、歷史再發現工作還遠遠不夠，我們期待更多的研究者加入。

三是對於從歷史文化的角度闡釋現代文學的這一思路本身也要不斷反思和調整。在相當多的情況下，民國文學研究與現代文學研究都擁有相似的研究對象，相近的研究方法，不過，相對而言，「民國」一詞突出的國家歷史的具體情態，「現代」一詞連接的則是世界歷史的共同進程。所以，所謂的民國文學研究理所當然就更加突出民國歷史文化的視角，更自覺地從歷史文化的角度來分析解剖文學的現象，倡導文學與歷史的對話。鑒於民國歷史至今仍然存在諸多的晦暗不明之處，對於歷史的澄清和發現往往就意味著主體精神的某種解放，所以澄清外在歷史真相總是能夠讓我們比較方便地進入到人的內在精神世界之中，因而作為精神現象組成部分的文學也就得到了全新的認識。最近幾年，中國現代文學研究中較有收穫的一部分就是善於從民國史研究中汲取養分，詩史互證，為學術另闢蹊徑，文學研究主動與歷史研究對話，歷史研究的啟發能夠激活文學研究的靈感，「民國文學」的概念賦予「現代文學」研究以新機。雖然如此，我們也應該不斷反思和調整，因為，隨著歷史研究、文化研究在文學考察中的廣泛運用，新的問題也已經出現，那就是，我們的文學闡述因此而不時滑入到了純粹的歷史學、社會學之中，「忘情」的歷史考察有時竟令我們在遠離文學的他鄉流連忘返，遺忘了文學學科的根本其實還是文學作品的解釋。捨棄了這一根本，模糊了學科的界限，我們其實就面臨著巨大的自我挑戰：面向文學的聽眾談歷史是容易的，就像面對歷史的聽眾談文學一樣；但是，如果真的成了面對歷史的聽眾談歷史，那麼無疑就是學科的冒險！對此，每一位文學學科出身的學人都應該反覆提醒自己：我準備好了嗎？

在這個意義上，我們應該始終牢記，從歷史文化的角度研究文學，最終也需要回到「大文學本身」，民國文學研究對民國時期文學現象的研究，而不是以文學為材料的民國研究。將來我們可能要完成的也不是信馬由繮的《民國史》而是不折不扣的《民國文學史》。

沒有對這些研究前提、研究方法的反思，就不會有紮實的研究，當然最終的文學史是什麼樣子，也就難以預期了。闡釋優先，史著緩行，民國文學史的寫作，當穩步推進。

目次

緒　論

第一節　從「禁區」到「熱點」：國民黨文學研究的流變

　　由於不言自明的原因，國民黨統治中國大陸時期的文藝政策、以及由國民政府發起組織的文藝運動，在相當長的時間內都曾經是中國現代文學研究中的「禁區」，各種文學史著作不是對其避而不談，就是將其簡單判為「反人民」、「反革命」的文學而「一言以蔽之」〔註1〕。當然，從創作實績來看，與自由主義文學（乃至與左翼文學）相比，國民黨方面的文學確實也沒有產生多少優秀的作品，但是作為長期存在於現代中國的一種文學現象，它的文學史意義也不該完全被抹殺。如果把國民黨文學從我們的視域中排除，那麼我們所看到的民國時期文學的「生態系統」便會是不完整的——至少，不理解國民黨的官方文學，我們就無法完全理解作為其對立面的自由主義文學、民主主義文學、左翼文學等其他文學潮流。

　　大約從上世紀九十年代末期開始，上述情況漸漸有了轉變。1998 年，倪偉的《1928～1937 年國民黨文學研究》成為大陸第一篇以「國民黨文學」為研究對象的博士論文，此後這一領域內出現了大量的研究成果，僅以博士論文而論，就有錢振綱的《民族主義文藝運動研究》（2001 年）、周雲鵬的《「民

〔註 1〕 上世紀五六十年代出版的文學史著作（如王瑤先生的《中國新文學史稿》等）自不必說，即便到了八九十年代乃至最近，各種文學史著對國民黨文藝的處理方式仍然顯得相當謹慎。

族主義文學」（1930～1937年）論》（2005年）、張志雲的《〈文藝先鋒〉（1942
～1948）與國統區文藝運動》（2007年）、畢豔的《三十年代右翼文藝期刊研
究》（2007年）、傅學敏的《1937～1945：「抗戰建國」與國統區戲劇運動》（2008
年）、李揚的《從第三廳文工會看國統區抗戰文藝（1938～1945）》（2010年）、
趙偉的《〈文藝月刊〉（1930～1941）中的民族話語》（2012年）等等，另外還
有為數更多的碩士論文以及發表在期刊上的文章。這些成果中尤為值得一提
的，是倪偉的博士後出站報告《「民族」想像與國家統制──1928～1948年南
京政府的文藝政策及文學運動》（後由上海教育出版社於2003年出版）以及
張大明的《主潮的那一面──三民主義文藝與民族主義文藝》，其中前者在考
察國民黨的文藝政策與文學運動時，有意識地把特定歷史時期的整體社會運
動作為研究背景，力圖「對文學與現代民族國家建設之間的互動關係展開具
體的分析，從一個側面揭示中國現代性艱難而獨特的展開過程」〔註2〕，從而
激活了那些長期被冷落的文學史現象，使其顯現出不可替代的價值。該著可
謂是國民黨文學研究領域的一個代表性成果。而後者則以資料的豐富和翔實
取勝，張大明先生在其著作中全面而系統地梳理了三民主義文藝與民族主義
文藝兩種思潮的時代與政治背景，以及它們的理論、作品、刊物等等，較為
完整而準確地描繪出了它們的歷史面貌。

可以說，近些年來「國民黨文學」已經非但不再是研究者的禁區，甚至還
頗有成為熱點的趨勢。儘管如此，相對於現代文學的其他領域而言，對這一領
域的研究仍然不夠充分，許多被遮蔽的因素還有待揭示。其中很重要的一點就
是：大多數研究者都把著眼點放在了「民族主義文學」上（這在上述各種論著
的題目中即有明顯的體現），儘管「民族主義」的確是國民黨文學最突出的特點，
並且在相當長的時間內被國民黨文人豎為旗幟，但它絕不能涵蓋國民黨文學的
全部。實際上，「三民主義」才是國民黨官方意識形態的權威表述，「三民主義
文學」也曾在不同的歷史時期內被提倡，且其聲勢與「民族主義文學」相比也
未必遜色。然而，研究者對「三民主義文學」的關注卻少之又少，即使偶有論
述，其深入程度較之「民族主義文學」也完全不成比例〔註3〕。比如張志雲的

〔註2〕倪偉：《「民族」想像與國家統制──1928～1948年南京政府的文藝政策及文
學運動》，引言第9頁，上海教育出版社，2003年。

〔註3〕這裡或許有意識形態方面的原因：「民族主義文學」雖然與國民黨政府密切相
關，但「民族主義」這一名詞本身畢竟還基本是中性的，至於「三民主義」，
則無疑與國民黨的相關程度要高得多，因而其政治敏感性自然也更強。

《〈文藝先鋒〉（1942～1948）與國統區文藝運動》，雖列出專章來描述《文藝先鋒》上關於「三民主義文藝」之討論，但是除了引述該刊上的一些觀點外，作者並沒有說明何謂「三民主義文藝」，更沒有考察其內在邏輯，而且在行文時作者要麼將「三民主義文藝」與「民族文藝」混為一談，要麼以抗戰勝利為界，生硬地認為《文藝先鋒》在抗戰期間以「民族文藝」為宗旨，抗戰勝利後則轉而強調「民權」與「民生」，這顯然說明作者對三民主義文藝缺乏足夠的理解。

　　張大明先生的《主潮的那一面——三民主義文藝與民族主義文藝》，是筆者目前見過的唯一一部在題目中出現「三民主義文藝」的專著，不過該著300多頁的篇幅中，關於三民主義文藝的僅有不足 100 頁，而且其中大部分論述的是被多數研究者認為屬於民族主義文藝刊物的《文藝月刊》〔註4〕，實際上真正論述三民主義文藝的篇幅僅有 30 頁左右。而與所佔篇幅相比，更耐人尋味的是作者對三民主義文藝的看法，作者認為：「三民主義文藝家和民族主義文藝家只不過是借用三民主義的口號，至於如何解釋，嵌進什麼意思，就因人而異，因時因事而異了。千差萬別，名堂很多，花樣翻新。它們離孫中山三民主義學說的本意，何止十萬八千里。」〔註5〕張先生發現三民主義文藝未必符合孫中山的本意，且其本身也會被賦予不同的含義，這是很有洞見的。不過，儘管在國民黨的文化官員和作家那裡，孫中山的三民主義學說可能被扭曲、變形，但是若說他們的文藝主張和文學創作與三民主義完全無關，恐怕值得商榷，至少三民主義文藝的主張者曾經明確論述過民族、民權、民生三大主義與文學的關係，以及作品中應如何表現它們等等，這尤其在四十年代的《文化先鋒》、《文藝先鋒》等刊物上體現得非常明顯。

　　倪偉的《「民族」想像與國家統制——1928～1948 年南京政府的文藝政策

〔註4〕關於《文藝月刊》究竟屬於哪一派刊物的討論，可參見錢振綱：《論三民主義文藝政策與民族主義文藝運動的矛盾及其政治原因》（《江西社會科學》2003年第 4 期）、倪偉：《「民族」想像與國家統制——1928～1948 年南京政府的文藝政策及文學運動》第 67～68 頁、趙偉：《〈文藝月刊〉（1930～1941）中的民族話語》（中國社會科學院研究生院博士論文，2012 年）等等。另外張大明先生自己也提到：《文藝月刊》的發刊詞「隻字未提三民主義文藝，壓根兒就沒有說三民主義是怎麼一回事」，此後也「沒有談及本刊宗旨。讀者不能從中解讀三民主義文藝為何物」，倒是曾經明確主張過「民族文藝」（參見張大明：《主潮的那一面——三民主義文藝與民族主義文藝》，第23～61 頁，中國社會科學出版社，2010 年），由此看來，認為《文藝月刊》屬於三民主義文藝的刊物似乎理由並不充足。

〔註5〕張大明：《主潮的那一面——三民主義文藝與民族主義文藝》，第 17 頁。

及文學運動》在討論三民主義文學時，詳細地分析了作爲意識形態的三民主義本身，令人信服地指出了三民主義理論自身的弱點，以及由此產生的對於三民主義文學的影響：「三民主義理論上的脆弱性和含混的保守性卻使其無法充分發揮意識形態干預和解釋社會現實的功能。因此，當國民黨試圖在文學領域內反擊共產黨意識形態的進攻時，便顯得束手無策，除了亮出一面毫無光彩的『三民主義文學』的旗幟外，提不出什麼有說服力的文學主張來。」〔註6〕作者並沒有爲尊者諱，他不是把三民主義文學的缺陷單純歸咎於國民黨的文化官員與作家，而是從孫中山本人那裡發現了國民黨的意識形態的先天不足，這是一種頗具突破性的見解。不過在三民主義文學的理論倡導與創作實踐過程中，它究竟是如何受制於三民主義理論本身的缺陷的，該著論述得依然不夠充分，另外，該著所討論的「三民主義文學」在時間上僅限於二十年代末至三十年代初的短短兩三年，但實際上，三民主義文學並沒有在此後銷聲匿跡，到了抗戰期間、尤其是1942年《文化先鋒》、《文藝先鋒》等刊物創辦以後，「三民主義文藝」的口號又被重新提起，而且無論其聲勢還是持續的時間，都遠非前一次所能相比。《「民族」想像與國家統制》一書的最後一章雖然也提及了《文化先鋒》、《文藝先鋒》，但作者所關注的只是發生於其上的「文藝政策」論爭，而沒有繼續將其納入三民主義文學的框架內來考察，因而，該著中所描繪的三民主義文學的面貌，仍然是不夠完整的。

綜上所述，筆者認爲，「三民主義文學」在今天仍然具有繼續研究的價值與必要。本書首先將從分析三民主義理論入手，著重分析孫中山的文化觀與文學觀，並探討這對於孫中山逝世多年之後才被提出的「三民主義文學」，究竟是如何產生影響的；其次，論文的主體部分將圍繞《文化先鋒》、《文藝先鋒》這兩份刊物展開，盡可能全面地分析刊物上的文藝主張、文學作品、文化批評乃至各種社會科學方面的論文等等，著重考察它們是如何建構起三民主義的文化與文學的，這種文化／文學怎樣試圖獲得合法性，以及它與「民族主義」之間的關係究竟如何，等等；最後，筆者試圖在上述分析的基礎上，探討「三民主義」作爲一種主流意識形態在建構過程中的得失。

至於選取《文化先鋒》、《文藝先鋒》爲主要研究對象，主要是基於以下兩點原因：第一，「三民主義文學」雖然是在二十世紀二十年代末被首次提出

〔註6〕倪偉：《「民族」想像與國家統制——1928～1948年南京政府的文藝政策及文學運動》，第35頁。

的，但這一次的持續時間只有兩年左右（1928～1930 年），而且影響力也相當
有限，當時鼓吹三民主義文學的僅有上海的《民國日報》副刊「青白之園」
和「覺悟」，以及南京的《中央日報》副刊「大道」和「青白」等幾個「報屁
股」。其上的文字除了對左翼文學和自由主義文學的攻擊謾罵外，於如何建設
三民主義文學並未提出什麼實質性的意見，至於創作實績，則更是慘淡得可
憐，其中最「像」文學作品的只有一部魯覺吾的小說《杜鵑啼倦柳花飛》（1930
年 7 月上海建國月刊社出版），被研究者譏為「三民主義文學的第一部也是最
後一部創作」〔註7〕。而且，相對於這一波三民主義文學的實際內容而言，已
有的研究成果對它的討論已經相當充分了，本書沒有必要重複討論。至於《文
化先鋒》和《文藝先鋒》，則是四十年代影響較大的兩個刊物，它們由國民黨
中宣部長、中央文化運動委員會主委張道藩親自掛帥，從 1942 年一直持續到
1948 年，分別出版了 206 期和 76 期，在國民黨派的文藝刊物中，它們的持續
時間僅次於三十年代的《文藝月刊》。發表在《文化先鋒》和《文藝先鋒》上
面的既有對於三民主義文藝政策的討論以及相關論爭，又有大量文學作品，
且部分作品的藝術水準還較為可觀。然而目前關於《文化先鋒》的研究成果
幾乎沒有，至多是在討論其他問題時會順帶提及這份刊物；關於《文藝先鋒》
雖然已有兩篇碩士論文和一篇博士論文，但在這些論文中，《文藝先鋒》的文
學史價值尚未被充分挖掘出來，更沒有被真正納入「三民主義文學」的視域
內來討論。所以，這兩份刊物還是有相當大的研究空間的。

　　第二，《文化先鋒》和《文藝先鋒》的創刊、終刊時間大致相仿，均為 1942
年秋至 1948 年秋。這恰好包括抗戰後期和內戰時期兩個階段，其間形成的對照
頗耐人尋味：在抗戰期間，張道藩等人從宏觀上闡述文化、文學政策時，雖然
使用的往往是「三民主義文化／文學」的提法，但涉及到具體的文學創作問題
時，卻更強調「民族主義」。很顯然，這時用「民族主義」來確認官方意識形態
的合法性是極其容易的，因為在民族危亡的時刻，「民族主義」具有不言自明的
意義，甚至可以用它來掩蓋「民權」和「民生」〔註8〕。但是抗戰勝利以後，
三民主義文化的內在裂隙便凸顯出來，因為此時民族主義已經不再具有壓倒一

〔註7〕倪偉：《「民族」想像與國家統制——1928～1948 年南京政府的文藝政策及文
　　　　學運動》，第 20 頁。
〔註8〕從後面的分析中我們可以看到：兩個刊物（尤其是《文化先鋒》）中的好多文
　　　　章都在強調，只有先爭得國家的權力和自由，才可以談民眾的權利與自由，
　　　　而這也正與孫中山本人的某些言論相符。

切的地位，至於「民權」和「民生」這兩個概念，卻會讓三民主義文化的提倡者頗為尷尬，這自然是因為國民政府在解決這兩方面的問題時確實有可指謫處，強調「民權」和「民生」很容易給自由主義者乃至左派以話柄〔註9〕。所以，官方意識形態此時便面臨著前所未有的合法性危機。抗戰勝利後的那段時間內，兩個刊物上所謂「描寫匪區」、「戡亂文學」的提法，不僅本身的感召力有限，而且也很難說明它們和「三民主義」之間有何關係。可以說，《文藝先鋒》和《文化先鋒》存在的那段時間，正是三民主義文化／文學的合法性（它多半借由民族主義而確立）從高峰跌到谷底的時期，因此圍繞這兩個刊物來討論三民主義文化／文學建構過程中的得失，便具有特別的意義。

第二節　三民主義與孫中山的文化、文學觀

　　若要考察「三民主義文化／文學」，就不得不從它的源頭，即孫中山的三民主義學說談起。不過從這個「源頭」流出來的，卻並非清澈見底的活水，而是一團夾雜著多種成分的、面目模糊的混合物。孫中山先生是一位偉大的實踐者，但他在理論建樹方面卻遠遠談不上成功，即便是其學說的核心部分——三民主義，也充滿了種種矛盾和曖昧不明之處，而造成這種情況的主要原因，恐怕在於孫中山所憑藉的思想資源的蕪雜性。

　　先來看民族主義。孫中山的民族主義思想，明顯來源於中國的文化傳統〔註10〕。幾乎每一次提到民族主義，他都會從中國歷史上尋找立足點，不是祖述堯舜，就是言稱秦漢，有時甚至還會把自己領導的辛亥革命和朱元璋在元朝末年的起義相提並論：

　　　　觀於蒙古宰制中國垂一百年，明太祖終能率天下豪傑，以光復

〔註9〕《文藝先鋒》第7卷第3期（1945年9月）的一篇文章中號召作家此後要多談民權和民生。不過從後來刊物的發展軌迹看，這只是一句空話，研究者若將其信以為真，便會被引入歧途。

〔註10〕本尼迪克特・安德森在其名著《想像的共同體》中，描述了民族主義從美洲傳播到歐洲、再傳播到亞非殖民地的散佈過程，國內學者亦有據此解說中國近代以來的民族主義之興起者。不過從孫中山等早期民族主義者實際的思想狀況來看，他們的民族思想顯然與中國傳統的關係更為密切，儘管其中也包含著某些外來成分。美籍印度裔漢學家杜贊奇的觀點或許能給我們一些啟發：他認為，在中國歷史上早就存在一種類似今天所謂「民族認同」的東西，對於中國而言，新鮮的只是現代民族國家的政治體系而已（參見杜贊奇著、王憲明等譯：《從民族國家拯救歷史》第二章，江蘇人民出版社，2008年）。

宗國，則知滿洲之宰制中國，中國人必終能驅除之。蓋民族思想，
實吾先民所遺留，初無待於外鑠者也。余之民族主義，特就先民所
遺留者，發揮而光大之……〔註11〕

　　然而問題在於：中國古代的民族認同總是和「華夷之辨」、「非我族類其
心必異」之類的種族中心主義話語相伴隨的，甚至可以說中國式的「民族認
同」主要就體現在這些話語當中，顯而易見，這與現代民族國家所需要的那
種「民族認同」並不是一回事〔註12〕。孫中山對此並不是沒有認識，所以他
也強調，對於「先民所遺留」之民族思想要「改良其缺點」，尤其要與各少數
民族「平等共處於中國之內」，他甚至還因為強調民族融合，而對「五族共和」
論者提出了嚴厲的批評〔註13〕：

　　更有無知妄作者，於革命成功之初，創為漢、滿、蒙、回、藏
五族共和之說，而官僚從而附和之……夫漢族光復，滿清傾覆，不
過只達到民族主義之一消極目的而已，從此當努力猛進，以達民族
主義之積極目的也。積極目的為何？即漢族當犧牲其血統、歷史與
夫自尊自大之名稱，而與滿、蒙、回、藏之人民相見於誠，合為一
爐而冶之，以成一中華民族之新主義，如美利堅之合黑白數十種之
人民，而冶成一世界之冠之美利堅民族主義，斯為積極之目的也。
五族云乎哉？夫以世界最古、最大、最富於同化力之民族，加以世
界之新主義，而為積極之行動，以發揚光大中華民族，吾決不久必
能駕美疊歐而為世界之冠，此故理有當然，勢所必至也。〔註14〕

在孫中山看來，推翻滿清以後，民族主義的「積極目的」就應該是消除漢族
與各個少數民族之間的隔閡，而建構出一個全新的民族主體──中華民族，

〔註11〕　孫中山：《中國革命史》，《孫中山全集》第七卷第60頁，中華書局，2006年。
〔註12〕　本尼迪克特・安德森認為，「民族被想像為一個共同體，因為儘管在每個民族
　　　　　內部可能存在普遍的不平等與剝削，民族總是被設想為一種深刻的、平等的
　　　　　同志愛。」見《想像的共同體》第7頁，上海人民出版社，2011年。
〔註13〕　十分弔詭的是，人們普遍認為孫中山是主張「五族共和」的，甚至把他說成
　　　　　是「五族共和」的首倡者，其根據便是1912年1月1日孫中山發表的《臨時
　　　　　大總統宣言書》中的一段話：「國家之本，在於人民。合漢、滿、蒙、回、藏
　　　　　諸地為一國，即合漢、滿、蒙、回、藏諸族為一人。是曰民族之統一。」但
　　　　　在這段話中根本就沒出現「五族共和」，實際情形恰恰相反，正如我們將看到
　　　　　的，孫中山其實是「五族共和」論的堅定反對者。
〔註14〕　孫中山：《三民主義》，《孫中山全集》第五卷第187～188頁。

所以，如果此時繼續提「五族」，那就無異於製造民族分裂，而不利於民族之間的融合。這裡固然體現出了一定程度的民族平等思想，然而即使是講「民族融合」，孫中山仍然強調漢族在此過程中要居於主導地位，從他對漢族歷史的誇耀、尤其是對其「同化力」的稱讚中，我們還是能夠看到大漢族中心主義的痕跡。這在孫中山的一次演說中表現得更加明顯：

> 自光復之後，就有世襲底官僚，頑固底舊黨，復辟底宗社黨，湊合一起，叫做五族共和。豈知根本錯誤就在這個地方。講到五族底人數，藏人不過四五百萬，蒙古人不到百萬，滿人只數百萬，回教雖眾，大都漢人。講到他們底形勢，滿州既處日人勢力之下，蒙古向為俄範圍，西藏亦幾成英國的囊中物，足見他們皆無自衛底能力，我們漢族應幫助他才是。漢族號稱四萬萬，或尚不止此數，而不能真正獨立組一完全漢族底國家，實是我們漢族莫大底羞恥，這就是本黨底民族主義沒有成功。
>
> 由此可知，本黨尚須在民族主義上做功夫，務使滿、蒙、回、藏同化於我漢族，成一大民族主義的國家……今日我們講民族主義，不能籠統講五族，應該講漢族底民族主義。或有人說五族共和揭櫫已久，此時單講漢族，不慮滿、蒙、回、藏不願意嗎？此層兄弟以為可以不慮。彼滿州之附日，蒙古之附俄，西藏之附英，即無自衛能力之表徵。然提撕振拔他們，仍賴我們漢族。兄弟現在想得一個調和的方法，即拿漢族來做個中心，使之同化於我，並且為其他民族加入我們組織建國底機會。仿美利堅民族底規模，將漢族改為中華民族，組成一個完全底民族國家……〔註15〕

如此說來，孫中山所謂的「中華民族」其實不過是漢族的另一個變通性稱謂而已，在「建國」的過程中，各少數民族的主體性在很大程度上被剝奪了。論者往往會描繪出孫中山的民族思想從「驅除韃虜，恢復中華」到「五族共和」的發展過程，但實際上，大漢族中心主義在孫中山頭腦中根深蒂固的程度，是遠遠超出人們的想像的。可以說，在民族主義的問題上，孫中山思想的保守一面暴露無遺，儘管他也不時強調「民族平等」甚至「世界大同」，但是這與狹隘的民族主義之間的矛盾，卻是他無力調和的。

〔註15〕孫中山：《在中國國民黨本部特設駐粵辦事處的演說》，《孫中山全集》第五卷第473～474頁。

　　其次是民權主義。它的主要來源是英美等西方國家的自由民主思想，雖然孫中山有時也會將中國傳統典籍中的某些言論附會到民權主義上，但他總體上還是承認自己的民權思想是源於西方的：

　　　　中國古昔有唐虞之揖讓，湯武之革命，其垂爲學說者，有所謂
　　「天視自我民視，天聽自我民聽」；有所謂「聞誅一夫紂，未聞弒君」；
　　有所謂「民爲貴，君爲輕」，此不可謂無民權思想矣。然有其思想而
　　無其制度，故以民立國之制，不可不取資於歐洲。〔註16〕

　　爲了實現民權主義，孫中山設計了一套「五權憲法」，即立法、司法、行政、考試、監察五權分立的政治體制，其中考試權和監察權基本可以看做是從歐美的三權分立政體中分離出來的，所以「五權憲法」也不完全是孫中山的獨創。然而問題在於，「五權憲法」背後的核心思想是「權」與「能」的分離，即人民享有主權，但具體的政治事務則要全權託付給政府，正是在這裡，孫中山思想中的矛盾再一次體現了出來：一方面，他曾經批駁過那種認爲人民程度不足、因而不能直接行使民權的看法，並打比方說：「是何異謂小孩曰：『孩子不識字，不可入校讀書也。』試問今之爲人父兄者，有是言乎？」〔註17〕但另一方面，他又把人群分爲先知先覺、後知後覺、不知不覺三類，並認爲「中國人民都是不知不覺的多，就是再過幾千年，恐怕全體人民還不曉得要爭民權」，所以，就必須讓人民改變對於政府的態度，不再反對政府，而是對政府給予充分的信任，也就是做到權能分開。他甚至拿阿斗和諸葛亮來比喻人民和政府的關係：「諸葛亮是有能沒有權的，阿斗是有權沒有能的。阿斗雖然沒有能，但是把什麼政事都託付到諸葛亮去做；諸葛亮很有能，所以在西蜀能夠成立很好的政府……中國現在有四萬萬個阿斗，人人都是很有權的。」〔註18〕這段話貌似有道理，因爲即使是歐美國家也不可能讓人人都直接參與政治事務，但是在歐美，權能分離的前提是：人民行使主權能夠有充分的制度保障，只有通過一整套嚴格而具體的制度，人民才可以有效地對執政者進行監督和制約。然而在孫中山關於三民主義的構想中，卻極少涉及到具體的制度層面，他雖然將「監察權」列爲五權之一，但是將本屬於全民的權力給一個特定的政府機構來掌管，這恐怕很難說到底是一種進步還是後退。於是，孫中山此前那個教孩子識字的比喻，就變

〔註16〕孫中山：《中國革命史》，《孫中山全集》第七卷第 60 頁。
〔註17〕孫中山：《三民主義》，《孫中山全集》第五卷第 190 頁。
〔註18〕孫中山：《三民主義‧民權主義》，《孫中山全集》第九卷第 323～326 頁。

得更像一張空頭支票了。正如倪偉所指出的：

> 在制度匱缺的情況下，如何來限制和監督執政的國民黨的權力運作呢？怎樣才能又憑什麼能保證國民黨在向憲政過渡的訓政時期裏，會有雅量容忍其他的有組織的政治力量的存在，並甘願通過競爭選舉來獲得合法權力呢？所以，孫中山所提出的民權主義實際上與他欣慕的英美式民主的內在精神相去甚遠，反倒很容易被利用來為一種帶有極權主義傾向的獨裁政體提供合法性解釋。在一黨專制獨裁的政體下，所謂的人民享有主權不過是一句空話而已，在人民主權的堂皇旗號下掩蓋著的是少數人專制之實。〔註19〕

　　更讓人難以理解的是，提倡民權主義的孫中山卻反對講「自由」，他援引「日出而作，日入而息，鑿井而飲，耕田而食，帝力於我何有哉」這一歌謠，認為「中國自古以來，雖無自由之名，而確有自由之實，且極其充分，不必再去多求了」。我們當然很容易指出：現代意義上的自由是指公民的選擇權和行動權受到制度的保護，而絕不是那種頗類似於老莊的中國式「逍遙」，但孫中山此說的真正目的，還是在於他的建國理想：「自由這個名詞……如果用到個人，就成一片散沙。萬不可再用到個人上去，要用到國家上去。個人不可太過自由，國家要得完全自由。到了國家能夠行動自由，中國便是強盛的國家。要這樣做去，便要大家犧牲自由。」〔註20〕在現代中國內憂外患交迫的情境下，把建立一個強大的國家作為目標自然有其必要性，但是如果讓這一目標成了唯一的終極目的，而把自由民主等理念（它們在西方被看作個體不容剝奪的權利，是具有神聖性的）都做出相對化的處理，那就無異於為專制留了一個後門。當然，如果把國民黨執政後的控制思想言論等專制舉措與孫中山的學說直接聯繫起來，恐怕有失公允，但是我們在其中確實能發現相通的邏輯，那就是：為了現實的政治需要，可以隨意將民主自由等理念做出有利於自己的解釋，甚至完全走向其反面。在本書將要著重分析的國民黨的文化／文藝政策中，此種邏輯亦有明顯的體現。

　　最後，民生主義可能是孫中山的三大主義中最能夠自圓其說的一個，但同時也是最讓他的繼承者頭痛的一個，尤其是當他們與中國共產黨進行意識

〔註19〕倪偉：《「民族」想像與國家統制——1928～1948年南京政府的文藝政策及文學運動》，第31頁。
〔註20〕孫中山：《三民主義·民權主義》，《孫中山全集》第九卷第280～282頁。

形態鬥爭的時候。因為孫中山反覆強調民生主義就是社會主義、就是共產主義，而且，這種強調是如此地一以貫之、確定不移，以致根本沒有給國民黨人留下絲毫曲解民生主義、以便撇清其與社會主義之瓜葛的機會。比如，當國民黨一大召開、宣佈改組之際，許多國民黨員對於大會宣言中把民生主義等同於共產主義表示了不滿，孫中山為此專門發表講演，指出「共產主義與民生主義毫無衝突，不過範圍有大小耳」〔註21〕；在他最集中地論述三民主義的著作中，他又以相當肯定的語氣說：「民生主義就是社會主義，又名共產主義，即是大同主義」，「可以說共產主義是民生的理想，民生主義是共產的實行；所以兩種主義沒有什麼分別」〔註22〕。而且，這種強調也不能被完全解釋為為與共產黨合作而採取的權宜之計，因為在孫中山的思想中，社會主義的影響是一直存在的。早在 1903 年，他就在一封信件裏說：「所詢社會主義，乃弟所極思不能須臾忘者。弟所主張在於平均地權，此為吾國今日可以切實施行之事。」〔註23〕此時孫中山尚未提出民生主義，但是從他的「平均地權」、防止貧富不均等主張中，已經明顯出現了他後來提倡的民生主義的影子，由此可見，孫中山的「民生」思想確實與社會主義有相當緊密的關係。

　　當然，民生主義也並非和中國共產黨所信仰的馬克思主義完全等同。比如，孫中山對馬克思的階級鬥爭學說就表現出了很大程度的保留態度，他認為俄國式的革命只能解決政治問題而無法解決社會、經濟問題，同時他還強調，要解決中國的問題一定要根據中國的事實，而在他看來這種事實就是「中國人大家都是貧，並沒有大富的特殊階級，只有一般普通的貧。中國人所謂『貧富不均』，不過在貧的階級之中，分出大貧與小貧」〔註24〕。正因為在中國貧富差距並沒有西方那樣懸殊，所以可以不必通過階級鬥爭的「激烈」手段來解決社會問題，而是要防患於未然，採用收取地價稅等方法來防止貧富兩極分化。可以看出，孫中山與馬克思主義者之間的分歧，與其說是理論、信念上的，還不如說是僅僅在於實踐其信念的途徑上，以及對於中國的具體「事實」的判斷上。

　　毋庸置疑，在與中國共產黨合作的過程中，孫中山的「民生」思想與社

〔註21〕孫中山：《關於民生主義之說明》，《孫中山全集》第九卷第 112 頁。

〔註22〕孫中山：《三民主義‧民生主義》，《孫中山全集》第九卷第 355、381 頁。

〔註23〕孫中山：《復某友人函》，《孫中山全集》第一卷 228 頁。

〔註24〕孫中山：《三民主義‧民生主義》，《孫中山全集》第九卷第 381 頁。

會主義的相符是一個必不可少的要素，但是也恰恰是這種相符，削弱了三民主義作爲一種獨立的意識形態的力量。正如研究者所指出的：

> 意識形態作爲一種高度嚴密的信仰價值體系，其思想宗旨一般來說總是很鮮明的，因而不可避免地會帶有強烈的排他性，它常常以終極真理自居，拒絕承認自身與其他意識形態或信條、綱領之間存在任何的一致或相同之處。〔註25〕

很顯然，孫中山對於民生主義的解釋，極大地削弱了三民主義理論體系的鮮明性和獨立性，這就使得國民黨在以三民主義爲武器、與共產黨進行意識形態鬥爭時，非常容易處於被動、不利的地位。

不過對於本書的論題，即三民主義文化／文學的建構而言，最大的障礙除了三民主義理論本身的模糊與矛盾以外，還在於孫中山本人的文化觀與文學觀。通觀孫中山對於三民主義的論述，我們會發現，他經常反反覆覆地申明自己的政治、經濟綱領，而對於文化問題則很少涉及，這並不是因爲孫中山不關心文化問題，而是因爲在他看來，中國的傳統文化已經足夠完善，所以根本就沒有必要在此之外再來構建什麼「三民主義文化」。早在辛亥革命剛剛發生之際，他在談及即將成立的新政權時就說：「彼將取歐美之民主以爲模範，同時仍取數千年舊有文化而融貫之。語言仍用官話，此乃統一中國之精神，無庸稍變。」〔註26〕不久之後他又說：「我中國是四千餘年文明古國，人民受四千餘年道德教育，道德文明比外國人高若干倍，不及外國人者，只是物質文明。」〔註27〕而且，孫中山對於傳統文化的推崇並非泛泛而論，他曾經明確提倡過「忠孝」等舊道德，並進而對新文化運動的提倡者進行了抨擊：

> 我們現在要恢復民族的地位，除了大家聯合起來做成一個國族團體以外，就要把固有的舊道德先恢復起來……講到中國固有的道德，中國人至今不能忘記的，首是忠孝，次是仁愛，其次是信義，其次是和平。這些舊道德，中國人至今還是常講的。但是，現在受外來民族的壓迫，侵入了新文化，那些新文化的勢力此刻橫行中國。一般醉心新文化的人，便排斥舊道德，以爲有了新文化，便可以不

〔註25〕 倪偉：《「民族」想像與國家統制──1928～1948 年南京政府的文藝政策及文學運動》，第 29 頁。

〔註26〕 孫中山：《在歐洲的演說》，《孫中山全集》第一卷第 560 頁。

〔註27〕 孫中山：《在安徽都督府歡迎會的演說》，《孫中山全集》第二卷第 533 頁。

要舊道德。不知道我們固有的東西，如果是好的，當然是要保存，不好的才可以放棄。〔註28〕

雖然最後一句話聽起來頗似「取其精華去其糟粕」的論調，但從孫中山隨後對種種舊道德的逐一論述來看，他對於傳統文化尤其是傳統道德的態度，基本上是全盤接受的，而他對於新文化的反對，則是旗幟鮮明。當然，有的時候孫中山也會認識到，以儒家爲代表的傳統文化承認人與人之間的不平等，這與現代自由平等的政治理念是有衝突的，他曾說：

天生聰明睿智、先知先覺者，本以師導人群、贊佐化育。乃人每多原欲未化，私心難純，遂多擅用其聰明才智，以圖一己之私，而罔顧人群之利……由是履霜堅冰，積爲專制。我中國數千年來聖賢明哲，授受相傳，皆以爲天地生人，固當如是，遂成君臣主義，立爲三綱之一，以束縛人心。此中國政治之所以不能進化也。〔註29〕

不過這樣的議論在孫中山的著述中終屬鳳毛麟角，在絕大多數時候，他對中國傳統文化的迷戀和崇仰，完全壓倒了其對於「傳統」中負面因素的理智思考。

至於文學問題，則更是極少出現在孫中山的視野中。目前能看到的孫中山關於文學的論述僅有一處，不妨全文抄錄如下：

中國詩之美，逾越各國，如三百篇以逮唐宋名家，有一韻數句，可演爲彼方數千百言而不盡者，或以格律爲束縛，不知能者以是更見工巧。至於塗飾無意味，自非好詩。然如「床前明月光」之絕唱，謂妙手偶得則可，惟決非尋常人能道也。

今倡爲至粗率淺俚之詩，不復求二千餘年吾國之粹美，或者人人能詩，而中國已無詩矣。〔註30〕

雖然這段話只是對新詩表示了不滿，但是很顯然，其中體現出的文學觀，是和孫中山的文化觀一脈相承的，聯繫到他對新文化運動的評價，也便可想而知他對於整個新文學會持何種看法。可以說，孫中山眼裏的新文學，和林紓等守舊派文人眼裏的新文學大概沒有什麼區別，所不同的僅僅是孫中山作

〔註28〕孫中山：《三民主義・民族主義》，《孫中山全集》第九卷第243頁。

〔註29〕孫中山：《三民主義》，《孫中山全集》第五卷第188頁。

〔註30〕孫中山：《詩學偶談》，《孫中山全集》第四卷第539頁。這段文字原出自胡漢民的《不匱室詩鈔》，係對孫中山談話的記錄。

爲一個政治人物，沒有必要在文學問題上公開發言而已，不過從他的「偶談」中，我們對於其態度已可以一目了然。

這樣的文學觀顯然是有些不合時宜的。自從「五四」新文化運動以後，新文學相對於舊文學已經取得了壓倒性的優勢〔註31〕，在大多數知識分子、尤其是青年學生中間（他們一般被認爲是社會上最具活力與影響力的群體），新文學具有不證自明的合法性，而舊文學則往往被貼上保守落後的標籤。我們在今天固然可以對當年那場新舊之爭給予更加客觀的評價，但是在當時的情境之下，提倡舊文學、反對新文學的論調，的確是很難找到市場的。因此，當日後國民黨的文化官員倡導「三民主義文學」的時候，如果他們試圖從孫中山那裡尋找話語資源，便會遇到一個頗令人尷尬的悖論：在文學革命早已成功的年代，要是再來提倡舊文學，那無異於癡人說夢；但是若提倡三民主義的新文學，那又恰恰與孫中山本人的意見相反，因而其主張也就會成爲無源之水、無本之木。這一悖論幾乎成了三民主義文學無法擺脫的宿命，它使得張道藩等國民黨的文化官員在闡述其文學主張時，不得不一直掙扎在「新」與「舊」的漩渦之中。於是，本應該成爲三民主義文學最重要思想資源的孫中山本人的思想，反倒成爲了這種文學的提倡者所無法繞過的障礙，這是很令人深思的。

實際上，如果嚴格按照孫中山的「本意」來講，恐怕「三民主義文化」與「三民主義文學」這兩個名詞從根本上就不能成立，因爲他的三民主義主要因應的，本是近代以來中國的現實政治、經濟、社會諸問題，至於包括文學在內的文化問題，對於孫中山而言幾乎就不存在，因爲在他眼裏，只要繼承了傳統的文化／文學並將其發揚光大，就是最好的選擇，任何旨在顛覆傳統的變革都是不可取的。孫中山無疑是一個政治上的激進主義者，但他的文化觀念卻帶有極強的保守主義色彩，這種結合看似古怪，卻也不難理解，因爲孫中山激進的政治思想中，最核心的部分就是民族主義〔註32〕，而正如前

〔註31〕近些年來，研究者在評價「五四」時期的新舊文學之爭時，多已不再完全以新文化運動之是爲是、以新文化運動之非爲非了，且有學者指出新舊文學之關係並非只是相互競爭，其中亦有滲透和互補（參見秦弓：《「五四」時期文壇上的新與舊》，《文藝爭鳴》2007年第5期）。但是經歷過文學革命之後，新文學迅速站穩腳跟並獲得了遠遠超乎舊文學的合法性，這仍是無法否認的事實。

〔註32〕關於孫中山的思想中究竟何者爲核心，研究者多有不同的看法，如李怡先生

文所分析的，孫中山民族思想的主要來源是中國的傳統文化，所以，三民主義就成了一個奇特的「激進」與「保守」的復合體。在這一復合體中，與三民主義文化／文學有直接關係的又恰恰是其不合時宜的保守部分，因此三民主義文化／文學在其源頭之處就被打上了保守的烙印。

　　總之，三民主義的種種矛盾與模糊性，尤其是孫中山本人具有嚴重保守傾向的文化觀與文學觀，共同注定了三民主義文化／文學難以擺脫的宿命，它將不得不在左右為難、腹背受敵的境遇中前行。本書所要分析的，正是國民黨的文化官員以及作家為此而尋求（可能的）救贖的努力。由此，我們可以看出一種主流意識形態在建構過程中的艱難及其得失。

第三節　民國熱、民國史視角與現代文學的研究範式

　　三民主義是民國時期的官方意識形態，因此，討論三民主義文化／文學將無法繞開「民國」這一重要維度，而這恰恰契合了近幾年來現代文學研究領域中最引人注目的熱點之一，即「民國文學」的提出與討論。這些討論對於本書而言不但有巨大的借鑒價值，且具有重要的方法論意義，因而有必要對此予以特別的關注。

　　2003 年，張福貴先生提出了「中華民國文學」的概念〔註33〕，並引發了一些探討；從 2006 年開始，秦弓、李怡、丁帆等先生均連續撰文，從不同的角度探討「民國」之於中國現代文學的意義，《中國現代文學研究叢刊》、《文藝爭鳴》等影響較大的期刊也多次刊發相關論文，一些刊物還連續為此闢出專欄，一時間形成了頗為浩大的聲勢。當然，各位學者關注「民國」的側重點以及相應的問題意識均各不相同，但他們的觀點仍構成了相互呼應之勢，在為本

　　認為「三民主義思想的基礎是孫中山對歐美民主政治的考察借鑒，所以三民主義的核心是『民權』」（李怡：《含混的「政策」與矛盾的「需要」──從張道藩〈我們所需要的文藝政策〉看文學的民國機制》，《中山大學學報（社會科學版）》2010 年第 5 期；倪偉則認為民族主義佔有更重要的地位（《「民族」想像與國家統制》，引言第 11 頁）；而當年的國民黨文化官員如陳立夫、戴季陶等人，在試圖為三民主義尋找「哲學基礎」時，又強調「民生」才是三民主義的基礎和核心。考慮到「三民主義」的提出過程以及孫中山對其進行論述的方式，筆者認為將「民族」視為三民主義的核心更為合適。

〔註33〕參見張福貴：《從意義概念返回時間概念──關於中國現代文學的命名問題》，《文學世紀》（香港）2003 年第 4 期。

學科探索新的研究框架與研究範式方面，共同做出了有益的嘗試。值得注意的是，這並不是大陸學界第一次提出「民國文學」的概念，早在上世紀 90 年代中期，就出現了以《中國民國文學史》命名的著作〔註34〕，不過該著在文學史觀念上並無實質性創新，甚至還沿用了新民主主義文學的闡釋框架，它之所以以「民國」來命名，主要是因爲它屬於百卷本《中國全史》之一卷。這部著作出現後，並未得到學術界的太多關注，這與近幾年來現代文學研究界的民國熱潮形成了鮮明對比，而其原因正在於：此次「民國」視角的提出絕不僅僅意味著給現代文學取一個「別名」，而是代表了一種新的文學史觀和研究範式。另外從共時性的角度看，此次「民國文學」熱潮的出現也並非偶然，因爲在此前後，中國的大眾文化領域內也悄然興起了一股「民國熱」，各種民國題材的影視作品不斷熱播，大眾刊物上的民國專欄層出不窮，甚至在娛樂、時尚界，所謂「民國情調」、「民國範兒」也漸漸成爲新寵。就學術圈而言，在政治、歷史、教育乃至經濟等其他學科中，關於民國的討論也都方興未艾，凡此種種，都是我們在探討「民國文學」時無法忽略的文化語境。

　　對於這一股自下而上、由大眾傳媒與知識界合力推動的「民國熱」，我們並不是不需要反思。比如，在一個消費主義橫行的時代，當「民國」進入大眾文化領域後，它很容易變成一種他者，而不是被看作「我們」自己的歷史。「民國」這一議題中所蘊含的歷史文化內容、尤其是它與當下的種種聯繫，都在一系列的商業化運作過程中被統統抽空，然後再將那些能夠滿足人們獵奇心理的事物塞進「民國」的軀殼中，如此一來，「民國」幾乎已經成了大眾消費品的商標之一。學術界不僅需要對此保持足夠的警惕，也完全可以通過自己的研究來與這一趨勢進行抗衡：我們將「民國」納入學術視野，恰恰是爲了獲得一種歷史的縱深感，研究者自然也會有其現實關懷，但是卻不應該把當下與民國這兩個時代的關係處理成「自我與他者」，而是要梳理二者之間千絲萬縷的聯繫，探討其間的「變」與「不變」，進而發現「民國」之於「當下」的眞正意義。

　　另外，無論是在大眾文化領域還是學術界，「民國」都不是一個單純的時間概念，而是蘊含著特定的價值判斷。大眾對「民國元素」的青睞與追捧，是同懷舊以及（時尚意義上的）「復古」情懷分不開的，這自然不必多說；至於學者對於民國的態度，則要複雜得多。一般而言，民國文學的提倡者在論

─────────────────

〔註34〕葛留靑、張占國：《中國民國文學史》，人民出版社，1994 年。

及民國時期的政治形態、文化政策、社會經濟狀況等對於文學的影響時，都會注意到其兩面性，既強調民國為文學發展提供的有利氛圍，也會指出專制統治對文學的壓抑和限制。不過多數情況下，研究者似乎更加強調前者，有時甚至會不自覺地流露出對民國時期文學環境的欣羨，這從一些提法（如「民國文學風範」〔註 35〕）中即可看出端倪。當然，現代文學研究在經歷了對於民國背景的長期排斥、迴避以後，重新正視這一歷史背景，尤其是對其給予應有的正面評價，具有無可替代的糾偏意義，而且這也是研究「民國文學」的題中應有之義，誠如秦弓先生所言：

> 以往的文學史敘述中，說到民國往往是把政府與國家混為一談，且多以負面形象出現……時至今日，我們應該擁有更大的自信，站在新的歷史高度，正視民國史的歷程，將民國史的視角引入現代文學研究，以歷史主義的眼光重新審視、梳理與評價現代文學，藉此真實地認識民國歷史，也彰顯現代文學學科的成熟風範；也只有這樣，才能無愧於歷史，無愧於良知，也無愧於後人。〔註 36〕

不過，就民國視角對於中國現代文學研究的意義而言，政治糾偏是必要的，但這絕不是唯一的、甚至也不是最主要的意義。由於「民國文學」的提倡者在思路上不盡相同，個別觀點甚至差異較大，為了方便進一步探討，此處不妨對與「民國文學」有關的各種提法進行簡要的綜述〔註37〕：

其一是張福貴、丁帆等先生提出的「民國文學史」。張福貴先生的著眼點，主要在於為現代文學研究探索新的、更加合理的框架，在他看來，現代文學作為一種「意義概念」，具有單一、片面的缺點，而「民國文學」作為中性的「時間概念」，具有更大的包容性與開放性〔註38〕；丁帆先生則是從文學史的斷代與分期的角度，認為應該突出辛亥革命對於新文學發生的重大意義，並

〔註 35〕丁帆：《「民國文學風範」的再思考》，《文藝爭鳴》2011 年第 7 期。

〔註 36〕秦弓：《三論現代文學與民國史視角》，《文藝爭鳴》2012 年第 1 期。

〔註 37〕在關於「民國文學」的討論中，已出現數篇對各種觀點進行述評的文章，較具代表性的有周維東的《中國現代文學研究中的「民國視野」述評》（《文藝爭鳴》2012 年第 5 期）、張桃洲的《意義與限度——作為文學史視角的「民國文學」》（《文藝爭鳴》2012 年第 9 期）等。所以筆者此處的敘述盡量簡略，並將酌情參考已有研究成果。

〔註 38〕參見張福貴：《從意義概念返回時間概念——關於中國現代文學的命名問題》（《文學世紀》（香港）2003 年第 4 期）、《從「現代文學」到「民國文學」——再談中國現代文學的命名問題》（《文藝爭鳴》2011 年第 7 期）等文。

將中華民國的成立作為新文學的起點，同時也就「民國文學」的下限提出了頗具新意、但也許容易引起爭議的觀點，即雖然中國大陸的「民國文學」中斷於 1949 年，但也應該承認此後臺灣的「民國文學」表述〔註39〕。可以說，張福貴、丁帆兩位先生主張的「民國文學史」，主要是從學科格局的角度考慮的。

其二是秦弓先生主張的「民國史視角」。與張、丁二位先生不同，秦弓先生並沒有試圖以「民國文學」代替現代文學，而只是在現代文學的既有框架內引入「民國史」的視角，以此來推動現代文學的「歷史還原」，即「一是追溯現代文學的傳統根源；二是還原現代文學的歷史面貌與發展脈絡；三是探究現代文學的社會文化背景」，具體而言，歷史還原的內容應該包括「全面解讀現代文學中的辛亥革命」、「勇於正視民國為現代文學提供的發展空間」、「還原面對民族危機的民國姿態」等等，另外，還應該全面還原民國文學的「生態環境」與「生態系統」，並關注現代文學中的「民國風貌」〔註40〕。秦弓先生近年來在此視角下所進行的學術實踐，如對於抗戰期間正面戰場文學的研究等等，確實觸及了現代文學研究領域的一些盲區，尤其是清理了那些由於政治原因而造成的文學史上的種種遮蔽和誤解。

其三是李怡先生提出的文學的「民國機制」。李怡先生的思路與秦弓先生有些類似，他們「都傾向於通過對特定歷史文化的具體分析為文學現象的解釋找到根據」，不過「民國機制」背後顯然有著更為宏大的理論抱負，李怡先生認為「探討一種切合中國社會文化實際生態的闡述方式，可能就是中國現當代文學研究的學術生長點，這樣的探討在保持對西方學術思想的開放的前提下，當盡力呈現中國自身的實際狀態，或者說主要應該讓中國的問題『生長』出我們的研究方法與闡釋框架」。「民國機制」的提出正是源於這種理論自覺，李怡先生將「民國機制」定義為「從清王朝覆滅開始，在新的社會體制下，逐步形成的，推動社會文化與文學發展的諸種社會力量的綜合，這裡

〔註39〕參見丁帆：《新舊文學的分水嶺——尋找被中國現代文學史遺忘和遮蔽了的七年（1912～1919）》（《江蘇社會科學》2011 年第 1 期）、《給新文學史重新斷代的理由——關於「民國文學」構想及其它的幾點補充意見》（《中國現代文學研究叢刊》2011 年第 3 期）、《關於建構民國文學史過程中難以迴避的幾個問題》（《當代作家評論》2012 年第 5 期）等文。

〔註40〕參見秦弓：《現代文學的歷史還原與民國史視角》（《湖南社會科學》2010 年第 1 期）、《三論現代文學與民國史視角》（《文藝爭鳴》2012 年第 1 期）等文。

有社會政治的結構性因素，有民國經濟方式的保證與限制，也有民國社會的文化環境的圍合，甚至還包括與民國社會所形成的獨特的精神導向」，它具體體現爲「作爲知識分子的一種生存空間的基本保障，作爲現代知識文化傳播渠道的基本保障以及作爲精神創造、精神對話的基本文化氛圍」等等〔註41〕。可以看出，李怡先生實際上是把民國爲文學提供的空間理解爲類似布爾迪厄所謂之「場域」，並探討在這一「場域」內現代文學是如何發生的，由此形成了其關注「民國」的獨特思路。

　　當然在關於「民國」問題的討論中，也出現了一些不同意見，比如羅執廷先生就對於「民國文學」等概念表示明確的反對。在他看來，首先，「民國文學」論者總是「攻擊」甚至試圖「打倒」現代文學，而「現代文學」這一概念的意義與價值是不容抹殺的；其次，「民國文學」或「民國文學史」的命名過分強調了國體、政體對現代中國文學的影響力，卻忽視了其世界背景與整個中國現代化的歷史進程；另外，用「民國」這一時段給文學史分期還會造成一種不良後果，即割裂中國現當代文學的整體性，不能反映文學發展演變的實際軌跡。因此羅先生諷刺「民國文學」的討論者是在「製造新的學術泡沫」，甚至激烈地宣稱「這顯然是在開歷史的倒車，是學術史上的反動和逆流，應該堅決予以批判」〔註42〕。不過羅先生的觀點後來似乎發生了很大的變化，就在上述文章發表後不久，他又聲稱李怡教授提出的「民國機制」問題「確實有助於引導我們回到民國的歷史現場，求得對當時文學運行環境更爲本眞的呈現，並且在這樣一種歷史研究中體現出一定的當代意識」，他自己也循此思路，撰文探討了「民國出版機制」與現代文學的關係〔註43〕。這一頗富戲劇性的轉變，也體現出關於「民國」問題的討論確實得到了學術界的共鳴。

　　在關於民國文學的諸種表述中，「民國文學史」關注的是文學史的命名或斷代問題，對於本書而言並沒有直接的指導意義，而「民國史視角」與「民國機制」則與本書的論題密切相關。尤其是「民國史視角」，這首先是因爲秦

〔註41〕　參見李怡：《民國機制：中國現代文學的一種闡釋框架》(《廣東社會科學》2010年第 6 期)、李怡、周維東：《文學的「民國機制」答問》(《文藝爭鳴》2012年第 3 期) 等文。
〔註42〕　羅執廷：《「民國文學」及相關概念的學術論衡》，《蘭州學刊》2012 年第 6 期。
〔註43〕　羅執廷：《中國現代文學發展中的民國出版機制》，《文藝爭鳴》2012 年第 11期。

弓先生運用「民國史視角」以及相應的「歷史還原」方法所進行的一系列研究，為如何探討那些具有高度政治敏感性的文學史話題提供了經典的範例；另外更為吸引筆者的，則是「民國史視角」中所體現的宏闊的史學視野，有論者評價道：

> 大陸中國現代文學史研究在歷史視野上並不是十分開闊，它要麼被局限在逼仄的政治史框架中不能動彈，要麼強調文學的自足性在文學的思潮史中打轉，文學史與政治史、經濟史、社會史、思想史、文化史等的豐富聯繫並沒有深入開掘，從而造成文學史研究視野的局限，很多文學史現象之間的深層聯繫不能發現，很多文學史判斷只知其一不知其二。「民國史視角」實際將「文學史」復歸到「大歷史」的框架中，在「大歷史」的框架下審視文學，文學與政治、經濟、思想、社會、文化等因素在歷史中的豐富聯繫因此得以呈現。在我看來，這才是「民國史視角」的真正價值所在。〔註44〕

不過，如果真正想讓現代文學研究被納入「大歷史」的框架，那恐怕不僅僅是一個如何打開研究視野的問題。因為在傳統的「以意識形態（無論其為新民主主義還是現代性）為經、以作家作品為緯」的研究範式之下，「民國史視角」基本上只能算是外部研究，它很難回應那些關於所謂「文學本體」的問題，比如，通過「歷史還原」被發掘出來的那些文學作品，其自身的「藝術水準」或曰「文學性」究竟有幾何？它們的成就是否足以影響現有的文學史格局？如果那些研究對象確實價值有限，那麼研究者的工作是否會變成試圖將朽木雕琢成器的可笑之舉？實際上，在近幾年關於民國文學的討論中，類似的問題經常被反覆提出，而在面對三民主義文化／文學這樣一個論題的時候，筆者也經常被這些困惑所糾纏。若要解決這些問題，恐怕需要從根本上對於已有的現代文學研究範式進行反思。早在十餘年之前，倪偉就曾指出〔註45〕：把文學當作思想啟蒙的工具，和把文學當作意識形態宣傳工具的做法其實相去不遠，同樣會把文學研究引入工具論的歧途，使文學研究喪失豐富性

〔註44〕 周維東：《中國現代文學研究中的「民國視野」述評》，《文藝爭鳴》2012年第5期。

〔註45〕 饒有意味的是，下面的觀點正是出自倪偉研究國民黨文藝的著作之「引言」，這些觀點似乎頗有為自己的研究確立合法性的味道——毋庸諱言，包括筆者在內的、以那些藝術價值可疑的作品為研究對象的研究者，恐怕都難以避免這種「合法性焦慮」。

與活力；而如果回縮到「純文學」的形式美學領域，那又未免過於狹隘，會使文學史「退化」爲對於個別作家作品的研究。因此，他描述了自己理想中的文學研究範式：

> 我認爲文學史研究首先應是歷史的研究，它必須能夠在對文學生產和演變歷史的研究中體現出某種深邃的歷史觀，提供對於包括文學在內的整個社會歷史運動的某種洞見。
>
> 因此，文學史研究不應孤立地研究文學的發展演變史，而必須把文學作爲整個社會系統不可分割的一部分來加以研究，探討文學的生產與其所處的特定歷史時期的社會政治、經濟、文化相互交織、糾纏的複雜關係……正在形成中的這種文學史研究範式將從根本上改變以作家作品爲主幹的傳統的文學史研究模式，而把關注的重點轉移到作爲社會的象徵表意系統的文學在特定歷史時期裏生產機制的形成和演變，以及這一象徵表意系統與其他社會子系統之間的密切關係上來。〔註46〕

表面看來，這段表述與前文所引周維東對於「民國史視角」的評價頗有相似之處，但是二者也有本質的區別：周維東針對的只是文學史研究視野狹窄的問題，而倪偉則試圖徹底推翻建立在作家作品研究基礎上的文學史研究範式。當然，後者過於決絕的姿態也頗令我們疑惑：傳統的文學史範式是否眞的完全耗盡了潛力，而「必須」被新的範式所代替？若果眞如此，那麼文學作爲「審美意識形態」的本質，是否也要被重新定義？另外，如果將文學史完全融入整個社會的歷史運動，那是否意味著「現代文學」學科邊界的模糊甚至完全消失？最後，一旦新的研究範式眞的確立起來，它所要求於研究者的將會是橫跨文學、歷史學、社會學、政治學乃至經濟學等諸多學科的知識背景，在現代文學的學科隊伍裏，又有多少人眞正具備如此素養？

儘管倪偉的觀點或許頗有值得商榷之處，但是筆者仍然認爲它有重要的價值。畢竟，現代文學這一學科的研究時段僅有短短的三十餘年，在經歷過成千上萬的研究者的持續挖掘之後，哪怕是稍有成就的作家作品都幾乎已經被窮盡，此後如何培育新的（並且是可持續的）學術生長點，是整個學科都必須面對的難題。在這樣的情況下，轉變文學史的研究範式、將文學史作爲

〔註46〕倪偉：《「民族」想像與國家統制——1928～1948 年南京政府的文藝政策及文學運動》，引言第 8～9 頁。

整個社會歷史的一部分來研究，這雖然並不一定是必然的、但的確是一種可能且十分誘人的選擇。

　　或許是由於這種設想中的新範式太具顛覆性，它並沒有得到學界的多少響應。然而在今天，「民國史視角」的提出恰恰能夠「照亮」上述設想，這是因爲，「民國史視角」中的「民國」是一種具體而明確的歷史時空，而不是「整個社會系統」之類略有些抽象的概念，因此將文學研究納入到民國史範疇，無疑更加具有可操作性。把「民國史視角」與現代文學研究範式的轉變結合起來考慮，這不僅有助於「民國文學」問題討論的深化，也對整個學科的發展具有舉足輕重的意義。本書之所以沒有把論題局限於文學，而是擴大到三民主義文化，也包含著這樣的考慮，即試圖在「民國史視角」的指導之下，就文學與民國時期的社會歷史環境之關係做出一些探索。當然，筆者不敢奢望本書能夠爲（可能出現的）現代文學研究範式的調整做出什麼貢獻，但是如何在歷史還原的基礎之上，尋找一種獨特的研究思路，以激活那些幾乎被廢棄的歷史（不僅是文學史）材料，這確是本書的自覺追求。

第一章 《文化先鋒》、《文藝先鋒》概況

第一節 張道藩與《文化先鋒》、《文藝先鋒》的創辦

若要討論《文化先鋒》、《文藝先鋒》這兩個刊物，張道藩是一個繞不過去的人物。這不僅因為他是兩份刊物的創辦者，更是因為他作為一位多年掌管文化、文藝領域大權的國民黨要員，在國民政府各項文化、文藝政策的起草和制定過程中發揮著至關重要的作用，他的「文宦生涯」幾乎貫穿了從二十年代末國民政府開始對思想文化領域加以控制、直至1949年國民黨敗退臺灣的全過程〔註1〕。考察張道藩的政治生涯和文化活動，不僅有助於分析《文化先鋒》、《文藝先鋒》這兩個刊物本身，也可以為我們深入理解三民主義文化／文學提供一個獨特的角度。

張道藩1897年生於貴州盤縣，1919年底赴歐洲勤工儉學，行前曾受到孫中山的接見。1921年入倫敦大學大學院美術部就讀，成為該院第一位中國留學生，後又入巴黎最高美術專門學校深造。1923年初在倫敦加入中國國民黨，同年成為國民黨倫敦支部負責人之一。1926年回國後即從事黨務工作，並迅速進入權力核心，歷任國民黨各種重要職務，其中與文化領域相關的職務有（1949年以前）：浙江省政府教育廳廳長（1930年12月——？）、中央電影

〔註1〕實際上，張道藩從1949年赴臺直至1968年逝世期間，仍是國民黨在文化領域最重要的官員之一，甚至還曾出任立法院長等要職，不過這與本書已無直接關係，故從略。

事業委員會委員（1933 年 4 月——？）、國立南京戲劇學校校務委員會主委（1935——1936 年）、中央文化事業計劃委員會副主委（1935 年 12 月——？）、教育部常務次長（1938 年 1 月——1939 年 8 月）、教育部教科用書編委會主委（1938 年 6 月——？）、中央文化運動委員會主委（1941 年 2 月——1949 年 7 月）、中宣部長（1942 年 11 月——1943 年 10 月）等；創辦或參與創辦的文化機構和文藝團體有：中國文藝社（1932 年改組）、中華全國美術會（1933 年）、國立南京戲劇學校（1935 年）、中華全國文藝界抗敵協會（1938 年）、文藝獎助金管理委員會（1940 年）、中央文化運動委員會（1941 年）、中央電影公司（1946 年）、國際文化合作協會（1947 年）等〔註2〕。

　　張道藩並不僅僅是一個文化官僚，也是一個創作、翻譯過數部劇本的劇作家，其中《自救》等劇還曾產生過一定影響〔註3〕。另外，他在美術方面也有一定造詣，早年曾立志用西方繪畫的寫實方法和油畫技巧改造中國畫，以創造中西合璧的「新中國畫」，1926 年剛回國時，還因爲在上海美專講演時大談「人體美」而差點遭到當局的逮捕。張道藩創作的劇本中，固然有《最後關頭》這樣的具有強烈影射現實政治意味的作品，但也有《自救》這樣的以個性解放爲題材的劇作，再聯繫到他的提倡「人體美」之舉，可以說他絕不是一個思想保守之人。然而就是這樣一個人，卻要扛起三民主義文化的大旗，這就注定了他不得不面對文藝與政治之間的矛盾。正如論者所言：「藝術家與文化官員；個人興趣與政治立場，這兩種相互對立的身份和需要使張道藩的文藝觀和人生觀呈現分裂的狀態。當專注於文藝本身和個人興趣時，他強調自由，尊重藝術規律，希望回歸個人的文藝創作；當從黨國利益和反共需要出發時，文藝的純粹性就退居第二位，而突出其宣傳、思想教育和鬥爭功能。」〔註4〕張道藩個人身上的這種矛盾，也會某種程度地投射到他所主持的刊物上，使它們的面貌複雜化。

　　在張道藩擔任過的諸多文化職務中，中央文化運動委員會主委是其擔任時

〔註2〕關於張道藩的生平，參見張道藩：《酸甜苦辣的回味》（臺北傳記文學出版社，1981 年）、程榕寧：《文藝鬥士——張道藩傳》（臺北近代中國出版社，1985 年）、王由青：《張道藩的文宦生涯》（團結出版社，2008 年）等著，另見計璧瑞：《張道藩與國民黨的文藝政策》（《中國現代文學研究叢刊》2012 年第 1 期）。

〔註3〕秦弓：《關於張道藩劇本〈自救〉的評價問題》，《南都學壇（人文社會科學學報）》2011 年第 4 期。

〔註4〕計璧瑞：《張道藩與國民黨的文藝政策》，《中國現代文學研究叢刊》2012 年第 1 期。

間較長、發揮作用較大的一個。中央文化運動委員會於 1940 年 12 月籌組，次年 2 月正式成立，起初隸屬於國民黨中宣部，1943 年 9 月擴大編制，並改爲直屬中央，1949 年夏又併入國民黨中宣部。在差不多整個四十年代，這一機構一直是國民黨對文化領域加以領導、控制的重要途徑之一，張道藩不僅是它的創辦者，而且自始至終都是它的實際領導者。不過在其成立之初的一年多時間裏，這個以「綜合各部門的文化工作，集中各部門的文化人才，並由中央主管文化事業各機關一致參加，共同領導，以全力謀克服各種文化事業的困難，充實各種文化工作的內容，並統一全國文化運動的步驟與方針」〔註5〕爲宗旨的機構，並沒有太多積極的行動，它的「成績」遠遠不及國民黨的另外兩個「文化機構」：隸屬於行政院的中央圖書雜誌審查委員會和隸屬於軍委會的戰時新聞檢查局。當然，僅靠消極的查禁書刊、壓制反對派的言論來鞏固自身的文化領導權，這是遠遠不夠的，在共產黨的宣傳攻勢面前，國民黨的文化部門往往缺乏有成效的應對措施。尤其是在 1941 年初皖南事變（國民黨方面稱之爲「新四軍事件」，它恰好發生在中央文化運動委員會從籌備到成立的那段時間之內）發生後，國共兩黨之間表面上的團結變得越發難以維持，國內的政治鬥爭日趨激烈，中國共產黨藉此機會對國民政府展開了猛烈的宣傳攻勢，而國民黨中宣部雖然爲此專門擬定了所謂《特種宣傳綱要》，試圖把製造摩擦、破壞團結的責任完全推給中共一方，但從實際效果看，國民黨在爭取人心方面顯然略遜一籌。一個明顯的例證是：在皖南事變之後的一兩個月之內，共產黨的機關報《新華日報》在國統區的發行量已超過一萬五千份，其影響力直逼《大公報》，竟讓國民黨軍委會辦公廳和中宣部手足無措〔註6〕。

國民政府當然不會甘心在文化宣傳方面一直處於劣勢。1942 年 5 月 1 日，軍委會在致教育部的一封密電中，明確提出要推動「民族文化」的建設，反對自由主義和共產主義的文化〔註7〕，這可以看作是要加強對文化領域的控制的一個信號。此後不久，又發生了一件頗令國民黨的文化部門頭痛的事，那

〔註 5〕《國民黨中央宣傳部文化運動委員會工作綱領》，中國第二歷史檔案館編：《中華民國史檔案資料彙編·第五輯第二編·文化（一）》，第 11 頁，江蘇古籍出版社，1998 年。

〔註 6〕《軍委會辦公廳關於抵制〈新華日報〉發行量猛增辦法與國民黨中央宣傳部往來函電》，《中華民國史檔案資料彙編·第五輯第二編·文化（一）》，第 530頁。

〔註 7〕《軍委會關於實施當前之文化政策與宣傳原則致教育部密代電》，《中華民國史檔案資料彙編·第五輯第二編·文化（一）》，第 14～19 頁。

就是毛澤東《在延安文藝座談會上的講話》在國統區的傳佈。《講話》作於 1942 年 5 月，雖然直至 1943 年 10 月 19 日才在《新華日報》上正式發表，但它流佈到了國統區的時間卻要早得多，目前有據可查的、最早向國統區介紹《講話》的文章，是刊登在 1942 年 6 月 12 日《新華日報》上的蕭軍的《對於當前文藝諸問題底我見》，該文介紹了延安文藝座談會第一次會議的情況，並通過「立場、態度、給誰看、寫什麼、如何搜集材料、學習、補充幾個問題」等幾個小標題，基本完整地復述了毛澤東在《講話》引言部分提出的基本思想。這篇文章在國統區的見報，距離延安文藝座談會結束僅僅二十天，由此可見共產黨在意識形態鬥爭方面的動作之迅速。國民黨方面對此自然不能視而不見，作爲應對，他們必須設法提升其官方意識形態的影響力，並制定出相應的文化政策，而由張道藩領導的、已經成立了一年有餘的中央文化運動委員會，此時也不能不拿出一些實際的動作來。《文化先鋒》、《文藝先鋒》就是在這樣的背景下先後創辦的〔註8〕。

《文化先鋒》1942 年 9 月 1 日創刊於重慶，初爲周刊，從第 1 卷第 18 期（1943 年 1 月 1 日）起改爲旬刊；從第 4 卷第 21、22 期合刊（約 1945 年 3 月）起，或不署日期，或日期混亂，常有前後兩期日期相同、甚至時間倒錯的現象，疑爲不定期出版；從第 5 卷第 12 期（1945 年 11 月 15 日）起所署日期始恢復正常，並固定爲半月刊；從 1946 年第 6 卷第 1、2 期合刊起遷往南京出版；1948 年 9 月 30 日出至第 9 卷第 5、6 期合刊（總第 205、206 期）後終刊。刊物發行人爲張道藩，初由李辰冬主編，第 1 卷第 14 期起徐文珊參與編輯；自第 5 卷第 2 期起僅署「文化先鋒社」編輯；第 6 卷第 9、10 期合刊起又改署華仲麐主編，不過第 6 卷第 7 期上已出現署名「麐」的社論，故華仲麐實際接編該刊的時間或許稍早。

《文藝先鋒》1942 年 10 月 10 日創刊於重慶，初爲半月刊，從第 2 卷第 1 期（1943 年 1 月 20 日）起固定爲月刊，從 1946 年第 8 卷第 5、6 期合刊起遷往南京出版；1948 年 10 月出至第 13 卷第 4 期（總第 76 期）停刊。刊物發行人爲張道藩，初由王進珊主編，第 2 卷第 2 期起改由徐霞村、李辰冬主編，丁伯騮編輯；第 3 卷第 3 期起改爲李辰冬主編，丁伯騮編輯；第 5 卷第 1、2

〔註 8〕倪偉稱「張道藩依據蔣介石的有關訓示創辦《文化先鋒》」（《「民族」想像與國家統制》第 283 頁），但未注明依據。筆者並沒有發現其他一手資料表明《文化先鋒》與蔣介石有直接關係，暫且存疑。

期合刊起改爲趙友培主編；第 5 卷第 5 期起編務由徐文珊代理，但仍署趙友培主編；第 7 卷第 1 期起僅署「文藝先鋒社」編輯，編務由刁汝鈞代理；第 9 卷第 2 期起改署「中央文化運動委員會文藝先鋒社」編輯，主編仍爲趙友培。

　　《文化先鋒》、《文藝先鋒》很顯然是一對姊妹刊物，它們不但創刊終刊時間基本一致、發行人均爲張道藩，而且實際參與編輯的人員亦有重合，甚至爲了爭取訂戶，還規定訂閱過其中之一的讀者，在訂閱另一份刊物時可享受五折優惠。從內容上看，雖然原則上《文化先鋒》爲綜合性刊物而《文藝先鋒》爲文藝刊物，但實際上二者往往彼此配合、相互呼應，關於「文藝政策」的論爭最初即發生在《文化先鋒》上，這就是一個明顯的例子，只是後來由於和此次論爭相關的文章數量太多，二者才有了一定的分工，即《文藝先鋒》主要登載文藝方面的文章，而《文化先鋒》則「專發表一般學術論文」〔註9〕，不過自此之後《文化先鋒》上仍不時刊載一些文學作品和文藝批評，二者的分工並不像編者所說那樣明確，至多只是各有側重而已。這兩個刊物可以算是中央文化運動委員會的機關刊物，其中《文化先鋒》自創刊起就標明發行單位爲「中央文化運動委員會文化先鋒社」，《文藝先鋒》作爲文藝刊物，最初或許是爲了不想表現出過於濃厚的黨派色彩，並沒有打出中央文化運動委員會的招牌，但是其主要編輯人員如王進珊、李辰冬等均繫該委員會中人，且從 1946 年下半年起乾脆也將「中央文化運動委員會」字樣冠於發行單位「文藝先鋒社」之前。

　　應該指出，儘管兩個刊物的編者都有不同程度的官方背景，但並不能簡單地將他們目爲「御用文人」，實際上，他們除了在國民政府擔任職務外，大多還同時具有文人或學者的另一重身份。比如王進珊在當時是小有名氣的劇作家、詩人，1949 年後曾歷任復旦大學中文系教授、徐州師範大學中文系教授，在古代文學尤其是古代戲曲方面頗有造詣；李辰冬是四十年代一位重要的紅學家，曾在巴黎大學獲比較文學博士學位，其博士論文《紅樓夢研究》於 1942 年在中國出版後，一年之內即再版六次，只是由於他 1949 年後隨國民黨赴臺，才在此後的大陸紅學界湮沒無聞；徐文珊曾在燕京大學師從顧頡剛、胡適等人，畢業後在北京大學等校從事中國歷史的教學和研究，他著於抗戰期間的《歷史教育論》是史學教育領域的一部重要著作，1949 年赴臺後曾在多所高校兼任教職。可以說，這些編輯人員和他們的上司、中央文化運

動委員會主委張道藩，都具有相似的「雙重身份」，這就決定了《文化先鋒》、《文藝先鋒》不可能成為純粹的意識形態傳聲筒，其上的文章固然有宣揚、闡釋官方的文化與文藝政策者，但也有不少頗具水準的文學作品和評論，《文化先鋒》上還登載了哲學、歷史、教育、社會、法律、政治乃至自然科學等各個學科的學術論文，其作者多是各個領域的名家。雖然本書無法對此一一詳加討論，但是張道藩等人試圖以這些刊物為陣地而建構的「三民主義文化」之複雜性，卻是我們不能不注意的。

第二節　一個「使命」與兩種「態度」

儘管《文化先鋒》、《文藝先鋒》的姊妹刊物關係在當時是人所共知的事實，但奇怪的是，在創刊之初，這兩個刊物似乎故意要呈現出不同的面貌，前者一上來就大張旗鼓地宣揚「三民主義文化」，而後者則要低調得多，如果不是注意到它的官方背景、以及不時出現的關於「文藝政策」的討論，而僅就刊物上登載的文學作品來看的話，甚至很難看出《文藝先鋒》與其他文學刊物的區別。只要揣摩一下二者的發刊詞中的不同表述，我們就能發現這種耐人尋味的對照。

《文化先鋒》的發刊詞題為《我們的態度》，未署作者姓名，按常理推測可能出於該刊主編李辰冬之手。該文一上來先從「空間性」（「某一民族所處的地理環境」）與「時間性」（「某一民族所處的時代潮流」）兩方面來定義「文化」，緊接著就說自鴉片戰爭以來，舊有的生活方式和傳統的思想體系已經無法適應時代潮流，因而必須做出改變，並列舉了從洋務運動到五四新文化運動、乃至「中國本位文化建設」等種種「新的文化運動」，繼而又追述了「三民主義的國民革命」〔註10〕的偉大業績，然後才說出了「我們的看法」：「三民主義的國民革命……實實在在是一種包含一切，發動一切的中國新文化運動。所謂政治，所謂經濟，所謂社會，乃至人類一切精神的物質的活動，本來都是在文化績業範圍之內的東西。我們站在文化的觀點上看，三民主義的國民革命就是一種最大的新文化運動。」〔註11〕這種對於三民主義的解釋雖

〔註10〕從該文中所謂「蔣委員長所繼承領導的國民革命運動」云云，可看出此處的「國民革命」似乎是對辛亥革命以來孫中山及其後繼者領導的歷次「革命」的統稱。

〔註11〕《我們的態度》（未署作者），《文化先鋒》第 1 卷第 1 期（1942 年 9 月 1 日）。

然新穎，卻也頗令人困惑：誠然，原則上最廣義的文化可以指人類一切物質和精神產品的總和，但一般而言人們在提到「文化」的時候主要指的還是精神領域，而不會將其內涵無限擴大；如果真的要從「人類一切活動都屬文化範圍」這一角度出發，來說明三民主義的國民革命是文化運動，這實際上毫無意義，因為按此邏輯，我們也可以說任何人發起的任何活動都屬於「文化運動」。更何況，這篇發刊詞的實際目的也不只是要辨明「文化」概念，它還擔負著替即將被建構出來的「三民主義文化」鳴鑼開道的任務，為了讓「三民主義文化」有一個比較清晰的面目，這裡似乎應該為「文化」劃定一個大致的範圍才對，但是該文卻偏偏以一種最大而無當的方式來理解文化，這不能不讓人感到奇怪。其實可以看得出來，這篇發刊詞《我們的態度》似乎是有意要把「三民主義」和「文化」二者勾連起來，但是它所採用的手段無疑過於簡單化了，甚至有偷懶的嫌疑，這就使得「三民主義文化」亮相伊始便顯得面貌模糊。

更為詭異的，是上面一段引文中對「新文化運動」一詞的「僭用」。在四十年代，「新文化運動」已經是一個專有名詞，其含義與今天並無不同，即指胡適、陳獨秀等人發起的旨在宣揚以科學和民主為核心的新文化，反對傳統文化的運動。這篇發刊詞的作者顯然也是認同這一點的，因此才會把從洋務運動到「中國本位文化建設」的種種變革，小心翼翼地統稱為「新的文化運動」。可是既然如此，他還要把以三民主義為號召的革命稱為「最大的新文化運動」，這就很耐人尋味了。如前所述，孫中山對於新文化運動本是持反對態度的，他並不認為文化上的「新」比「舊」具有更高的價值，更不可能認同「傳統的思想體系無法適應時代潮流」這樣的判斷，倘若孫中山地下有知，他對《我們的態度》一文作者將他的三民主義和「新文化運動」生拉硬拽在一起的做法，定會感到啼笑皆非。很難揣測《文化先鋒》的編者做出這樣的闡釋是出於何種目的，這或許是為了借助早已獲得合法性的新文化運動來為「三民主義文化」張目，也可能是由於該刊編者中的多數人本身就受過新文化運動的洗禮，因此即便在從事政黨的文化建設時也不能忘情於「新文化運動」的緣故。關於「三民主義文化」之新與舊，後文將有專章論述，故此處僅述其大略。

在拋出了一個無所不包的「文化」概念以後，接下去怎樣來說明建設「三

下文引用同一篇文章時不再注明。

民主義文化」的方法，就成了一個難題。該文先是以浮誇的口氣說：「集中一切的意志與力量以求三民主義的文化之建設，這是何等偉大的工程啊！這個偉大的新文化運動決不是幾個人或幾十個人甚而幾百幾千個人的力量所能勝任；這個重任，全國的哲人學者，以及各科專家當仁不讓，應該共同努力擔負起來。」緊接著就一腳把皮球踢了出去：「我們既有一致的國策，一致的信仰，那麼，全國文化界各部門的哲人學者專家就應該從新考慮一下自己所專長的學科，所從事的工作，今後應當怎樣研究，怎樣進行，庶幾可以達到建設三民主義文化的共同目標。」作爲三民主義文化的主要陣地，《文化先鋒》理應就如何建設三民主義文化提出一些實質性的建議，但是這篇發刊詞卻如此輕易地把問題推給了全國的「哲人學者專家」，其「態度」未免有些不負責任。到頭來，刊物自身的任務只剩下了「供給各位哲人學者專家發揮議論的園地……只要是不背於中華民國建國最高準繩——三民主義的主張言論，本刊無不歡迎」。從高調呼籲建設三民主義文化，馬上滑落到只要「不違背三民主義」即可，這中間難免有偷梁換柱之嫌。實際上，我們若說《文化先鋒》的編者自己對於「三民主義文化」究竟爲何物也不甚了然，恐怕不算過苛。

　　無論如何，《文化先鋒》的發刊詞至少明確地打出了「三民主義文化」的大旗，而相比之下，《文藝先鋒》的發刊詞《敬致作家與讀者——本刊的使命與期望》則顯得態度更爲中立。雖然該文和一個多月前發表在《文化先鋒》創刊號上的《我們所需要的文藝政策》同樣署名張道藩，但它遠不像後者那樣有一副官方面孔。該文將創辦《文藝先鋒》的意義歸結爲「塡補了出版界的空虛，增加了文藝界的貢獻。雖然不能說，這就是沙漠中的綠洲，深谷裏的鶯囀，但至少也該是戰地上的一朵鮮葩，黎明前的幾聲雞唱」〔註12〕，這可謂是十足的文藝腔；當然，作者並沒有忘記提及抗戰建國的時代使命：「我國當前不乏抱負偉大的作家，寫作態度更多眞摯，大家都爲著國家民族的獨立自由，爲著世界人類的正義和平，爲著文學藝術的無限前途，振奮著戰鬥精神，艱苦撐持，奔赴理想的鵠的」，雖然這段話裏濃烈的文學工具論色彩似乎和前面表現出來的文藝範兒不大合拍，但它至多也不過是以「國家民族」爲號召，而並沒有摻雜什麼黨派意識形態。此外還特意說明《文藝先鋒》願意成爲廣大作家「聯絡工作與交換意見的園地」，這似乎又是在呼應《文化先

〔註12〕張道藩：《敬致作家與讀者——本刊的使命與期望》，《文藝先鋒》第 1 卷第 1 期（1942 年 10 月 10 日）。下文引用同一篇文章時不再注明。

鋒》發刊詞中的論調。

　　《敬致作家與讀者——本刊的使命與期望》一文中僅有一次出現了「三民主義文藝」字樣，還是在作者重申徵稿啟事中的「四點意見」的時候：「一、加強全國文藝界總動員；二、補充全國讀者精神食糧；三、供給全國作家發表作品；四、促進三民主義文藝建設」。除去第四點外，前三點意見都沒有體現出什麼政治立場，我們僅能從「全國」、「總動員」這類字眼中看出一點官方色彩。而按道理來說，作為中央文化運動委員會的機關刊物之一，《文藝先鋒》本應以宣揚三民主義文藝為最高「使命」，但在這四點意見中，「促進三民主義文藝建設」竟然僅僅是忝陪末座，這也顯得有些不同尋常。

　　從刊物的實際情形來看，這篇發刊詞有意淡化黨派意識形態色彩，似乎也不完全是故作姿態。在《文藝先鋒》創刊一週年之際，時任主編的李辰冬就對於刊物的開放性表現出了充分的自信：「別的不談，只以『加強全國文藝界總動員』一項而論，已是本刊的一種特色。查查我們刊物史，大多數的刊物都是某一黨，某一派或某一群作家的園地，他們或囿於政策，或囿於偏見，或囿於某種文藝上的主義，不能容納全國的作家於一堂為民族文藝而努力。我們的腦海裏從沒有左傾右傾的觀念，所以也絕不以這些標準來取捨文章。」〔註13〕當然，沒有人會相信《文藝先鋒》真的毫無政治傾向性，因為就在同一篇文章裏，李辰冬還寫道：「建立民族文藝這已是全國作家的一致理想，然不無居心叵測者流在那裡阻礙或破壞，我們為使這些妖怪的形象畢露計，自二卷二期起又增闢『短論』一欄。這一欄就是照妖鏡，我們絕不放鬆一切的怪論與怪事。據說，這些短評頗使某些人頭痛，我們將使他們繼續頭痛下去。」這段話的針對性是不言而喻的，不過也應該看到：正是因為有「短論」一欄集中承擔了與共產黨進行意識形態鬥爭的任務，《文藝先鋒》的其他欄目便可以相對超然一些，而不至於過多地受到意識形態的束縛。

　　毫無疑問，《文化先鋒》、《文藝先鋒》承擔著共同的使命，即建設三民主義的文化／文學，然而究竟是什麼原因，使得二者的面貌看起來如此迥異呢？要回答這一問題，恐怕仍要回到前文論述過的張道藩等人的「身份」上。作為文化官員，張道藩和他的下屬不得不擔當起為官方文化搖旗吶喊的角色，儘管他們可能會有些力不從心；同時作為文人，他們又不可能認識不到文藝創作有其自身的規律，而無法完全聽命於政治。所以，當他們鼓吹三民主義

〔註13〕冬：《本刊一年》，《文藝先鋒》第 3 卷第 4 期（1943 年 10 月 20 日）。

文化——「文化」在他們的理解中可以囊括政治、經濟、法律乃至自然科學等各個領域——的時候，他們的言說就算再含混不清、漏洞百出，至少在態度上還是很坦然的；但是當他們要用官方意識形態來規範文學的時候，卻會變得吞吞吐吐，「猶抱琵琶半遮面」。更有趣的是，有時張道藩會真心以爲他的文藝追求和政治理想是可以並行不悖的：「這位既熱愛文藝又堅持反共的官員，把消除共產意識形態和左傾思想看作是文藝自由實現的前提」〔註14〕，他似乎認爲，正是由於共產黨將文藝用於宣傳目的，才使得文藝受到了束縛，而他的政治身份恰恰可以讓他把文藝從共產意識形態的束縛之下「解放」出來。只不過，三民主義的政治信仰所要求於張道藩的，絕不僅僅是給文藝以「自由」而已，而是還要讓其爲我所用，成爲另一種宣傳工具。張道藩不得不屈從於這一要求，所以他才會寫出《我們所需要的文藝政策》那樣的文章，但是，從他在兩個刊物上不同的言說姿態中，我們仍能看出其思想的明顯裂隙。這種裂隙，張道藩終其一生都沒能彌合——實際上也無法彌合。

另外，《文藝先鋒》之所以不突出黨派色彩，也可能是出於策略上的考慮。對於權勢及權勢的擁有者，人們總是會有一種近乎本能的戒備，所以凡事只要涉及到「在朝者」與「在野者」之爭，人們的同情心往往會傾向於後者。在文藝領域，這種情況則更爲突出，因爲現代文人不同於中國傳統的士大夫，他們往往把自己想像爲反抗者、批判者的角色，這樣一來，如果與政府的關係過於密切，對於他們而言就不會是什麼光彩的事。回顧現代文學史上的一些論爭，我們很容易發現拿對方的「官方」身份做文章的例子，像陳西瀅對於魯迅、魯迅對於王平陵，都使用過這樣的戰術，甚至新文化陣營在反擊林紓的謾罵時，也要將「荊生」附會成徐樹錚，以製造出舊文人意圖借助北洋軍閥的力量打擊新文化運動的輿論。由此我們就能理解，爲何左翼的文藝刊物可以毫無愧色地表現自己的意識形態，而國民黨派的文藝刊物則需要遮遮掩掩：左翼的反抗姿態，恰恰是其作爲「在野者」的標誌，也是它能夠吸引知識分子與讀者的重要原因；至於國民黨的刊物，如果顯現出過於濃厚的官方色彩，卻有可能嚇跑作家，並引起讀者的厭惡。可以說，國民政府在政治力量上的絕對優勢，不但不能保證其在文藝領域的優勢，相反在某種意義上還可能成爲其發動文藝運動時的障礙與短板。

〔註14〕計璧瑞：《張道藩與國民黨的文藝政策》，《中國現代文學研究叢刊》2012年第1期。

　　實際上，《文藝先鋒》的「中立」姿態在國民黨的刊物中並非沒有先例，三十年代的《文藝月刊》是國民黨中宣部直接領導的「中國文藝社」的刊物，但它也「呈現出相對獨立、溫和的姿態」〔註15〕，《文藝先鋒》創刊於《文藝月刊》終刊之後一年，二者之間隱約有某種繼承關係，它們呈現出相似的面貌，也不會讓人奇怪。

第三節　猶豫不決的「文藝政策」

　　在《文化先鋒》的創刊號上，登載了署名張道藩〔註16〕的長文《我們所需要的文藝政策》（下文簡稱《文藝政策》）。這是 1949 年以前正面闡揚國民黨文藝政策的最重要文字之一，其歷史價值不言而喻，而其中隨處可見的含混、矛盾、猶豫不決，又十分耐人尋味。因此，該文近幾年來引起了許多研究者的關注，李怡、姜飛等先生都曾著專文探討過這篇文章以及由它引起的爭論。儘管研究者對《文藝政策》的開掘已相當深入，但是鑒於該文的特殊重要性，筆者仍將在借鑒已有研究成果的基礎上，對其做進一步的詳細分析。

　　這篇文章的第一個引人注目之處在於，儘管題為「文藝政策」，但是「政策」制定者本應具有的權威在文中卻鮮有體現，相反，我們看到的往往是商量、讓步乃至自我辯解的口吻。在正面闡釋三民主義文藝之前，作者首先說：

　　　　本來文藝一向都在自由的環境下發展，雖然它無時無刻不反映政治，無時無刻不受政治的束縛，但始終是不自覺，無意識的，今將三民主義與文藝政策「相提並論」，一定使許多人驚異，以為無稽之談，或投機之論……封建社會、資本社會、共產社會都有它們獨特的文藝，那麼，較之它們更為完美的三民主義社會既是另一樣社會意識的形態，為什麼不能建立自己的文藝呢？ 封建、資本、共產社會都利用文藝作為組織民眾，統一民眾意識的工具，那麼，我們

〔註15〕趙偉：《〈文藝月刊〉（1930～1941）中的民族話語》，中國社會科學院研究生院博士論文，2012 年。
〔註16〕按李辰冬的說法，該文實際是由他起草的，並經過了張道藩等人的討論、修訂（李辰冬：《抗戰時期文藝政策的訂立》，原載《中央月刊》第 11 卷第 9 期，見李瑞騰編：《抗戰文學概說》，臺北文訊月刊雜誌社，1987 年）。不過即便此說屬實，既然該文由張道藩署名，且他也參與了修改討論，就必然會體現他本人的意見。退一步說，無論作者是誰，該文作為宣揚官方文藝政策的文本之屬性都不會改變。

　　爲什麼不能也拿文藝爲建國的推動力呢？〔註17〕

　　將三民主義理解爲與封建、資本、共產社會相併列的「意識形態」，這似乎略顯古怪，正如李怡先生所指出的，一個重視「民族」、「民權」與「民生」問題的民國社會未必是世界與歷史上的獨特創造，封建主義、資本主義、共產主義的社會也有各自的「民族」、「民權」與「民生」設計〔註18〕。不過這裡體現出的作者爲三民主義文藝尋求合法性的艱難探索，卻是顯而易見的。緊接著，作者又對幾種可能的反對意見一一作了解釋，如「有人要問，文藝作品是用意象來表現，政治理論是用觀念來顯示，那麼，觀念怎能變成意象，而意象又包含觀念呢？　意象與觀念是兩種判然殊異的東西，怎能並爲一談呢？」，「又有人要問，文藝作品的效果在美感，政治理論的效用在行動，那麼，行動怎能變成美感，而美感中又怎能產生行動呢？　美感與行動又是兩種判然殊異的結果，怎能並爲一起呢？」等等。作者如何對這些問題進行解釋並不重要，重要的是其態度本身：「文藝政策」本應是政黨進行思想控制的手段，它必然具有某種不容置辯的權威性乃至獨斷性，但是該文這種不斷的自我辯解，實際上已經構成了對所謂「政策」的消解，而更像是一個文藝界中人在與同仁進行探討。

　　在提出「文藝政策」之前，作者的態度已顯得猶豫不決，而其提出的政策本身，也是模棱兩可、含糊其辭。作者首先列舉了三民主義「與文藝有關的四條基本原則」：第一，三民主義是圖全國人民的生存，所以我們的文藝要以全民爲對象；第二，事實定解決問題的方法；第三，仁愛爲民生的重心；第四，民族至上。由此，作者推論出新的文藝政策，即所謂的「六不」和「五要」：不專寫社會的黑暗，不挑撥階級的仇恨，不帶悲觀的色彩，不表現浪漫的情調，不寫無意義的作品，不表現不正確的意識；要創造我們的民族文藝，要爲最受苦痛的平民而寫作，要以民族的立場來寫作，要從理智裏產作品，要用現實的形式。這其中的種種矛盾是顯而易見的，例如作者雖強調「事實定解決問題的方法」，但又認爲「總理已經將事實的材料擺在我們面前，我們從事文藝者只要在他的遺教裏汲引材料，解決問題就夠了」；在「六不」裏有「不專寫社會的黑暗」、

〔註17〕　張道藩：《我們所需要的文藝政策》，《文化先鋒》第 1 卷第 1 期（1942 年 9
　　　　月 1 日）。下文引用同一篇文章時不再注明。

〔註18〕　李怡：《含混的「政策」與矛盾的「需要」——從張道藩〈我們所需要的文藝
　　　　政策〉看文學的民國機制》，《中山大學學報（社會科學版）》2010 年第 5 期。

「不挑撥階級的仇恨」，但「五要」中又出現了「要爲最受苦痛的平民而寫作」，如此等等。對於這些矛盾，無論是當時與張道藩進行論爭的梁實秋，還是今天的研究者，都從各種角度做過論述與分析，故此處不再贅述〔註19〕。

如前所述，《文化先鋒》的創刊有一個重要背景，即毛澤東《在延安文藝座談會上的講話》在國統區的廣泛傳佈。而張道藩的《文藝政策》，則帶有明顯的與《講話》唱對臺戲的意味，只不過沒有講明而已。其原因按照張道藩後來的說法，是「那時正是『國共合作』期間，共產黨雖然蓄意自毀諾言，我們不能不顧全大局；許多話都不便明說，只能從字裏行間來暗示」〔註20〕。不過雖然同爲「文藝政策」〔註21〕，這兩個文本卻呈現出了截然不同的面貌，它們之間的反差是饒有意味的。

儘管政治立場相反，但是《講話》與《文藝政策》所關注的問題其實非常相似。首先，二者都談到了文藝與政治的關係，只不過不同於《文藝政策》的猶豫不決、底氣不足，《講話》在此問題上的態度則是斬釘截鐵，其引言部分就指出：「我們今天開會，就是要使文藝很好地成爲整個革命機器的一個組成部分」，結論部分又說：「無產階級的文學藝術是無產階級整個革命事業的一部分，如同列寧所說，是整個革命機器中的『齒輪和螺絲釘』，因此，黨的文藝工作，在黨的整個革命工作中的位置，是確定了的，擺好了的。」〔註22〕顯而易見，在毛澤東那裡，文藝從屬於政治甚至從屬於政黨，這是理所當然、絕對不容商量的，而張道藩卻毫無這樣的氣魄。

其次，「爲什麼人的問題」也是《講話》與《文藝政策》共同關注的，《講

〔註19〕關於梁實秋的觀點，後文分析「文藝政策」論爭時還將提及。近幾年來研究者對此問題的論述，參見李怡：《含混的「政」與矛盾的「需要」——從張道藩〈我們所需要的文藝政策〉看文學的民國機制》，《中山大學學報（社會科學版）》2010年第5期；姜飛：《文藝與政治的合縱連橫——關於抗戰時期「文藝政策」的論戰及其他》，《現代中國文化與文學》第九輯，巴蜀書社，2011年；計璧瑞：《張道藩與國民黨的文藝政策》，《中國現代文學研究叢刊》2012年第1期。

〔註20〕趙友培：《文壇先進張道藩》，第194頁，臺北重光出版社，1975年。

〔註21〕關於《講話》的性質，研究者往往將其理解爲毛澤東的文藝思想、文藝理論，而袁盛勇先生則令人信服地指出：它其實是共產黨的「文藝政策」，如何實現「黨的文學」才是它要處理的核心問題。參見袁盛勇：《〈講話〉的邊界和核心》，《文藝爭鳴》2012年第5期。

〔註22〕毛澤東：《在延安文藝座談會上的講話》，《解放日報》1943年10月19日。下文引用同一篇文章均出自此版本，不再注明。

話》中的表述是：文藝是爲著「人民大眾」的，亦即據說占人口總數百分之九十以上的「工人、農民、兵士和城市小資產階級」。《文藝政策》則與此針鋒相對：「我們創造三民主義文藝的對象是那些呢？是『全民眾』。以往的作家都多少帶點階級性，我們要絕對泯滅階級的痕跡而創造全民性的文藝。」如此肯定的語氣，在整篇《文藝政策》中幾乎是絕無僅有的，這自然是因爲，強調階級性還是民族性，是國共兩黨之分歧的最重要焦點，所以張道藩無論在什麼地方讓步，也不能在此處讓步。如果說張道藩關於文藝與政治關係的「答辯」，可以看做是以自由主義作家爲假想中的對手的話，那麼在文藝的對象問題上，他則是與共產黨直接對壘，所以他必須拿出盡量強硬的姿態來。

再次，與「爲什麼人的問題」密切相關的，是作家的創作方法與創作態度的問題，這在《講話》與《文藝政策》中也都有各自的表述。二者都對那種「爲藝術而藝術」的態度進行了嚴厲的批判，《文藝政策》一上來就說：「抗戰後我國文藝界起了變化，走出象牙之塔而趨向社會，趨向大眾。文藝已不是有閒階級的唯美主義者們在貧乏的內容上玩弄文學的東西，而變成了抗戰的生力軍。它負起了喚起民眾，組織民眾的積極責任。它擺脫掉專門學者，美學家，以及超然派的文藝家們的羈絆，而跳到從事社會工作者的懷裏，與抗戰建國發生關係。唯智主義的美學原理，文藝原理……與現實社會脫節，而不夠作文藝創作的指導。」《講話》中關於普及與提高關係的論述、對所謂「陽春白雪」的諷刺等等，都體現了與之類似的觀點，但《講話》顯然走得更遠，它所要求於作家的並不只是「喚起民眾，組織民眾」——這在毛澤東看來仍然過於高蹈——而是要「和群眾打成一片」，甚至在「群眾」面前認識到自身的罪惡：「拿未曾改造的知識分子和工人農民比較，就覺得知識分子不乾淨了，最乾淨的還是工人農民，儘管他們手是黑的，腳上有牛屎，還是比資產階級和小資產階級知識分子都乾淨。」這裡所說的已經不是創作態度，而是階級意識了，如此居高臨下的對於知識分子的審判，可謂非政治家的大手筆莫辦。張道藩固然可以抨擊「有閒階級的唯美主義者」，但他絕不敢向整個知識分子階層宣戰。

另外，《講話》與《文藝政策》還會不約而同地提到一些具體的創作問題，其中最突出的便是「歌頌與暴露」問題。《講話》批判了各種由於「缺乏基本的政治常識」而引起的「糊塗觀念」，其中大部分都與此問題有關，如「從來的文藝作品都是寫光明和黑暗並重」、「從來文藝的任務就在於暴露」、「還是

雜文時代,還要魯迅筆法」、「我是不歌功頌德的,歌頌光明者其作品未必偉大,刻畫黑暗者其作品未必渺小」等等,如此不厭其煩的列舉,表明了毛澤東對於「歌頌與暴露」問題的重視程度。無獨有偶,《文藝政策》中提出的「六不」之第一條,就是「不專寫社會的黑暗」。不過在兩篇文章相似的表述背後,卻存在著完全不同的邏輯:張道藩首先是承認黑暗的存在的,他在文章中會提到「軍閥的跋扈,內戰的頻仍,政治的黑暗,官僚的貪污,社會的紊亂,民生的痛苦,教育的失軌,青年的墮落」等等,他只不過要指出,文藝的任務並不僅僅是反映社會現實,還要用理想去「改造現實、發展社會、美化生活」,所以他批評「一般人對三民主義的理想社會還無深刻的認識」,強調作家對社會要有「整個的認識,整個的理想,整個的改造辦法」。不過即便是講改造現實,那也要首先認清現實中的缺點,所以在張道藩的邏輯中,「暴露黑暗」並沒有被完全否定,他只是強調不能「專寫」黑暗而已。至於《講話》,則將「歌頌與暴露」問題直接與作家的階級立場捆綁在了一起:「你是資產階級文藝家,你就不歌頌無產階級而歌頌資產階級;你是無產階級文藝家,你就不歌頌資產階級而歌頌無產階級和勞動人民:二者必居其一。歌頌資產階級光明者其作品未必偉大,刻畫資產階級黑暗者其作品未必渺小,歌頌無產階級光明者其作品未必不偉大,刻畫無產階級所謂『黑暗』者其作品必定渺小。」這種二元對立的表述是何等的簡捷明快,在此邏輯之下,歌頌與暴露的對象被做了嚴格的規定,如若違反,那就不是文藝問題,而是政治立場問題。毛澤東也不是完全否認革命隊伍內部存在缺點和不足,但是寫工作中的不足「只能成為整個光明的陪襯」,而人民大眾的缺點只能「用人民內部的批評和自我批評來克服」。如此一來,「歌頌與暴露」的問題就被解決得乾淨徹底,而絕不像《文藝政策》那樣拖泥帶水。

總的來看,作為「文藝政策」的《講話》確實遠比《文藝政策》更加貨真價實。《講話》將政黨對文藝的要求闡釋得明晰而系統,從方方面面為作家的創作提供了指針,而相形之下《文藝政策》則顯得有幾分曖昧,不是欲說還休、遮遮掩掩,就是模棱兩可、甚至自相矛盾。難怪後來臺灣的文學研究者在回顧這段歷史時會說,「這一篇文字,嚴格的說來,算不上文藝政策,只是張道藩對於文學創作的討論。」〔註23〕在這場「文藝政策」的對壘中,國民黨一方的失敗是顯而易見的,不過這並不能歸咎於張道藩(或許還包括李

〔註23〕周錦:《中國新文學史》第554頁,臺北長歌出版社,1976年。

辰多等人）的無能，而是因為：此次對陣的雙方根本就不在一個層次、一個級別上。毛澤東作為政治領袖，他和他的政黨不僅在其統治區域內擁有充分的控制力，而且在全國範圍內都具有相當的影響力和感召力，所以毛澤東在制定文藝政策時，可以集政治上的權威性和道德上的優越感於一身，他並且可以有充足的自信，確信其文藝政策將得到堅定不移地貫徹和執行，所以在他的發言姿態中，我們看不到絲毫的猶豫。而張道藩等人則恰恰相反，他們只是國民黨的文化官員，而且自身也具有文人身份，所以他們一方面缺乏高屋建瓴的氣勢，對於制定「文藝政策」一事本來就未必有多少自信，另一方面，他們又不能忘記文藝創作有其自身的規律，無法完全被政治所規約，這樣一來，他們在發言時就只能採取商量的口氣，而且有時難免陷入進退失據、左右為難的窘境。

有論者認為，由於張道藩等「文藝政策」推行者自身的身份矛盾，「最終為中國文學的民國官方控制留下了諸多的漏洞和破綻，當然，也就為文學的發展騰挪出了可觀的自由空間。」〔註24〕如果單從《文藝政策》這一文本來看，上述結論無疑是成立的，不過需要指出的是，「文藝政策」絕不是國民黨用來控制文藝的唯一手段，消極的審查、禁燬書刊與積極的制定文藝政策，在國民政府的文化部門看來應該是相輔相成的，而且前者的作用有時甚至更加重要。1938 年 7 月，國民政府頒佈了抗戰期間的圖書雜誌審查標準，其中開列了種種應該加以禁止的「不當言論」，我們不妨摘錄數條如下：

（甲）謬誤言論：

三、立論態度完全以派系私利為立場，足以妨礙民族利益高於一切之前提者；

四、其鼓吹之主張不合抗戰要求，足以阻礙抗戰情緒，影響抗戰前途者；

五、故作悲觀消極論調，或誇大敵人，足以削減抗戰必勝之之信念者；

（乙）反動言論：

五、鼓吹偏激思想，強調階級對立，足以破壞集中力量抗戰建

〔註24〕 李怡：《含混的「政策」與矛盾的「需要」——從張道藩〈我們所需要的文藝政策〉看文學的民國機制》，《中山大學學報（社會科學版）》2010 年第 5 期。

國之神聖使命者。〔註25〕

如果將張道藩在《文藝政策》中列舉的所謂「六不」與上述禁令做一番對比，我們不難發現其間存在的頗令人尷尬的聯繫。張道藩等人的文人身份會影響到其制定的文藝政策、使其出現裂隙，這固然是事實，但他們的文化官僚身份在此至少也是同等重要的，所以儘管他們的言論有時會顯出幾分溫和，但我們不能因此而忘記站在他們背後的是一個推行嚴厲的文化專制的政府。總之，面對《文藝政策》這樣一個相當複雜的文本，我們一方面要注意到其內在的矛盾與裂隙，另一方面也不能將這種裂隙過分誇大，尤其是，當我們通過作為文本的「文藝政策」來考察特定歷史社會條件下的文學空間的實際樣態時，更應格外小心。

第四節　詭譎的「合縱連橫」：《文藝政策》引發的論爭

《文藝政策》發表後，不久即引起了熱烈的討論，其中既有國民黨內人士的助陣與捧場，亦有自由主義者的詰難和質疑，更有共產黨的辯駁與反擊。在論爭期間，《文化先鋒》第 1 卷第 8、20、21 期先後三次推出特輯，而《文藝先鋒》第 2 卷第 1、4 期也刊發了相關的討論文章，此外一些其他的國民黨報刊以及共產黨的《新華日報》也參與了論戰，一時形成了頗為浩大的聲勢。耐人尋味的是，在這場三方混戰中，誰與誰為敵、誰與誰為友，往往會變得很難分辨：有的時候，某一方會採取把相互為敵的另外兩方扯到一起的論辯策略，也有的時候，某一方甚至會引用本應是其論敵的另一方觀點，來作為例證反駁第三方。有論者將此情形喻為「合縱連橫」〔註26〕，是再恰切不過的。

首先出來對《文藝政策》發表意見的是梁實秋。他在《關於「文藝政策」》一文中，一上來就說：「文藝而有政策，從前大概是沒有的，有之蓋始於蘇聯。」〔註27〕接著回顧了魯迅以及左聯從蘇聯引入「文藝政策」的舊事，並

〔註25〕《國民黨修正抗戰期間圖書雜誌審查標準》，《中華民國史檔案資料彙編·第五輯第二編·文化（一）》，第 552～553 頁。

〔註26〕姜飛：《文藝與政治的合縱連橫——關於抗戰時期「文藝政策」的論戰及其他》，《現代中國文化與文學》第九輯，巴蜀書社，2011 年。

〔註27〕梁實秋：《關於「文藝政策」》，《文化先鋒》第 1 卷第 8 期。下文引用同一篇文章時不再注明。

譏之爲「奉命開場，奉命收場」。他認爲「站在文藝的立場上來看，現今世界各國只有兩個類型，一個是由著文藝自由發展，一個是用鮮明的政策統制著文藝的活動。前者如英美是，後者如蘇聯德義是。」顯然，對於國民政府而言，「蘇聯德義」（或者還包括國內的左翼）要麼是意識形態上的敵人，要麼是軍事陣線上的敵人，所以梁實秋有意將文藝政策說成是他們所特有，似乎是想說，國民黨不該學其對手的樣，而應該像英美等「民主國家」那樣讓文藝自由發展。不過梁實秋反對文藝政策的態度並不堅決，他在同一篇文章中還說：「如果我們把文藝當做達到某種政治經濟的目的的工具（用普羅的術語說則是『武器』），而且政府想來用這個工具，則文藝政策的建立是有其必要的。」他甚至還就推行文藝政策的具體辦法（即「獎勵與取締」）提出了一些意見，如要解決優秀作家的生活困難，以及文藝審查標準的不容易確立等等，這些意見似乎很難分清到底是拆臺還是補臺。總的來看，《關於「文藝政策」》一文的態度頗有些遊移不定。

其實，這並不是梁實秋第一次對「文藝政策」發表意見。早在 1929 年，他就針對當時國民黨宣傳會議通過的「確定本黨之文藝政策案」，而提出：「以任何文學批評上的主義來統一文藝，都是不可能的，何況是政治上的一種主義？由統一中國統一思想到統一文藝了，文藝這件東西恐怕不大容易統一罷？⋯⋯據我看，文學這樣東西，如其是有價值的文學，不一定是三民主義的，也不一定是反三民主義的，我看還是讓它自由的發展去罷！」〔註28〕次年他又針對魯迅翻譯的蘇聯《文藝政策》評價道：「『文藝』而可以有『政策』，這本身就是一個名辭上的矛盾。俄國共產黨頒佈的文藝政策，裏面並沒有什麼理論的根據，只是幾種卑下的心理之顯明的表現而已：一種是暴虐，以政治的手段來剝削作者的思想自由；一種是愚蠢，以政治的手段來求文藝的清一色。」〔註29〕把梁實秋批評左右兩方的「文藝政策」的言論對比來看，其態度或許不無可指謫之處：他對政治上處於被壓迫地位的左翼，顯然比對處於統治地位的國民黨更爲嚴厲而苛刻。不過我們沒必要做那種「誅心之論」，實際上，儘管作爲一個自由主義者，梁實秋對國共雙方的「文藝政策」都不可能認同，但梁實秋同時還是白璧德的中國門人、新人文主義的忠實信徒，

〔註28〕梁實秋：《論思想統一》，《新月》第 2 卷第 3 號。
〔註29〕梁實秋：《所謂「文藝政策」者》，《梁實秋批評文集》第 154 頁，珠海出版社，1998 年。

所以他必然對共產黨提倡的階級鬥爭、暴力革命更加反感，而對於三民主義提倡的「仁愛」等傳統道德則可能產生某種共鳴。在《關於「文藝政策」》中，他就對張道藩基於「民生」觀點提出的「文藝要以全民為對象」表示了贊同：「『文藝要以全民為對象』，這個主張我認為是很合理的。強調文藝的階級性，那乃是共產主義者的一種策略。文藝所描寫的對象，真正講來，是『人性』，亦即是人類所同有的基本感情與普遍性格。」由此出發，他又指出了張道藩強調要為「勞工勞農」寫作是自相矛盾。顯而易見，梁實秋借著對張道藩《文藝政策》的評價，彈的還是其古典主義文藝觀的老調。

對於這種出自文化名人之手的相對溫和的批評，張道藩自然是樂於回應的，他的答辯文章就與梁實秋的文章發表在同一期的《文化先鋒》上。這篇《關於文藝政策的答辯》採取的策略是亦攻亦守、有進有退，它把這次論戰的複雜性進一步凸顯了出來。張道藩首先指出：「三民主義不是獨裁主義，也不是勞工勞農的專制主義，所以我們不希望以三民主義的文藝政策與日，蘇，德，義的文藝政策相提並論。」〔註30〕當然，撇清三民主義與獨裁、專制的關係，絕不意味著張道藩會認同梁實秋的自由主義觀點，針對梁實秋批評在蘇聯等國「文藝作家是一種戰士，受嚴格的紀律」，張道藩直截了當地說：「我們現在在抗戰，在建國，實際上，『文藝作家是一種戰士』，（這是文藝界同仁公共承認的），而戰士得步調一致，得『受嚴格的紀律』。」正是因為「文藝的紀律至今尚未定出」，所以他才說出自己的觀點，以拋磚引玉。他甚至讚揚蘇聯的文藝政策「因為合於蘇聯國情合於蘇聯的現實需要而在蘇聯得到了成功」，在他看來中國左翼文學的「失敗」並不表明文藝不能有政策，只是由於左翼從蘇聯照搬的文藝政策不適合中國國情，所以才要建立「適合我國現實需要」的三民主義文藝政策。由此看來，梁實秋借「蘇聯德義」來否認張道藩之文藝政策的意圖不僅沒有實現，反倒正中其下懷，這對天真的梁實秋無疑是一個莫大的諷刺。

如果說「順勢」肯定蘇聯的文藝政策，表現了張道藩答辯中的強硬一面的話，那麼他對文藝政策之開放性的強調，則又可以看做是一種退讓：「乾脆講，我們提出的文藝政策並沒有要政府施行統治文藝的意思，而是赤誠地向我國文藝界建議一點怎樣可以達到創造適合國情的作品的管見。使志同道合的文藝界同仁有一個共同努力的方向」，「所以我們並未稱為『政府的文藝政

〔註30〕張道藩：《關於文藝政策的答辯》，《文化先鋒》第 1 卷第 8 期。下文引用同一篇文章時不再注明。

策』或『中國的文藝政策』，而只稱爲『我們所需要的文藝政策』，這裡含蓄著盼全國的文藝界來批評，補充。以求一全國一致同意的文藝政策。」張道藩的上述辯解實在有些讓人莫名其妙：既云「政策」，那自然應該理解爲國家或政黨爲實現某種目的而制定的、強制民眾遵守的行爲準則，可是他卻說「文藝政策」與國家、政府無關，而要由「全國的文藝界」來共同制定，那這還算什麼「政策」？張道藩的這番答辯，不但沒能澄清《文藝政策》一文中的曖昧之處，反而讓「文藝政策」的面目更加模糊不清。

　　《關於文藝政策的答辯》還有一個很有趣的特點，就是它在爲文藝政策辯護的時候，似乎要刻意避免激怒共產黨。本來，梁實秋的文章中多有向左翼挑釁的言辭，如左聯「奉命開場，奉命收場」、拿不出「貨色」，在蘇聯「不合於某一種『意德沃洛基』的作品是不能刊行的，有時還連累作者遭受迫害，不能在本國安居，或根本喪失性命」等等，另外對左翼文學界的旗幟性人物魯迅，也幾次三番加以嘲諷。而張道藩在回應梁實秋的時候，則只是說在中國並沒有迫害作家的事實、提出文藝政策並非「奉命開場」等等，至於梁實秋對左翼和蘇聯的那些評價，他則基本上不置可否，對於梁實秋屢次提及的魯迅，他也完全繞開。這自然不是因爲張道藩對共產黨的反感程度不如梁實秋，而只是因爲在抗戰期間國共合作的背景下，他不得不做出「顧全大局」的姿態而已，至於梁實秋，則因爲並無明顯的黨派立場，所以說起話來反倒可以無所顧忌。張道藩在《關於文藝政策的答辯》的結尾處說：「因爲梁先生的辯論態度是太可敬可愛了，我們不覺地寫出了一些答辯，至於當否？仍乞指教！」讓張道藩感到「可敬可愛」的，恐怕除了梁實秋的坦誠以外，還在於他實際上說出了自己想說而又不方便說出的話吧？

　　當然，張道藩遇到的批評並不都那麼「可敬可愛」，沈從文的《「文藝政策」探討》就會讓他很不舒服。這篇文章雖然題爲「探討」，但是似乎無意與張道藩進行正面的討論，而是拉拉雜雜地對國民政府十餘年來的各種文藝政策，從頭到尾奚落了一遍。該文首先簡要回顧了從晚清直至五四時期的各種文學工具論主張，並肯定了其對「社會重造」、「國家重造」的積極意義，但緊接著就一轉：「然而到國家注意及這方面，想把它當成一種政策來好好運用時，作來似乎總不見得十分順手。」〔註31〕在他看來，其原因一是「工具的

〔註31〕沈從文：《「文藝政策」探討》，《文藝先鋒》第 2 卷第 1 期。下文引用同一篇文章時不再注明。

誤用與濫用」，即文學自五四以來多被用於破壞否定方面，由此造成的惡果影響至今；二是政府文化部門的主事者「對文學『是』什麼『能』什麼認識不大清楚」，所以從沒把作者當專家看待，而只把他們當成「副官」、「庶務」、「秘書」一類人。因此他認為：

> 文藝政策原是個空洞名辭，歷來就不大認真。採用的方法居多是消極的，防禦的。或用收容制度消耗他們的能力，使用之於無意義方面去，或用審查制度限制他們的發展，使有能力的亦無從好好使用。負責人對這件事儘管好像有個理想，在培養作家來實現它，事實上就只有一句話，「請莫搗亂」。

對於抗戰以來國民政府設立的第三廳、文藝獎助金管理委員會、婦女文學作品獎金、教育部學術獎金等等，沈從文也逐一進行了評價，其間多有尖刻的嘲謔之辭，如提到第三廳成立之初號稱每月經費百萬、但實際可用的不足十分之一時，說「倘若只在表面上裝點一下，出幾個刊物，辦兩份報紙，插一下老朋友小夥計，那麼每月百萬元自覺太多，有三五萬元也很夠點綴場面，敷衍敷衍某某人或某某方面了。」他還上溯到了三十年代的「民族主義文學」運動，提到《文藝月刊》每月耗費不足兩千元時，評價同樣刻薄：「古人說：『豚蹄祝年豐』，借喻為所費者小所望則太奢。然而若把它來用作國家文藝政策所費數額比較，鄉下人許願，就不免還算是近於浪費了。因為兩千元是個多小的數目，『民族主義文學』又是個多大的題目！」「如果這個政策當時的用意，本不在培養作家鼓勵優秀偉大作品的產生，倒側重在抵制那些投機分子的活動，並爭取幾個無所屬的作家，來幫忙點綴點綴政治場面，增加首都一點兒文化空氣，我們還得承認，這是北伐成功後國家花錢最少而成功最大的一件工作。」不過，沈從文絕不是反對政府制定文藝政策，在該文的結尾，他明確指出：許多中國人都在「實際主義」的漩渦裏打轉，而失去了信仰與忠誠，在此情況下，為了培養國民對「主義」和「黨」的感情，從而重塑民族的熱情與理性，「我們還得承認文學作品實在是唯一工具，善用文藝政策，又正是唯一培養文學作品的方法！」他所批評的，只是以往及現有文藝政策的不妥當、不完善而已。

儘管沈從文的《「文藝政策」探討》可謂尖銳有餘，但是除此之外，它實在乏善可陳。沈從文把國民黨的文藝政策概括為「請莫搗亂」一句話，這固然在某種程度上擊中了要害，但他自己對文藝政策的意見，則用一個字就可

概括：「錢」。他的那些冷嘲熱諷，說來說去無外乎兩件事，一是捨不得花錢，一是不會花錢。在文章後半部分，他提出了確立新的文藝政策的兩個原則，一是「看法不同」，即把作家看成「專家」而非公務員，一是「辦法不同」，即文藝政策的主事者應為一個或一群專家，而不是那些官僚。但說到具體落實這兩個原則的方案，他強調的仍然是如何設立獎金獎勵作家、如何資助作品出版流通等等。當然，經費問題確實是文藝政策中的一個重要方面，但未必是最重要的，如果認為政府只要會花錢、花了足夠的錢就能建立起有效的文藝政策，那未免有些淺薄。而且，沈從文的設想根本就是不切實際的，他提出，要政府撥出鉅資（「從各國退還庚款提出五百萬到一千萬塊錢」）作為基金以獎勵作家，但又不要求文學來點綴時局，而是「把它當成一種『學術』，於一種廣泛限度內，超越普通功利得失，聽這種作者在自由思索自由批評方式下作各種發展。」如此一來，所費要比以往高出百十倍，又不能立即見效，但它的影響「必然將延續到三五十年後」。設想固然美好，但是遍尋古今中外，恐怕我們也找不到如此「開明」的政府，而在國難當頭的抗戰時期，政府更不可能有金錢和精力來做這種文化上的慢功夫。

進一步講，文學究竟有何特殊之處，而值得在社會文化各部門中，獨獨受到如此優厚的待遇？沈從文對此有相當樂觀的認識：「私意還以為明日的中國，不僅僅是一群指導者，設計者，對於民族前途的憧憬，能善於運用文學作工具，來幫助政治，實現政治家的理想為了事。尚有許多未來政治家與專家，就還比任何人更需要受偉大的文學作品所表示的人生優美原則與人性淵博知識所指導，來運用政治作工具，追求並實現文學作品所表現的理想，政治也才會有它更深更遠的意義！」一般而言，自由主義作家往往被認為是反對工具論、功利主義的，但是沈從文此處對文學功用的強調，恐怕不比中國近代以來的任何一種功利主義文學觀遜色，所不同的，只是沈從文提倡的是一種「超功利的功利」，用他自己的話說，則是要讓文學作品「成為明日指導者的指導」。看來，沈從文就差沒有學柏拉圖主張統治者應是哲學家那樣，主張政治家自身也應成為文學家了。這種文學觀，恐怕無論放到什麼時代都會顯得過於天真。

實際上，與梁實秋相比，沈從文更加明確地表示了對於政府制定文藝政策的支持，只不過他的文章裏除了不留情面的冷嘲熱諷，就是不切實際的要求與建議，所以它雖然被登在了《文藝先鋒》第二卷第 1 期的卷首，但是無

論張道藩還是其他國民黨文人,對此都沒有半句回應。更令人尷尬的是,此次「文藝政策」論爭結束後,張道藩親自編輯了一部《文藝論戰》(正中書局,1944 年出版),裏面收入了論爭中的幾乎所有重要文章,卻獨獨遺漏了沈從文的《「文藝政策」探討》。因此,這篇文章就成了這次熱鬧的論爭中最為寂寞的聲音。

左翼陣營在這場論爭中也沒有袖手旁觀,在《文藝政策》發表後不到一個月,《新華日報》上就出現了一篇題為《鴕鳥》的短文,不過該文並沒有對張道藩的文章進行全面的批評,而只是攻其一點,即「近來嚷嚷得頗為熱鬧的『不描寫黑暗』」。該文將「不描寫黑暗」的論調譏為「鴕鳥主義」:「他們不敢正視現實的黑暗,於是索性任其擴展陰影,而自己則以引領於未來的光明幻覺為滿足!自身固終不免仍為漆黑一團,卻先置文藝於死境。」〔註32〕這種批評顯然是不得要領的,因為張道藩的原話明明是「不專寫社會的黑暗」,批評者犯了邏輯學上所謂的「稻草人謬誤」,即虛設了一個對方的觀點來加以攻擊。這種並不高明的手法自然無法逃脫對方的眼睛,《文藝先鋒》第2 卷第2 期上的短論《開天窗的手法》就對此進行了還擊,說有人故意漏看一個字,用「開天窗的手法」歪曲張道藩的觀點,讓人懷疑其實際用意乃是贊成「專描寫黑暗」〔註33〕。緊接著的一期《文藝先鋒》上又出現了一篇《現實只有黑暗嗎?》,強調「在全民族爭生存的決鬥中」,不能只看到一點缺點就「灰心喪志」〔註34〕。對此左翼陣營並沒有繼續回應。可以說在這一回合的較量中,左翼陣營沒占到什麼便宜。

耐人尋味的是,無論是左翼批評張道藩的文章還是《文藝先鋒》上的反擊文章,雖然針對性相當明顯,但雙方都沒有指名道姓,似乎是有意為對方留些面子。而且左翼陣營對張道藩的批評更像是虛晃一槍,隨後他們就把更多的火力集中到了梁實秋的身上,其主要針對的,則是梁實秋對蘇聯的文藝政策以及中國左翼文學的攻擊。先是歐陽凡海化名吳往,發表了《關於「文藝政策」與「文藝武器論」》。該文一上來就使出了出人意料的一招,即引用張道藩的話來為己方論點撐腰:「張道藩先生說得好,蘇聯的文藝政策是正確

〔註32〕蘇黎:《鴕鳥》,原載 1942 年 9 月 27 日《新華日報》,引自蘇光文編:《國統區抗戰文學研究叢書‧文學理論史料選》,第 401～402 頁,四川教育出版社,1988 年。

〔註33〕明:《開天窗的手法》,《文藝先鋒》第 2 卷第 2 期。

〔註34〕谷:《現實只有黑暗嗎?》,《文藝先鋒》第 2 卷第 3 期。

的。」但其實歐陽凡海在這裡做了一點手腳，因為張道藩的文章裏只說蘇聯的文藝政策是「成功」的、合乎「蘇聯的國情」的，他在引用時偷偷更換了一下措辭，就在情感和程度上都產生了微妙的差別。隨後，他分別為蘇聯的文藝政策和中國的左翼文學進行了辯護，關於前者，他認為：「蘇聯的文藝政策並不是單純的『政令』。蘇聯任何關於文藝運動的決議和措置，都是民主的作風，集全國作家於一堂，由作家們根據當時的社會客觀趨勢作縝密研究，由全國作家們自己作出決議，然後才以此為根據來作決定。」他甚至還說：「蘇聯從來沒有用文藝以外的高壓力對付過文藝，蘇聯對文藝出版物向來不檢查，對忠實地從事著作的作家也想來沒有迫害事情。」關於後者，他分辯道：「梁先生『拿出貨色』的善意的鞭策，中國新文藝不是老早就誠懇地接受，十餘年來，都是向著這一目標埋頭苦幹麼？……中國新文藝，自從有了武器論以後，立刻就同時發展了反對政治傳聲筒的鬥爭，和口號主義、尾巴主義作過繼續不斷的搏鬥，這和把文藝當作單純的政治工具的態度是完全不同的。」〔註35〕

另外以群也化名楊華，連續撰文反駁梁實秋。他的觀點與歐陽凡海基本上大同小異，只是語氣上更加不客氣，如針對梁實秋重提左翼文學「拿不出貨色」的舊話，他說：「一九二八年以後的左翼文藝運動是否確如梁實秋先生所說『始終沒有拿出貨色給我們看』呢？我想，這只要是一個略看過十幾年來的新文學作品而不存心抹殺事實的人，都會作否定的回答的。」針對梁實秋「奉命歇業」的諷刺，他回應道：「抗戰統一了作家底行動，卻並非劃一了作家底觀念。一切思想不同的作家們，在抗戰中放棄了過去派別的成見，共同地為抗戰服務，卻並非解除了各人的思想武裝，而渾渾噩噩，聚於一堂。」〔註36〕這一表態不卑不亢，稱得上是左翼陣營在此次論爭中發出的最強音。不過在蘇聯問題上，以群也和歐陽凡海一樣極力粉飾，他指責梁實秋認為蘇聯與德意在文藝政策上「異曲而同工」的說法，「如果不是對於蘇聯實情的無知，就是對於蘇聯有意的誣衊。」他還舉出一些例子，試圖證明蘇聯的文藝政策是對文藝的扶持，而與德意的迫

〔註35〕吳往：《關於「文藝政策」與「文藝武器論」》，原載1943年1月4日《新華日報》，引自蘇光文編：《國統區抗戰文學研究叢書·文學理論史料選》，第403～405頁。

〔註36〕楊華：《「拿貨色來看」和「文學貧困」論——文學時論之五》，原載1943年2月27日《新華日報》，引自蔡儀主編：《中國抗日戰爭時期大後方文學書系·第二編：理論·論爭（第一集）》，第169～171頁，重慶出版社，1989年。

害文藝不同。最後他總結道:「僅僅將世界各國的文藝劃分爲『自由』和『統制』兩種類型是不必要的,而將蘇聯和德、意混爲一談,更是有意的混淆黑白。真正的區別,只有以政治力量扶助文藝或壓殺文藝的兩種。」〔註37〕

以群和歐陽凡海爲中國左翼文學所做的辯護,雖然不無遮掩,但還是有一定的說服力,不過他們關於蘇聯文藝政策的闡釋,卻很難令人信服。這一方面是因爲,梁實秋指出的那些存在於蘇聯文藝界的現象,其實並非空穴來風,完全對其視而不見,自然不是正當的辦法;另一方面,什麼樣的政策是「壓殺」文藝、什麼樣的政策是「扶助」文藝,其實很難區分,不可能有哪種文藝政策是「扶助」或「壓殺」所有文藝的,所以通過這種區分來爲某種文藝政策辯護,是站不住腳的。倪偉一針見血地指出:

> 張道藩們當然也會認爲自己所提出的一套文藝政策是在「扶持」文藝,而不是在「壓殺」文藝,區別只在於雙方在應該「扶持」何種文藝、「壓殺」何種文藝的認識上是背道而馳的,張道藩們所要「扶持」的正是楊華們意欲「壓殺」的。所以楊華所謂的「真正的區別」其實是虛假的……他們與張道藩們其實並無區別,一旦他們掌權,必然會馬上搖身一變,變成「楊道藩」或是「吳道藩」。在這點上,雙方實在沒有大的分歧,國民黨對蘇聯的那一套文藝政策其實也早已心嚮往之,只是苦於無法實現而已。〔註38〕

由此,我們就可以理解左翼陣營爲何只是例行公事地批判了一下張道藩,而齊把槍口對準梁實秋了。這並不是什麼「不打老虎打蒼蠅」的策略,而是因爲,如果他們真的與張道藩進行正面交鋒,那就難免會有「投鼠忌器」之虞:要是否認政府有權對文藝施以統制、否認文藝有服從於政治的義務,那麼同樣剛剛制定的、共產黨自己的「文藝政策」也會面臨合法性危機。所以左翼根本不可能大張旗鼓地討伐張道藩,而只能在「不描寫黑暗」這樣並非核心的問題上打一打擦邊球,然後就集中力量與梁實秋爭論蘇聯文藝政策的優劣問題——顯然,蘇聯的文藝政策在很大程度上可以看做是中共文藝政策的模板,所以在毛澤東的《講話》尚未公開發表的情況下,左翼陣營捍衛

〔註37〕楊華:《文藝的「自由」和「統制」——文學時論之六》,原載1943年3月19日《新華日報》,引自蘇光文編:《國統區抗戰文學研究叢書·文學理論史料選》,第406~410頁。

〔註38〕倪偉:《「民族」想像與國家統制》,第291~292頁。

蘇聯的文藝政策，其實也就是捍衛自己。而這樣一來，梁實秋就不知不覺地在此次論爭中扮演了一個尷尬的角色：他成了相互對立的國共雙方共同的對手。

當然，除了來自自由主義者和左翼陣營的反對聲音以外，在這場論爭中還出現了相當多的國民黨文人的捧場文章，僅發表在《文化先鋒》、《文藝先鋒》兩個刊物上的，就有丁伯驤的《從建國的理論說到「文藝政策」》（《文化先鋒》第 1 卷第 8 期）、趙友培的《我們需要文藝政策——兼評張梁兩先生關於本問題的意見》、夏貫中的《讀張先生〈文藝政策〉後》、署名「本社」的《關於文藝政策的再答辯》（《文化先鋒》第 1 卷第 20 期）、王夢鷗的《戴老光眼鏡讀文藝政策》、常任俠的《關於「文藝政策」的補充》、丁伯驤翻譯的福斯特《社會對於藝術家的責任》、李辰冬的《推行文藝政策的一種辦法》（《文化先鋒》第 1 卷第 21 期）、易君左的《我們所需要的文藝原則綱要》、翁大草的《論情感與理智》（《文藝先鋒》第 2 卷第 4 期）等，此外，王平陵、王集叢等人也在其他國民黨刊物上發表了許多同類文章，甚至著名佛教界人士太虛法師也寫了一篇《對於文藝政策之管見》（《文藝先鋒》第 2 卷第 4 期）來捧場。這些文章的論調大同小異，基本都是從不同方面論證「文藝政策」的必要性與合理性，至多只是在某些細枝末節的問題上與張道藩進行一點「商榷」。而在贊同張道藩的各種聲音中，最值得注意的一種卻來自國民黨外的「戰國策」派文人陳銓。他一秉其「戰國策」派的觀點，認爲世界政治思想有兩大潮流，即亞里士多德的「個體主義」和柏拉圖的「集團主義」，在 20 世紀的「戰國時代」，「個體主義」已經沒落而「集團主義」正在風行，尤其是在民族衝突到了生死存亡的關頭，已經談不上個人自由不自由，而一切都要以是否有利於集團、有利於民族生存爲標準，因此他認爲：「文藝方面，是否需要政策，這完全要看民族生存的大前提下，是否需要，假如需要，是沒有多少討論的餘地的。」〔註 39〕陳銓的觀點，如果僅就其反對個人主義的堅定程度而論，實在遠遠超過了任何一位國民黨文人，而直追《講話》。只不過左翼和「戰國策」派所秉持的立場，一爲「階級」一爲「民族」，所以這兩種中國二十世紀四十年代最爲徹底的文學工具論主張，才成了最不共戴天的敵人。

儘管這一場論戰所圍繞的中心，是張道藩提出的「三民主義文藝政策」，但是論戰的各方大多把目光集中在了「文藝政策」之合法性上，而鮮有人注

〔註 39〕陳銓：《柏拉圖的文藝政策》，《文化先鋒》第 1 卷第 20 期。

意到「三民主義」本身究竟能否與文藝發生關係、可能發生怎樣的關係等問題。只有個別的國民黨文人是例外，比如易君左，他把張道藩提出的「六不」「五要」諸原則擴展爲 24 條，並分門別類，將其分爲民族、民權、民生三類原則，每類原則之下又有「積極的」與「消極的」之分。雖然他所做的分類表面看似煞有介事，但實際上卻相當隨意，比如把「不表現浪漫的情調」歸入「民族」原則，把「要以國家的立場來寫作」、「不專寫社會的黑暗」、「不挑撥階級的仇恨」等歸入「民權」原則，把「要提倡國防科學之建設」、「不做尾巴主義」、「不裝活死人」 等歸入「民生」原則〔註40〕，都有些讓人莫名其妙。更何況，如此龐雜的分類，恐怕再聽話的作家也難以記住並在創作中嚴格遵守。實際上，我們今天透過這場論爭所能看到的，只是「三民主義文學」發生的背景以及各方面對它的態度，至於「三民主義文學」的眞正面貌究竟如何，則只有通過分析具體的文學作品才能發現。

〔註40〕易君左：《我們所需要的文藝原則綱要》，《文藝先鋒》第 2 卷第 4 期。

第二章 新與舊：三民主義「新文化／文學」的悖論

第一節 「民族文藝」及其他

現代文學中的新舊之爭，自新文化運動起就幾乎從未中斷過，而且這些爭論從來就不是單純的語言、文體等形式問題，而總是同思想文化上的激進與保守、西方影響與本國傳統等更爲複雜的問題纏繞在一起。因此，「新與舊」的關係便是一個常辯常新的話題，每一個時代的新舊之爭，都會體現出其獨特的視角和問題意識。在抗戰期間，新舊之爭的最突出特點則是它與「民族」問題的密切關係，在關於「民族形式」、「民族文藝」等問題的討論中，如何看待中國的傳統文化與文學往往會成爲論爭的焦點。以《文化先鋒》、《文藝先鋒》爲核心陣地的三民主義文化／文學，同樣需要面臨處理新舊文化之關係的問題，而且由於三民主義理論自身的保守性，這一問題更是會變得十分棘手。

張道藩在《我們所需要的文藝政策》中提出的「五要」之第一條，就是「要創造我們的民族文藝」：「民族精神是支撐抗戰的主要力量，同樣，民族意識也是創造新文藝的主要內容。建樹獨立的自由的民族文藝是我們當前的急務。」值得注意的是，他特別指出「民族文藝」不同於「三民主義中一種的民族主義文藝」，這一點對我們理解「民族文藝」至關重要：孫中山的民族主義，先是圍繞排滿、繼而是圍繞建設現代民族國家的問題而展開的，它主

要的關注點在於政治維度，這個意義上的「民族主義」在抗戰時期的「三民主義文學」作品中也有明顯的體現，但主要是體現在作品的題材上，即表現侵略者的壓迫和中華民族的抗爭等等（這是本書第四章將要集中討論的），而張道藩所倡導的「民族文藝」，則側重於所謂「民族意識」，即孫中山也曾提倡過的忠孝仁愛信義和平這「八德」。張道藩不無誇張地說：「我們閉眼想一想我國舊文藝裏所表現的意識是不是這八個字？是不是這八個字的精神使我國文藝在世界放著光彩？……自資產社會和工業社會產生後，意識異常複雜，好像這八個字不能包括，其實一切意識形態不外這八個字的正面或反面組合而成。」

如果僅從張道藩對「八德」的提倡來看，似乎他的「民族文藝」觀是比較守舊的，但說到「民族文藝」的形式時，他卻表現出了更為複雜的態度：一方面，他痛陳中國新文藝所受到的「西洋文藝的束縛」，但另一方面，他又極力反對那種把「民族文藝」等同於「舊詩詞的復活」或者「民族形式」之利用的觀點：「自從民族文藝這個名詞流行後舊詩詞好像極為時髦，一般提倡新詩文的老將，現在也來平平仄仄平，似乎非如此，不足以表現時代精神」，「民族意識決定我們新文藝的特徵，如能把握住民族意識，那民族文藝，民族形式即附有嶄新的生命。否則，舊詩詞的模擬必為死路一條，民族形式也不過是空洞的口號。」如此看來，張道藩的主張似乎可以概括為「新瓶裝舊酒」，即用新文藝的形式表現傳統的倫理道德。針對這種主張可能引起的質疑，張道藩解釋道：「忠孝仁愛信義和平八德為我國數千年來的舊意識，舊意識怎能產生新文藝呢？意識不分新舊，只視其合於現實需要與否……況且人類的物質文明儘管日新月異，而精神文化始終有一致的道理統治著。這種忠孝八德就是統治精神文化的一致的道理。如果將這種道理用新的材料再現出來，即為新文藝。」不過這種解釋並不能自圓其說，因為在反駁「民族形式」論者的時候，張道藩自己明明說：「要知道，『內容決定形式』，內容如果改變，形式哪能獨留！即令內容不甚改變，然與西洋文藝交流後，也不能不改變形式。」這是明顯的自相矛盾，既然「內容決定形式」，那麼倘若果真如他所說，「忠孝八德」作為「統治精神文化的一致的道理」從未改變，他反對舊詩詞、提倡「新文藝」的依據又在哪裏？除非他把「內容」單純理解為題材，而把文學中的「意識」理解為超出內容與形式範疇以外的東西，那樣他的觀點或許還勉強說得通，即要用新形式（「新文藝」）、新內容（「新的材料」）來表現

「不分新舊」的意識。然而，在新舊兩種思潮已經交鋒了數十年、而且新文化早已取得壓倒性勝利的 1940 年代，主張忠孝等倫理道德「不分新舊」，這樣的論調又能有多大的市場呢？

　　實際上，無論對於張道藩個人還是三民主義文藝本身來說，上述矛盾都是具有必然性的。就如本書緒論中分析過的那樣，孫中山的文化觀其實相當保守，而且這種保守性在蔣介石等國民黨人那裡被繼承並愈演愈烈，到了抗戰時期，振拔民族自信心的需要，又使得宣揚傳統文化具有了特殊的意義甚至某種必然性。1938 年 3 月，在國民黨臨時全國代表會議上通過的一項關於文化建設的提案中，就寫明要「以忠孝仁愛信義和平爲國民道德之項目，禮義廉恥爲國民生活之規律」〔註1〕，1942 年 5 月，在軍委會致教育部的一封密電中，又強調要「激發思想界對於中國固有文化之景仰，而一變百年來積漸而成之信外媚外傾向」，並指責新文化運動，認爲「民族之自信心則受其斲喪」〔註2〕。在此情況下，張道藩主張文藝要反映代表著「民族意識」的忠孝八德，是順理成章的事情。只不過，中國的思想界和文藝界在經歷了新文化運動大潮的沖刷、并與外國思潮長期接觸後，再想要回到「五四」以前的狀態幾乎是不可能的，所以張道藩提倡傳統道德的時候，也必須守住一個邊界，那就是整體上對新文學的肯定。否則的話，不僅有開倒車之嫌，而且從張道藩本人的立場來說，徹底否定新文藝也絕不是他這樣一個（至少是曾經的）新文化陣營中人所能接受的。因此「民族文藝」就成了一種折衷的主張，即文藝作品要表現傳統的意識，卻必須採取新文藝的形式。

　　如果將「民族文藝」的主張，與同樣發生於抗戰期間的左翼陣營內部關於「民族形式」的論爭做一下對比，可能有助於我們對「新文藝」之合法性問題的認識。「民族形式」本是毛澤東 1938 年在《中國共產黨在民族戰爭中的地位》一文中提出的口號，他指出要把「國際主義的內容和民族形式」結合起來，以創造「新鮮活潑的，爲中國老百姓所喜聞樂見的中國作風和中國氣派」〔註3〕。在關於此問題的討論中，延安等根據地的文人多把「民族形式」

〔註 1〕《國民黨臨時全國代表會議通過陳果夫等關於確定文化建設原則綱要的提案》，《中華民國史檔案資料彙編・第五輯第二編・文化（一）》，第 1 頁。

〔註 2〕《軍委會關於實施當前之文化政策與宣傳原則致教育部密代電》，《中華民國史檔案資料彙編・第五輯第二編・文化（一）》，第 16 頁。

〔註 3〕毛澤東：《中國共產黨在民族戰爭中的地位》，《毛澤東選集》第二卷第 534 頁，人民出版社，1991 年。

理解為民間形式，而國統區的左翼文人則出現了分歧：雖然向林冰等也主張「民間形式為民族形式的中心源泉」〔註4〕，並抨擊五四以來的新文學不能適應大眾的欣賞水平，但他的觀點卻受到了激烈的反對，葛一虹等人堅定地站出來捍衛新文學的傳統，甚至判定「舊形式將必歸於死亡」〔註5〕，「民族形式」只能以新文藝為基礎而建立。後來郭沫若、茅盾等人也相繼發表文章，雖然其論點更為持中，但都對新文學表示了明確的肯定〔註6〕。其實，考察毛澤東的本意，他提出所謂「民族形式」主要針對的可能確實是五四以來的新文化過於歐化、脫離大眾的缺點，這從他對「洋八股」的批評，以及後來《講話》中的有關論述上都可以得到證明。不過國統區的左翼文人在討論中卻有意無意地偏離了毛澤東的出發點，而更多地表現出了對於新文化的認同。

嚴格來說，儘管「民族形式」與「民族文藝」兩種主張都打出了「民族」的旗號，但是二者所關注的問題並不相同，如果說「民族文藝」主要處理的是文藝上新與舊之關係的話，那麼「民族形式」的著眼點則是「雅與俗」（當然，在討論中也有論者將民間形式稱為「舊形式」），而且張道藩「新瓶裝舊酒」式的主張也與左翼大相徑庭。然而有趣的是，對於五四以來的新文學，國共兩黨的文人一個嫌其不夠民族化、一個嫌其不夠大眾化，都從不同角度提出了批評，但二者最終都沒有主張拋棄新文學，反而各自以新文化運動的繼承者自居，至多只是宣稱要對其加以改造。這裡體現的其實是自從中國步入現代化進程以後，「新」作為一種價值標尺（而非單純的時間概念）所秉有的理所當然的合法性。儘管各種政治與文化勢力都試圖對於何謂「新」做出有利於己方的解釋，但在要追求「新」這一點上卻基本能夠達成共識。《文化先鋒》發刊詞將國民黨領導的革命稱為「新文化運動」，毛澤東對「新／舊民主主義」的命名，都是這一邏輯的體現。不過，宣揚「八德四維」的國民黨顯然在求「新」的競爭中處於劣勢，所以張道藩只能做出一些「倫理道德不分新舊」之類的無力辯解，至多不過是通過批評一下舊詩詞來彰顯自己屬於

〔註4〕向林冰：《論「民族形式」的中心源泉》，原載1940年3月24日《大公報》（重慶），見蘇光文編：《國統區抗戰文學研究叢書·文學理論史料選》，第155～159頁。

〔註5〕葛一虹：《民族形式的中心源泉是在所謂「民間形式」嗎？》，原載1940年4月10日《新蜀報》，見蘇光文編：《國統區抗戰文學研究叢書·文學理論史料選》，第160～167頁。

〔註6〕如郭沫若：《「民族形式」商兌》、茅盾：《舊形式·民間形式·與民族形式》等，均見蘇光文編：《國統區抗戰文學研究叢書·文學理論史料選》。

「新」的陣營。

　　無論「民族文藝」的主張如何矛盾重重，它畢竟站到了新文學一邊，這得到了一部分作者的歡迎，比如常任俠就說《文藝政策》中「對於提倡舊詩者的攻擊，言人所不敢言，這一點使我們愛好新體詩，愛以詩的形式，來為最受痛苦的平民而寫作的，得到有力的援助」〔註7〕，然而對於張道藩在同一篇文章裏提倡的「民族意識」，他卻沒有做出評論。常任俠的態度頗有一種象徵意味：從《文化先鋒》、《文藝先鋒》上的具體作品來看，屬於新文學的作品確實無論在數量還是質量上都佔據了壓倒性優勢，但是「民族文藝」的倡導者所欲張揚的「八德四維」，卻基本上落了空。

第二節　被冷落的舊詩

　　抗戰爆發以後，舊體詩詞迎來了一個創作高潮，這在某種意義上是有必然性的：「因為一則這種人們熟稔的文體易於傳達感情和敘寫社會，二則古老的文體具有民族傳統的感召力。」〔註8〕然而或許是與張道藩的態度有關，《文藝先鋒》上卻極少發表舊體詩詞，在整個抗戰期間發表舊詩的次數屈指可數。其中較突出的是梁宗岱的組詞《蘆笛風》，共包括 39 首詞，連載於《文藝先鋒》第 3 卷第 3 至 5 期，這是該刊絕無僅有的一次大規模刊發舊體詩詞，而且這些詞作的藝術水準也的確可謂出類拔萃。梁宗岱創作《蘆笛風》時，正處在與粵劇演員甘少蘇的熱戀中，其中大部分作品表現的即是愛情主題，但是格調卻並非一味的纏綿悱惻，而是常常透出清新剛健之氣，如其第一首《水調歌頭（序曲）》：

> 人生豈局促？與子且高歌。浩然一曲衝破，地網與天羅。給我一枝蘆笛，為汝星回斗轉，冰海變柔波。哀樂等閒耳，生死復如何？浮與沈，明或暗，任予和。鈞天一笑相視，認我與同科。撮取沙中世界，更見花中天國，同異盡消磨：君掌握無限，千古即剎那。〔註9〕

　　梁宗岱為與甘少蘇結合，不但出鉅資將她從軍閥的魔掌中贖出，而且拋棄了自己原來的妻子、著名女作家沈櫻，為此他承受了沉重的輿論壓力，在

〔註7〕常任俠：《關於「文藝政策」的補充》，《文化先鋒》第 1 卷第 21 期。
〔註8〕秦弓：《「五四」時期文壇上的新與舊》，《文藝爭鳴》2007 年第 5 期。
〔註9〕梁宗岱：《蘆笛風‧水調歌頭（序曲）》，《文藝先鋒》第 3 卷第 3 期。

另一首詞中他寫道：「真情難得知心少，眾口咻咻何足道？半生道行縱成空，肯惜浮名輕一笑？」〔註10〕這首「序曲」中的「浩然一曲衝破，地網與天羅」所指應當也是此事，詩人不拘禮俗的風流天性在此體現得淋漓盡致〔註11〕。另外該詞還巧妙地化用了大量中外典故，如「鈞天一笑相視，認我與同科」化用了李白《日出入行》中的「吾將囊括大塊，浩然與溟涬同科」句，後五句則化用了英國詩人佈雷克《天真的預言》中的一節：「一顆沙裏看出一個世界，／一朵野花裏一座天堂，／把無限放在你的手掌上，／永恒在一刹那裡收藏。」〔註12〕梁宗岱融彙中西詩學的理想，由此亦可見一斑。

如果說「序曲」著重表現了詩人爲了愛情敢於犧牲一切的勇氣的話，這組詞中更多的篇什則是直接表現對情人的思念與愛戀，如《玉樓春（一）》：「菊花香裏初相見，一掬笑容堆滿面。當時只道不關心，誰料如今心撩亂？綿綿一曲情何限，情到深時詞覺淺。暗將眉睫惜華年，脈脈似含芳草怨。」〔註13〕這是梁宗岱最初愛上甘少蘇時的詞作，它將戀愛雙方的心理描摹得非常細膩。還有一些作品傳達出的情緒則更爲複雜，如《菩薩蠻（二）》：「新歡舊夢相縈繞，銷魂一縷爐煙嫋。眉黛一番新，新人似舊人。此情誰得免？我獨何能遭！惆悵夢回時，松陰月正低。」這裡的「舊夢」「舊人」究竟何指，似乎頗費琢磨，甘少蘇認爲這是梁宗岱在回憶他留學期間熱戀過的法國姑娘安娜，但也有人認爲這是寫給詩人妻子沈櫻的，表達了一種藕斷絲連的眷戀甚至是愧疚之情。兩種猜測究竟孰是孰非，恐怕已無法考證，不過詩人曲折迂迴、悲欣交織的情感，讀來卻著實動人。

《蘆笛風》無疑是發表在《文藝先鋒》上的舊體詩詞之佼佼者，但是它似乎並不特別受編輯歡迎。這些詞共分三次連載，其中第一次12首，占三頁篇幅，第二次 8 首，占兩頁篇幅，而第三次則用明顯小了幾號的字體、較密的排版，刊載了其餘 19 首，雖然數量與前兩次相加差不多，但僅占三頁篇幅。這種編排方式似乎暗示著編者頗有些不耐煩，而且後來結集出版的《蘆笛風》

〔註10〕梁宗岱：《蘆笛風・玉樓春（六）》，《文藝先鋒》第3卷第4期。

〔註11〕關於梁宗岱、甘少蘇二人的戀愛經過，詳見甘少蘇：《宗岱和我》，重慶出版社，1991年。

〔註12〕該詩有多種中譯版本，其中影響最大的是宗白華的翻譯：「一沙一世界，一花一天國。君掌盛無邊，刹那含永劫。」爲方便對照，此處引用的是梁宗岱本人的翻譯，見《梁宗岱譯詩集》，湖南人民出版社，1982年。

〔註13〕梁宗岱：《蘆笛風・玉樓春（一）》，《文藝先鋒》第3卷第3期。

其實共有詞 51 首，《文藝先鋒》並未連載全，對此編者的解釋是：「宗岱先生的《蘆笛風》，本來還有幾首《鵲踏枝》，因已在《民族文學》上發表，不再刊載，讀者請參看《民族文學》創刊號可也。」〔註 14〕這究竟是由於梁宗岱本人一稿多投還是《文藝先鋒》的編者把稿子轉給了別人，我們無從猜測，不過按常理來講，既然同一部詩集已開始在《文藝先鋒》上連載，梁宗岱似乎沒有道理中途再把稿子投往別處，所以更大的可能是編輯對這些詞作漸漸失去了興趣。至於其原因，一部分可能是這些卿卿我我的情詞與「抗戰建國」的時代需求太不合拍，不過該刊上的那些新詩也有好多是「與抗戰無關」的，所以更主要的原因，恐怕還是與張道藩等人對於舊體詩詞的「偏見」有關。

《蘆笛風》受到的待遇尚且如此，那些藝術價值略遜一籌的舊體詩詞在刊物上的地位也就可想而知了。除《蘆笛風》外，《文藝先鋒》上發表的舊體詩詞還有：金月波《百字令‧用東坡赤壁懷古韻題醒獅團》（第 3 卷第 4 期）、《百字令‧用東坡赤壁懷古韻題松堅飛瀑關》（第 4 卷第 4 期）、胡一貫《西行草》（組詞，共 14 首，第 4 卷第 4 期）、郭世鏞《念奴嬌‧感時》（第 5 卷第 1、2 期合刊）、趙友梅《時慨‧調寄滿江紅》（第 5 卷第 3 期）、孟平《秋感》（第 5 卷第 4 期）、劉中和《揮毫引》、酈榮舟《秋花待剪裁》、趙友培《秋感八章》（第 7 卷第 4 期）、胡一貫輯《碎玉集》（組詞，第 8 卷第 1、3 期連載）、顧一樵《水龍吟》（第 9 卷第 3、4 期合刊）、顧一樵《海外詩醇》（第 9 卷第 5、6 期合刊）、成惕軒《康廬近稿》（第 10 卷第 1 期）等。這些詩詞的藝術水準參差不齊，內容上，有一部分是頌揚抗日戰士、鼓舞民族精神的，另外還有一些抒寫個人情懷之作。除個別情況外，這些詩作所佔的篇幅總是被壓縮得可憐，往往被放到版面的邊邊角角，甚至乾脆歸入「遺珠錄」〔註 15〕裏。

除此之外，勉強可以算作舊詩的還有幾篇鼓詞，如老向的《剿匪建國》（第 11 卷第 2 期）、《清明時節雨綿綿》（第 12 卷第 6 期）、何之的《淮陽劫》（第 12 卷第 3、4 期合刊）、《新探母》（第 12 卷第 5 期）等。它們均發表於 1947 年下半年至 1948 年，此時的《文藝先鋒》已經和風雨飄搖的國民黨政權一樣，處於苟延殘喘的狀態了，這些鼓詞也不過是粗糙的反共宣傳品，毫無藝術價

〔註 14〕《編後記》，《文藝先鋒》第 3 卷第 5 期。
〔註 15〕「遺珠錄」是從第 5 卷第 1、2 期合刊起增設的一個欄目，專門摘登那些雖不能用，但又有「片段一節之長」的稿件。不過有些整首的舊體詩詞也被放入此欄。

值可言。如果不算上這些鼓詞，則《文藝先鋒》上發表的最後一首舊體詩，
是類似打油詩的《賣書行贈孝恂》：

> 君賣屋，我賣書，彼此都爲生計疏。賣屋重租屋，依舊好安居。
> 賣書無法再買回，長離墳典將奈何。嗟乎人心已非古，聖經賢傳無
> 用處。奔走天涯一飽難，讀破萬卷究何補？功名之士半屠沽，鍾鼎
> 之家重歌舞！笑我平生伍蠹魚，埋頭簡冊徒自苦：而今忽然大解脫，
> 得錢換酒與君賭！〔註16〕

歎貧嗟窮是舊文人的必修課，該詩繼承的正是這一傳統，詩中充滿了落
魄文人的無奈與自嘲，並隱隱流露出對時局的不滿，但是該詩的藝術水準實
在令人不敢恭維。這首詩發表在 1948 年 1 月 31 日的「詩歌專號」上，僅佔
了不到六分之一頁的可憐篇幅，甚至連該期的目錄都把它忽略了——這大約
可以看做舊詩在《文藝先鋒》上的地位之縮影。

耐人尋味的是，儘管舊體詩詞的創作在《文藝先鋒》上備受冷落，但是
在該刊的「論著」一欄裏，卻發表了大量研究古典文藝的文章，而且這些文
章的作者中還不乏名家大家。僅在前六卷就發表了陸侃如、馮沅君的《樂府
的起源和分類》（第 1 卷第 4 期）、鄭臨川的《讀〈九辯〉》（第 2 卷第 2 期）、
成惕軒的《詩經中的兵與農》（第 2 卷第 4 期、第 5、6 期合刊連載）、王夢鷗
的《鄭聲新按》（第 4 卷第 4 期）、羅根澤的《南朝樂府的故事與作者》（第 4
卷第 4、5 期連載）、李長之的《司馬遷之體驗與創作》、穆芷的《國殤今譯》
（第 5 卷第 3 期）、成惕軒的《白樂天及其新樂府》（第 5 卷第 5 期）、黃芝岡
的《屈原遠遊與曹植遊仙詩》（第 6 卷第 1 期）、郭銀田的《陶潛在文藝上的
造詣》、羅根澤的《葉適及其他永嘉學派文章批評》（第 6 卷第 4、5 期合刊）
等等。可以說，《文藝先鋒》上舊文藝的創作和批評明顯地不成比例，對此，
刊物的編者或許也意識到了，有一則題爲《新舊之爭》的短論就寫道：

> 社會上對於文藝的批評，大概有「喜新厭舊」的趨勢；而對於
> 文藝的欣賞，則又有「緬懷往古」的幽情……文藝形式本身的價值
> 有兩種：一種是屬於表現的，與技術相融合，一種是屬於欣賞的，
> 與內容相融合；屬於欣賞的價值，固可超時空而永新，但屬於表現
> 的價值，僅能爲某一特定的時空所運用。〔註17〕

〔註16〕十引邨人：《賣書行贈孝恂》，《文藝先鋒》第 12 卷第 1 期（詩歌專號）。
〔註17〕培：《新舊之爭》（短論），《文藝先鋒》第 2 卷第 4 期。

　　這段話中的論點並不高明，有些話甚至讓人莫名奇妙，但是論者的意圖我們還是可以大致揣測的：他或許是要為舊文藝劃出一條界線，即可以把它作為「欣賞」、研究的對象，而要「表現」當前的時代，則需採取新的形式，而不能一味擬古。實際上，這種「內容」可以「超時空而永新」，而「技術」則「僅能為某一特定的時空所運用」的看法，與張道藩「新瓶裝舊酒」式的主張體現的是同一種邏輯，它只不過是後者的延伸而已。從中我們可以看出《文藝先鋒》編者對於舊文藝的複雜態度：一方面，他們肯定古典文學的價值，而且可能還希望借助對傳統文化之精華部分的宣揚來建立民族自信，另一方面，求新的欲望又讓他們不願看到舊文藝在當下的「復活」。不過這兩方面絕不是對等的，這則短論最後的結論是「只要我們能夠：正確地認識時代，忠誠地服膺真理……那麼，中國的文壇，自然會有新的『收穫』和新的『開展』，不再走舊路，算舊賬，彈舊調！」這再清楚不過地表明了《文藝先鋒》在新舊之間的選擇。

　　不同於《文藝先鋒》的「喜新厭舊」，《文化先鋒》對於新舊文藝倒是基本一視同仁，如果僅就詩歌而論，《文化先鋒》上發表的舊詩數量甚至還要略多過新詩，其中有：易君左的《一九四一年轟炸集》（共 23 首，連載於第 1 卷第 13、14、17 期）、馮沅君的《蘇幕遮》、周孝銓的《點絳唇》、前人的《浣溪沙》（第 2 卷第 1 期）、蔡濟舒的《詞五首》（第 2 卷第 13 期）、顧一樵的《南疆雜詠》（第 3 卷第 10 期）、金月波的《鷓鴣天十闕》（第 3 卷第 23 期）、成惕軒的《復興關上》（第 4 卷第 9 期）等。不過《文化先鋒》畢竟不是純文學刊物，它留給文藝的篇幅相當有限，所以發表在上面的寥寥幾首舊詩，完全不能與《文藝先鋒》上舊詩受到冷落的局面相抗衡。

第三節　新詩的繁榮與困惑

　　除了為數不多的舊體詩詞，以及一些評論文章外，《文藝先鋒》上刊登的絕大多數都是新文學作品，其中詩歌、小說、散文、戲劇各種門類俱全。不過鑒於傳統小說、戲曲、古文等舊文學體裁在四十年代基本已經銷聲匿跡，我們若在「新與舊」的框架內討論新文學中與之相對應的體裁，將很難找到合適的參照系，所以為了方便對照，筆者將把目光集中在被孫中山目為「至粗率淺俚」的新詩上，以新詩與舊詩的對比為例，來討論「三民主義文學」

的新舊問題。

從數量上看，《文藝先鋒》上的新詩創作不可謂不繁榮，自創刊起每一期都至少要發表兩三首新詩，還常常闢出「詩頁」、「詩園地」等欄目集中發表新詩，而且就藝術水準而言，這些新詩中質量上乘者也不在少數。然而，這仍不能讓國民黨的官方文人感到滿意，連載於《文藝先鋒》第 3 卷第 2 至 6 期的易君左的長篇論文《如何創建新民族詩》，就對當時的詩歌創作提出了非常嚴厲的批評。易君左批評的對象兼及新詩和舊詩，對於舊詩，他認爲其最大缺點是沒有時代性：「儘管已到了二十世紀……還是用著幾百年前甚至幾千年前的思想、風格、韻律、詞彙，一點捨不得變化」；對於新詩，他的批評更加苛刻：「新體詩是企圖代舊體詩而興的，然而有些是貧乏、幼稚得可憐。從白話詩轉遞到時下流行的語體詩，很少看見有精粹的作品。新體詩也有一個最大的缺憾就是沒有歷史性，極力摹仿外國的作風……老實說：簡直不像是一個中國人做的詩。」這種指控其實沒什麼道理，中國新詩受到了西方影響是事實，但若說它不像是中國人做的詩，就難免太言過其實了。易君左在批評舊詩時可以舉例說，在早就實現「五族一家」的民國三十幾年，一些反映抗日的舊詩還在用「胡塵」等陳詞濫調，但是關於新詩他卻舉不出同樣有說服力的例證，而只能想當然地泛泛而論。況且他一會兒強調時代性一會兒強調歷史性，亦有自相矛盾之嫌。實際上，易君左對當時的新詩與舊詩各打五十大板，眞正用意不過是爲他提倡的所謂「革命的新民族詩」鳴鑼開道。關於這種據說兼具歷史性與時代性的「新民族詩」，易君左從思想、性質、情感、風格、形象、價值、體制、題材八個方面，進行了不厭其煩地論述，然而這篇洋洋三萬餘言的大文，對於詩歌創作基本沒有提出什麼具體而有價值的意見，只是滿紙浮辭叫囂，如：

> 我們最慚愧的，最負罪的，是我們的巍巍的中華民國建立三十餘年了，殺身成仁舍生取義的志士烈士用他們的頭顱鮮血鬭開了一個無比光輝的「政治」的新領域，而我們一直到最近不但沒有開鬭而且還沒有發現一個「文藝」的新領域，我們在這三十餘年中間簡直是一具僵屍！我們的慚愧，負罪，還不止此。神聖的抗戰已踏入第七年代，前線浴血戰鬭的健兒壯士用他們的血，後方廣大農村的農民用他們的汗，我們的領袖用他的心，也已經開鬭了一個無比光輝的「政治」的新領域，而我們一直到最近不但沒有新的開鬭，連

我們原有的「文藝」的舊領域與「政治」的新領域恰成一反比例，

墮落，凋散，萎靡，荒蕪了⋯⋯這是我們一個無比的恥辱！〔註18〕

這樣的文字只能算標語口號，如果把它當成詩論，則實在讓人不忍卒讀，所以，它自然沒有像作者希望的那樣引起「廣大的共鳴」。後來易君左又寫了一篇《新民族詩的音節和符號》，雖然討論的問題更加具體了，但仍沒提出什麼高明的觀點，有的主張甚至讓人啼笑皆非，比如他講到把現代語言、新式標點融入舊詩時，舉了自己詩中的幾個例子，像「月華如水明萬里，夜半嗚嗚警報起」等，解釋說他把其中的象聲詞寫成「嗚　嗚 」，來表示空襲警報；另一首詩中寫成「嗚！嗚！」，就表示緊急警報；還有一首詩寫成「嗚──」則表示警報解除⋯⋯這與其說是所謂「革命的新民族詩」，還不如說是新不新舊不舊的怪胎，然而作者竟還大言不慚地說：「千載以下，使此詩流傳，還可以考證我們這一時代放警報的情態，豈不甚好。這是不是一個大膽的嘗試，一個革命的企圖呢？」〔註19〕

雖然易君左的主張在今天看來幾乎就是笑料，但這恰恰是三民主義文學的主張者掙扎在新舊之間的姿態之最真實的反映，且看「革命的新民族詩」這個口號中的三個定語：「新」與「民族」的並列表明了作者既不願被目為守舊、又要繼承傳統，而「革命」則表示這種詩歌是要為政治服務的，這裡的政治，便是易君左所論列的八大問題之首，即三民主義的思想。所以從某種意義上說，張道藩等國民黨文化官員心目中理想的三民主義文學，也同樣可以概括為「革命的新民族文學」，易君左的主張不過是整個三民主義文學的具體而微者，只可惜他並沒有提供一個成功的範例。

不幸或者幸運的是，《文藝先鋒》上的絕大多數新詩都沒有受到易君左主張的影響。從形式上看，這些新詩以自由詩為主，但也有林庚等人的形式較為整齊的作品，只不過林庚是在新詩的內部進行格律的實驗，他的詩無論內容還是情感都是屬於現代的，至多在格律方面對舊體詩有所借鑒，這自然與易君左式的新舊雜糅的「新民族詩」大異其趣。且以下面兩首詩為例：

像海樣的生出珊瑚樹的枝

像橄欖的明淨吐出青的果

秋天的熟人是門外的歲月

〔註18〕易君左：《如何創建新民族詩》，《文藝先鋒》第 3 卷第 2 期。

〔註19〕易君左：《新民族詩的音節和符號》，《文藝先鋒》第 4 卷第 6 期。

　　　　當凝靜的原上有零星的火

　　　　清藍的風色裏早上的凍葉

　　　　高高的窗子前人忘了日夜

　　　　你這時若打著口哨子去了

　　　　無邊的顏料裏將化爲蝴蝶〔註20〕

　　　　一口井水它留戀著

　　　　春天裏綠樹的影子

　　　　秋天裏紅葉的影子

　　　　與偶而一個學生的

　　　　黃色的制服的影子

　　　　天藍得像快要結冰

　　　　而井水也凍成冰了

　　　　它等得夢的開始

　　　　你不有著異鄉的夢

　　　　且有著冬的悵惘嗎

　　　　它這一口井水爲了你

　　　　又化做春的游瀾了〔註21〕

　　雖然每行詩的字數大致相同、而且或整首詩或某一部分也有大致的韻腳，但這仍然是典型的新詩，像「你這時若打著口哨子去了」這類詩句就有著明顯的口語化色彩，另外像「秋天的熟人是門外的歲月」、「天藍得像快要結冰」這樣的比喻，也一望而知是受西方文學影響頗深的新詩所特有的。實際上，這種爲新詩尋找格律的努力並非始自林庚，早在新詩還處於發軔期的二十年代初，聞一多等新月派詩人就反對過新詩過於隨意的傾向，而提出格律化的主張，林庚三四十年代的詩歌創作在某種意義上便是繼承了他們的衣缽。只不過林庚身處抗日戰爭進行得如火如荼的年代，他的一些詩歌也刻上了時代的烙印，如與上述兩首詩一同發表的《夜深進行曲》：

　　　　夜收拾多夢的記憶

　　　　古老的河床它安息

　　　　摺起的衣襟輕輕的

〔註20〕　林庚：《詩四首・秋之色》，《文藝先鋒》第 1 卷第 1 期。

〔註21〕　林庚：《詩四首・井水》，《文藝先鋒》第 1 卷第 1 期。

乃成爲祝福的園地
踏過那平平的草原
馬說著青山的神秘
大樹下求群的旅人
他們辨識著那時計

天青得像一個墳墓
追尋夢寐的甜熟嗎
一群的隊伍低低的
繞過黑暗裏的人家
從遠遠銀河的聲音
誰袱起昔日的沉重
他們有催眠的節拍
大地的人們在蠕動

五月裏夜深的行列
他們浮過紅的花朵
描繪那海的高潮吧
織成了更深的黑夜
異鄉的情調在樹下
留戀高崗的旅人嗎
而行列是醒的群眾
帶去了夏季的變化〔註22〕

這首詩描寫了一支在深夜裏行進的隊伍，結尾處表現出對於覺醒的群眾的無限期望，讓我們聯想起穆旦「一個民族已經起來」的歡呼。除詩歌創作外，林庚還在《文藝先鋒》上發表了多篇以《談詩稿》爲總題的賞析文章，包括：《風雨如晦》、《青青子衿》（第 1 卷第 2 期）、《山有木兮》（第 1 卷第 3 期）、《君子于役》（第 1 卷第 5 期）、《易水歌》（第 2 卷第 1 期）等，其中不乏對那些古典詩歌的藝術特色的精到分析，這同詩人自己的創作形成了有趣的對照。

不過林庚僅僅在《文藝先鋒》創刊初期比較活躍，自從第 2 卷第 2 期起，

〔註22〕林庚：《詩四首·夜深進行曲》，《文藝先鋒》第 1 卷第 1 期。

他便退出了作者隊伍。眞正在《文藝先鋒》上活躍時間較長、發表詩作較多的詩人，前期有令狐令得、流沙、任鈞等，後期有流沙、鄭臨川、蕭屛等。其中令狐令得是《文藝先鋒》著意推出的一位作者，因爲按照編者的說法，他的身份是「現役軍人」〔註23〕，然而令狐令得的詩作並不像抗戰時期常見的那些「丘八詩」那樣粗糙，而是體現出了一定的藝術水準，其中最有特色的是那些反映戰爭給詩人帶來的心靈苦悶的作品，如《緘愁草》：

> 我是春耕的瘦牛，
> 拖著新愁如拖著犁
> 翻記憶的泥土。
> 不是爲收穫而耕耘的——
> 怎麼你，一把歡樂又一把煩憂的種子？
> 我是西風裏的古樹，
> 木葉環我飄墜，
> 一若芸芸眾生。
> 我的心早叫小蟲蝕空了，
> 這一切漠然於我何所有？
> 我是四郊那一座座童山，
> 濯濯沒有林木，
> 就像我心頭黯然沒有歡樂——
> 自從烽火阻斷你的消息，
> 繁華的世界頓時荒涼了，
> 我已是人間最老的老人！〔註24〕

詩歌通過「瘦牛」、「古樹」、「童山」等意象，將詩人的愁緒傳達得貼切而巧妙，雖然這種憂愁的緣由是戰爭，但詩中僅用「自從烽火阻斷你的消息」一句隱隱透露出時代的背景，顯得自然而不突兀。此外令狐令得也有正面反映抗戰的詩作，這些詩作總是能夠抓住一些富於象徵意味的事物或場景，比如發表在創刊號上的《旗之歌》，就以擬人化的手段，通過戰場上的一面旗幟的口吻傳達出了抗日戰士的激情：「有仇恨的別只咬牙，／有恥辱的別盡哭泣，／不願被奴役就不用歎息，／來呵——／要自由／要光榮的，／都來呵，

〔註23〕王進珊：《編後補白》，《文藝先鋒》第 1 卷第 2 期。
〔註24〕令狐令得：《緘愁草》，《文藝先鋒》第 2 卷第 1 期。

／隨我來！」還有一首《惜分飛》也頗值得注意：

「莫顰眉，莫顰眉，

笑一個溫柔的笑吧，

讓我帶著它去

比你的夢還遠的地方，」

靜默。風輕搖路邊的草。

「在那裡你的微笑，

將開遍壕塹如野花，

疲乏時是我的憩枕，

負創時是我的藥劑，

夜晚則如繁星，

如閃爍的炮火

點綴我的夢。」

靜默。一朵長征的雲匆匆飛過。

「哭一個溫柔的哭吧，

願你的淚水做成一道河流，

叫夢的輕舟

夜夜平安駛入你的夢……」

林中遠處：馬嘶鳴。

「但是我怕你會在我溫柔的泣聲中溺死。

去吧，你看你的馬已焦灼地蹴著前蹄。」

（今日送你也要送走自己，

明天我將穿起護士的白衣。）〔註25〕

這類似一幕簡短的詩劇，寫的是戰士與戀人離別時的場景，沒有什麼豪言壯語，讀來卻分外感人，結尾處點出戰士的戀人已經瞞著他決定上戰場做護士，這出人意料而又合情合理的一筆，讓詩中渲染的離別之情得到了昇華。該詩構思巧妙、情感真摯，在表現抗戰題材的詩歌中實屬上乘之作。

臧克家是在《文藝先鋒》上發表新詩的詩人中名氣最大的一位，儘管他只在該刊發表了兩首詩，但其中的《他打仗去了》卻是《文藝先鋒》上最長的詩歌之

〔註25〕令狐令得：《惜分飛》，《文藝先鋒》第 2 卷第 4 期。

一。這首將近 700 行的長詩，與臧克家抗戰時期所寫的其他長篇敘事詩（如《古樹的花朵》）不同，它不是正面謳歌抗日將士，而是講述了一個不那麼「光明」的故事：一個青年被抽中壯丁後，勸阻了想要花錢給他找替身的父母，毅然決定奔赴戰場，臨行前與已經訂婚的表妹告別，並要她等待自己兩年；青年走後，當地的聯保主任看中了他的表妹，並通過卑劣的手段威脅女孩的父母，最終「逼她美麗的名字／第二次落上紅紙」；青年參軍後因為戰鬥英勇而被提拔為排長，「國家不吝惜它的光榮，／他也沒吝惜過自己的生命」，可當三年後他想借回鄉之機迎娶表妹時，卻得到了讓人失望的消息；他並沒有怨艾，「三年已經過了，／這怨得人家？／是我負了約期，／並不是她！」姑母姑父看到侄兒陞官回來，為當初將女兒另許他人後悔不迭，而青年在與表妹見面後，得知她並未對不起自己，於是二人決定當晚私奔；女孩的父母懾於聯保主任的權勢，不得不向其報信，「自己的姑娘自己不作主，／誰搶到手就是誰的人」；聯保主任惱羞成怒，派人追捕二人，卻沒有追到，反而無意中撞上了一個和寡婦偷情的區長，區長一時情急躲到了一口箱子裏，聯保主任的手下誤以為是他們要找的姑娘，就把箱子擡回聯保主任家裏，打開之後，「哪裏有他要的那位女郎？／裏面是區長的一具死屍。」﹝註26﹞這首長詩的諷刺意味分外明顯：一面是前方的戰士在浴血奮戰，一面卻是後方的大小官吏整日荒淫無度。或許是由於詩歌的主題過於尖銳，《他打仗去了》發表後並沒有得到及時的評價，後來的研究者對這首詩也不太關注。其實今天看來，這首詩無論就敘事手段還是諷刺手法而言，都達到了一定的高度。

任鈞發表在《文藝先鋒》上的詩歌多為反映二戰期間世界各地戰場上的重大戰役的，如《給斯達林格勒》、《土倫勇士禮贊》等，不過他的詩歌的藝術水準與上述幾位詩人比起來，似乎略遜一籌。像描繪斯大林格勒保衛戰的詩中有這樣的段落：「希特拉集中了／百萬以上／最精銳的軍隊／一千五百架／最優良的飛機／一千多架／最新式的坦克……／從西北、西南、正西……／向你晝夜不停地猛攻」，「戈培爾／老早就在／一相情願地宣傳：／德軍要在／八月廿五日以前／完全佔領斯城」﹝註27﹞，這幾乎就是分行的新聞報導，而缺乏詩歌應有的美感。或許，正是由於詩人太急於將世界反法西斯戰場上的重大事件告知給中國的讀者，所以才忽略了詩藝方面的打磨吧？

流沙、鄭臨川是活躍在《文藝先鋒》上時間最長的兩位詩人，不過他們的

﹝註26﹞臧克家：《他打仗去了》，《文藝先鋒》第 2 卷第 2 期。
﹝註27﹞任鈞：《給斯達林格勒》，《文藝先鋒》第 1 卷第 2 期。

作品並沒有什麼太突出的特色。其中流沙的幾組以《康行草》、《康行小唱》等為總題的記遊詩相對而言較為可讀，它們的內容多係抒寫詩人漫遊西南地區時的見聞和感受，另外他還寫過一首歌頌空軍的《保衛領空的紅武士》，但概念化的痕跡較重，像結尾處的「祖國底英雄／保衛領空的紅武士／碧血蘸滿天／為真理而戰／寫下了勝利的豐碑」〔註 28〕，不僅毫無新意，甚至連文字都有些欠通順。鄭臨川的有些詩歌似乎想表達某種哲理，如「別迷信有形的口舌，／永恆的真理是無言。／讓記憶的園子荒蕪下去，／春天從而有無窮的春天。」〔註 29〕但是這種表達往往顯得有些生硬，而沒有和親切可感的意象結合起來。另如《聖誕夜歌》，前幾節均為對耶穌基督的頌詞，似乎是在模仿基督教的布道書，而臨近結尾處卻轉而寫到當前的世界戰爭：「星星和月亮照著暗夜。／照著夜魔籠罩的東方，西方，／那兒有真理鐵索結成的營砦。／四海一家奮鬥在爭自由的戰場。／烈士的血流遍了大地，／跟基督的愛那麼彙成海洋。／一切都會過去。／新天地將如新生王聖壽無疆。」〔註 30〕將億萬人民的反法西斯戰爭喻為耶穌基督憑一己之身拯救世界，這讓人感到有些不倫不類，而且從詩歌本身的結構來看，前後的轉換也不太自然。不過鄭臨川在《文藝先鋒》上主要是以散文作家的身份出現的，其散文無論就數量還是藝術成就而言，都遠超過他的詩歌。

　　總的來說，《文藝先鋒》上的新詩雖然水平參差不齊，但優秀之作的絕對數量還是不少的，可以說詩歌創作呈現了繁榮的局面。然而這種繁榮卻難以掩蓋我們對於「三民主義文藝」的困惑：就形式而言，不用說這些詩作都是「新」的，而就思想意識而言，恐怕也很難指認它們和所謂「忠孝八德」有任何關係，雖然有的詩歌反映的是抗戰，體現出了一些民族主義因素，但這種民族主義是那個時代的普遍特徵，而與傳統的「民族意識」絕不能等同。因此，張道藩「新瓶裝舊酒」式的主張基本沒有得到落實，我們也很難說《文藝先鋒》上的新詩究竟在何種意義上體現出了三民主義。唯一的例外可能就是易君左提出的關於「革命的新民族詩」的主張，但是他自己創作的「革命的新民族詩」的樣板卻又實在乏善可陳，這恐怕只能證明新舊雜糅的三民主義「新文學」在實踐上的困難性——甚至是不可能性。

〔註 28〕流沙：《保衛領空的紅武士》，《文藝先鋒》第 5 卷第 4 期。
〔註 29〕鄭臨川：《沉默》，《文藝先鋒》第 5 卷第 4 期。
〔註 30〕鄭臨川：《聖誕夜歌》，《文藝先鋒》第 5 卷第 6 期。

第四節　對新文學的堅守：《文藝先鋒》上的書評與論著

如果僅從《文化先鋒》、《文藝先鋒》上發表的文學作品來看，新文學相比於以舊體詩詞為代表的舊文學，無疑具有絕對優勢。但是除此之外，各種書評、論著等在兩個刊物上（尤其是《文化先鋒》）也佔據了相當大的比例，而在這些欄目中，新舊文化／文學之關係往往表現得更加複雜而有趣。

《文藝先鋒》上的許多文章，都具有非常明顯的新舊對壘的味道。比如陸侃如的《評錢基博〈中國現代文學史〉》，就對錢著極力貶低新文學的做法提出了直率的批評，他指出：「本書所謂『現代』，是指民國元年至二十年。在這二十年中，不消說，白話的散文，小說，詩歌，戲劇，是文學史上主要的部分。不幸錢先生對於白話缺乏同情，也就缺乏理解」，另外針對錢基博的著作中「胡適《五十年來之中國文學》不為文學史。何也？蓋褒彈古今，好為議論，大致主於揚白話而貶文言；成見太深而記載欠翔實也」等語，陸侃如反駁道：「以彼例此，錢先生的著作算不算『史』呢？」對於受到錢基博批評的新文學重要作家，如魯迅、胡適等，作者也為其做了辯護，並且極不客氣地指出，錢基博的某些批評言論「如出之輕薄少年之口，尚要為前輩所呵斥，現在竟在年高德劭的學者筆下出現，未免令人詫異。」〔註31〕陸侃如是研究中國古典文學的著名學者，其國學功底絕不在錢氏之下，在同一篇文章中他就對錢氏評價王國維等人的文字提出了強烈的質疑，這樣一位學者為新文學所做的辯護，自然會顯得特別有力度。

任鈞的《新詩在誕生期所遭遇的反對論調》則是一篇更為激烈的向舊文學開火的文章。該文一上來就說：「雖然時至今日在中國社會裏還依舊不缺乏看見新詩搖頭，『死抱住舊詩不放』的遺老遺少們，但由於時代潮流的必然趨勢，由於新詩已經在中國文壇上獲得了主導的地位，那些企圖從根本上否定新詩的存在和可能的論調，總算已經銷聲匿跡，至少是不易聽見和看見了。」緊接著他列舉了五四時期的守舊派反對新詩的各種論調，並一一加以批駁，結尾處則總結道：「老調子顯然用不著再彈，顯然應該休息了！因為年富力強的中國新詩將繼續不顧一切的邁步前進，正如它在誕生期曾經做過的一般地。」雖然文章的語氣頗有些情緒化，不過如果拋開作者的傾向性，則文章指出的「新詩已經在

〔註31〕陸侃如：《評錢基博〈中國現代文學史〉》，《文藝先鋒》第 3 卷第 2 期。

中國文壇上獲得了主導的地位」的確是事實，令人奇怪的只是，既然如此，作者又何必去翻二十年前的舊賬呢？按照他的說法，「儘管這些論調之被提出，及今已經二十多年，它的本身已經發黴，已經生銹，但卻直到現在還不時給一些（原文如此，疑爲『些』之誤）『搖頭派』或是『死抱住舊詩不放』的遺老遺少們，有意或無意地，全部或部分地，用來做攻擊新詩的依據。」〔註32〕這些言論似有具體所指，不過在四十年代，儘管舊體詩詞迎來了一定程度的復蘇，但這已不可能對新詩的發展構成任何阻礙或威脅，所以任鈞的這篇文章未免有些反應過度。不僅如此，在這期刊物的編後記裏，編者還把大部分篇幅用來推介這篇文章，力挺任鈞的觀點：「按詩之音韻格律，本自然要求，不過淩假格律加嚴，遂失與自然條件，成爲只重形式格律而不重內容的東西，這樣遂成濫調。民國初年的改革，是歷史所演成，非人力所能阻止……任鈞先生是致力於新詩的作家，在此作一史一（疑爲『的』之誤）檢討，頗足供吾人參考；即將來應走的新路，也可由此研究其方向。」〔註33〕在詩歌的新舊問題上，刊物的編者毫不猶豫地站到了新詩的一面，這種態度也可以從前文所述的新舊詩在《文藝先鋒》上的不同地位得到印證。

《文藝先鋒》上涉及新舊之爭的文章中，何容的《「存文」與「善語」》或許可以說是最耐人尋味的一篇。首先引人注意的是，這篇文章的立場雖然是贊成白話、反對文言，但通篇卻用文言寫成，這其實是因爲作者有意造成一種反諷效果，在文章末尾他就點明：「嘗聞厭惡發（疑爲『白』之誤）話者對白話文每屏而不閱，愚故勉爲今日通行之文言，亦欲彼輩虛心一讀耳。」〔註34〕其向守舊派文人宣戰的意圖分外明顯。此文還有一個長長的副題：「謹述國父遺教並駁胡先驌《建立三民主義文學芻議》一文中之文體論（原文載《三民主義文藝季刊》創刊號）」，文章試圖借「國父關於語文問題之遺教」，來批駁胡先驌提出的建設三民主義文學當用文言的主張，然而孫中山是明確表示過對於新文學的反對意見的，所以要借他的言論來爲白話文張目，無疑需要相當巧妙的手段。何容找來做立論依據的，是孫中山《心理建設》一文之第三章，該文原題《孫文學說——行易知難》，後被編爲《建國方略》之一部分，即「心理建設」。這

〔註32〕 任鈞：《新詩在誕生期所遭遇的反對論調》，《文藝先鋒》第 6 卷第 2、3 期合刊。

〔註33〕 徐文珊：《編後記》，《文藝先鋒》第 6 卷第 2、3 期合刊。

〔註34〕 何容：《「存文」與「善語」》，《文藝先鋒》第 2 卷第 2 期，下文引用同一篇文章時不再注明。

是孫中山的文字中較爲少見的集中闡釋其哲學思想者，其主旨是論證「行之非艱，知之惟艱」的思想，爲此該文舉了許多例子，其中第三章即題爲《以作文爲證》，試圖通過論述中國古人向來不知文法、文理之學，但「歷代能文之士」卻創作出了無數光輝璀璨的作品這一事實，來證明「行易知難」的道理。所以從根本上講，這一章的內容與文學上的新與舊其實並無直接關係，但何容卻對它做出了奇妙的闡釋，並將其用作與守舊派論戰的武器。

孫中山的原文中首先稱頌中國文字的傳佈久遠，反駁「新學之士」的「倡廢中國文字之議」，接著就說：「但中國文言殊非一致。文字之源本出於言語，而言語每隨時代以變遷。至於爲文，雖體制亦有古今之殊，要不能隨言語而俱化。」孫中山認爲，在三代以前，由於「文化限於黃河流域一區」，語言和文字自然是一致的，後來由於文化的傳播、外來語言的屬入等原因，語言和文字才「分道各馳，久且相距逾遠」，其結果則是「顧言語有變遷而無進化，而文字則雖仍古昔，其使用之技術實日見精研。所以中國言語爲世界中之粗劣者，往往文字可達之意，言語不得而傳。是則中國人非不善爲文，而拙於用語者也」。而且，在他看來中國語言的「退化」甚至是有必然性的：「抑歐洲文字基於音韻，音韻即表言語，言語有變，文字即可隨之。中華製字，以象形、會意爲主，所以言語雖殊，而文字不能與之俱變。要之，此不過爲言語之不進步，而中國人民非有所關於文字。歷代能文之士，其所創作突過外人，則公論所歸也。」〔註35〕在對中國語言和文字做了如上一番考察後，孫中山才進入本題，即能文者不必精通文法文理，由此證明他的理論。

何容在引用這篇文章時，所看重的正是孫中山對於中國語言之缺點的分析，不過恰恰在這一點上，他卻做出了十分關鍵的誤讀：「夫吾國語言之分析孤立的本質，爲世界語言中之最進步者，已爲近代語言學者所亟稱……然則國父謂吾國語言爲世界中之粗劣者，何耶？曰國父之言非指語言之本質，指其『使用之技術』耳。語意直承前文，固不煩贅解而自明者也。」其實，孫中山的「前文」中所謂「使用之技術」明明指的是文字，而非語言，何容很顯然是在故意製造混淆，以求自己的論點得到支撐，因爲接著他就在此基礎上發揮道：「然則吾人將任此本質優良之語言，在使用技術上永不進步，而爲世界中之粗劣者乎？抑將使其使用之技術一如文字之日見精研，而與歐美之

〔註35〕孫中山：《建國方略之一：孫文學說——行易知難（心理建設）》，《孫中山全集》第六卷第 181 頁。

語言並駕齊驅乎？凡忠於民族，忠於國家，而不爲憎惡白話之情所蔽者，皆當知所抉擇。至若察其不進之由，決其改進之道，『恢復言文一致』，國父則已昭示吾人矣。」表面看來，何容似乎是寸步不離孫中山的「遺教」，但實際上他有意無意地再一次與孫中山的主張背道而馳。孫中山確實講過「言文一致」，不過其原話乃是：「所望吾國好學深思之士，廣搜各國最近文法之書，擇取精義，爲一中國文法，以演明今日通用之言語，而改良之也。夫有文法以規正言語，使全國習爲普通知識，則由言語以知文法，由文法而進窺古人之文章，則升堂入室，有如反掌，而言文一致，亦可由此而恢復也。」〔註36〕很顯然，孫中山主張的「言文一致」，其目的是要改變他認爲「粗劣」的語言，而並非「精研」的文字（其所謂「文法」乃英文之 grammar，實即語法）。換句話說，孫中山和新文學的主張者都看到並承認中國言文分離的事實，也都想縮小二者之間的距離，但是孫中山認爲出問題的是「言」，所以要改變它，使其接近「文」，這在「由言語以知文法，由文法而進窺古人之文章」等語中表現得相當明顯；而新文學的主張者則恰好相反，他們認爲傳統的「文」已經僵化，所以要讓它更接近「言」。何容斷章取義式的引用，無疑模糊了這一重要的差別，他由此批判胡先驌只知「存文」而不知「善語」，也就難以服人，因爲他們爭論的對象乃是三民主義文學，而「文學」自然屬於「文」而不是「言」的範疇。

　　除了「言文一致」問題以外，何容對孫中山原文的曲解之處還有很多，最典型的一處是他引用孫中山的話直接爲白話文辯護：「夫所謂白話文者，其基本原則爲以今日通用語言之語詞與句法而著之於文也；既有文法之學以規正之，則吾國兒童之學爲文章也，亦可如西國學童之『深者能深，淺者能淺，無不達意，鮮有不通之弊』矣；若強使其學習古代遺留之詞語與句法者，則『日識十字，而悉解其訓詁，年識三千餘字，而欲其能運之而作成淺顯之文章者，蓋無有也。』」這裡引用了兩處孫中山的原文，孫中山確實對比了西方與中國語文教育之差異並肯定前者而否定後者，但其對比的著眼點乃在於有無「文法」，而絕非文言與白話，所以何容的引述便有「隱藏選項」之嫌：白話而無文法，同樣不能避免此前語文教育的弊端；文言如有文法，則同樣有可能克服此前的弊端，因此，孫中山關於「文法」的論述並不能被用作支持白話的證據。至於何容所謂「若強使其學習古代遺留之詞語與句法」云云，

〔註36〕同上，第 183 頁。

則顯係偷梁換柱，因爲孫中山明明說「中國向無文法之學」。

　　實際上，何容的文章也並非一味強詞奪理，它分爲兩個部分，前一部分系引述孫中山「遺教」，後一部分則爲直接批駁胡先驌的觀點，雖然前一部分裏無法自圓其說之處甚多，但後一部分卻不乏精彩的筆鋒，如反駁胡先驌以白話爲俗、以文言爲雅：「所謂雅俗之分，究將以何爲斷耶？抑吾知之矣：古則爲雅，今則爲俗耳。故『而母婢也』，則雅於『丫頭養的』；『丟在河裏喂了王八』，乃俗於『畀彼豺狼（疑爲「投畀豺虎」之誤）』矣……惜彼輩所作之文言，究爲今日通行之文言，非皆古人所有之詞句；彼輩既與吾輩爲並時而生之人，則其文言之雅於吾輩之白話也，極微；而其俗於古人之文言也，殊甚。吾輩之白話，『已非大眾之口語』，因未能俗到家；彼輩之文言，更非古人之文言，而未能雅到底也……文言與白話而果有雅俗之分，則固各有其雅俗者也。」這可謂嬉笑怒罵皆成文章，然而奇怪的是，作者既然有能力用自己的方式反駁論敵，卻爲什麼還要勉爲其難地在孫中山那裏摣扯論據呢？這其實與他的身份和立場有關：何容原名何兆熊，除「何容」外，還有另一爲人所熟知的筆名「老談」，爲白話文壇「三老」（老談、老舍、老向）之一；他不僅是新文學的健將，也是國民黨的文化官員，在寫這篇文章時他的身份是教育部國語推行委員會專門委員，而且早在 1926 年，他就追隨蔣介石參加北伐，擔任政治指導員並曾在戰鬥中負傷。對於自己的「革命經歷」，何容頗爲自豪，在「存文」與「善語」的開頭他就自詡：「不學如予，對國父遺教雖未敢輕言研究，然亦嘗讀其書於初刊之時，信其道於未昌之際；願以三民主義信仰者之立場，恭引國父關於語文問題之遺教，以鏡彼輩之妄焉。」何容生於 1903 年，北伐時他還只是個二十出頭的青年，所以上面所言似有吹噓之嫌，不過其自認爲「三民主義信仰者」的心態卻是真實的，所以他才會嘗試從孫中山的著作中爲白話文學尋找依據，當然正如我們看到的，他的嘗試並不成功。這也並非由於他的能力不夠，而是因爲孫中山的的確確未曾支持過新文學，何容的文章只不過再一次讓我們看到了「三民主義文學」既想求新、又要顧及守舊的國民黨意識形態的尷尬姿態而已。

　　儘管並不是《文藝先鋒》上所有的作者都那麼「唯新是圖」，例如徐仲年在評論絳燕（即沈祖棻）的《微波辭》時，就對她的新詩和舊體詩詞同時做出了較高的評價〔註37〕，但這類言論最終還是被淹沒在大量支持新文學、反

〔註37〕徐仲年：《量珠散輯》，《文藝先鋒》第 1 卷第 1 期。

對舊文學的文字之中。總的來看，《文藝先鋒》基本上堅守的是新文學的立場，儘管不時有文章表現出從官方意識形態中尋求合法性的衝動。

第五節　《文化先鋒》以傳統頡頏新文化的嘗試

在新舊問題上，不同於《文藝先鋒》的一邊倒，《文化先鋒》倒是顯示出了兼容並包的態度。新文化方面，《文化先鋒》上不僅有蘇雪林、葉以群、沈從文、臧克家等眾多新文學名家的作品與批評文章，還有大量關於政治學、經濟學、法學、社會學等現代社會科學的論文，甚至還刊發了一些化學、植物學、地理學等自然科學方面的科普文章。傳統方面，《文化先鋒》上亦有許多探討以儒家爲代表的中國傳統文化的文章，其內容涉及到哲學、倫理、道德、教育等各個領域。不過該刊並非在新舊之間不偏不倚，而是有著明顯的傾向性，其傾向與《文藝先鋒》恰好相反，即更偏重於傳統文化，並試圖從中發掘出足以與新文化頡頏的力量。

《文化先鋒》創刊不久，就在 1943 年元旦出版的「新年特大號」（第 1 卷第 18 期）上推出了包括八篇論文的「文化問題」專題，這些文章雖然各有側重，但一致認爲中國需要建設新的文化，並且這種「新文化」要以三民主義爲最高原則。然而弔詭的是，各位論者在闡釋這種被冠以「新」字的三民主義文化時，更多地卻是在強調它與傳統的聯繫，比如該期卷首的楊幼炯（時任立法委員、中山文化教育館民族組主任）的長文《我們所需要的文化》，就說「回首此一百年來中國民族所遭遇的厄運，我們的國家……所賴以維繫民族命脈者，始終是靠著數千年來歷史文化所深植於民族心理中而成的偉大自然之本能」，「而數千年來民族所賦有的強烈的民族精神，更爲建國不可侮（疑爲『無』之誤）的精神元素……我們今天應葆愛此種民族文化的精神傳統，並發揚而光大之，以求適合今日新時代建國的需要。」儘管他也承認產生於「農業社會」的儒家文化無法完全適合時代的需要，但他只是把傳統文化的缺陷歸於缺少「科學的精神」，而這僅僅屬於「物質文明」範疇，至於在精神領域，則要批判西方的個人主義，而堅持以儒家精神爲代表的「我國固有思想體系」〔註 38〕。把該文與孫中山的相關論述對比來看，可以說楊幼炯是相當忠實於孫中山的文化觀念的。

〔註 38〕楊幼炯：《我們所需要的文化》，《文化先鋒》第 1 卷第 18 期。

除了楊幼炯這樣的國民黨大員以外，就「文化問題」發言的也有一些無名小卒，《中國文化與農業社會》一文的作者鄒雲亭，據說就是中央政治學校的一名大二學生〔註39〕。如果單看此文文筆的老練，似乎確如編者所說，讓人很難相信作者的身份，而文章中觀點的保守程度則更讓人吃驚：在對古今中外的「文化」概念進行了一番像煞有介事的梳理以後（這幾乎是《文化先鋒》上討論文化問題的文章之通例），文章馬上就說：「中國是一個天生成的農業領域，在那裡……乃產生了根基鞏固的農業社會，長成了光明燦爛的中國文化。」對於這種農業文化，作者做了相當理想化的描述，在他看來，由於農業社會中的人民生活穩定而有規律，故形成了安土重遷、持重保守的觀念，不同於游牧民族的好征戰、商業社會的講競爭，「他們的交誼都建立在互助互益，相親相愛的基礎上」，而建立在家族制度基礎上的孝道，則更是「百善之首」，乃至「確能包括一切道德行爲和倫理觀念」。由此出發，他歷數了陳獨秀等新文化提倡者的「短見無知」，甚至連主張新儒學的馮友蘭也不能令他滿意，因爲馮說過西方經由產業革命而進入工業社會，中國與之相比，就如同鄉下人之於城裏人，鄉下人想不吃虧就只能把自己變成城裏人等等，這對於頂禮膜拜「農業文明」的鄒雲亭來說，是無法忍受的。《文化先鋒》上提倡傳統倫理道德的文章固然不少，但一般不會否認中國社會邁向現代化、工業化的必要性──這與孫中山關於「民生」的主張有很大關係，然而該文在這一點上也提出了質疑：「中國到底要工業化到什麼程度？中國的耕地占全國面積的三分之一強，我們是否應該，是否需要，是否能夠將這幅員遼闊，肥沃可耕的農村，來建立工廠，使成工業區，或開闢商場，使成商業社會呢？」這種言論顯然是出於對「工業化」的嚴重曲解。在文章的最後部分，作者又論述了中國歷史的「循環現象」，把歷史上的「一治一亂」歸因於農業經濟與商業資本的矛盾，並說每一次改朝換代都是由於農民生活出現了問題，所以在當前的戰爭期間也必須把政策的重心放在農村云云〔註40〕。這些觀點本身雖然無甚高明之處，不過卻歪打正著地預言了國民黨政權的結局──他們正是敗於以農民爲主力的共產黨軍隊。

《中國文化與農業社會》一文的獨特之處在於：其他人提倡傳統文化，一般都只是說在新的時代條件下傳統仍然應被保留，並可以發揮作用，或者

〔註39〕見《文化先鋒》第 1 卷第 18 期之《編後記》。
〔註40〕鄒雲亭：《中國文化與農業社會》，《文化先鋒》第 1 卷第 18 期。

傳統文化雖不能適應現代社會，但可以對其加以改造等等（楊幼炯就直言「在今日現代化的戰爭世界中，我們的農業文化，已不能應付此當前的巨大的變局」，要在當下的世界立足，就必須利用自然科學，達到工業化），而鄒雲亭則是將傳統文化和產生它的農業社會一併肯定，並表現出了對於整個新的社會形態的拒斥，在這個意義上，可以說他的守舊主張是最為徹底的。如果這種主張真的能夠貫徹，那麼所謂新舊矛盾自然就不復存在了，然而在當時的絕大多數人、包括其他擁護傳統的人看來，讓中國停留在農業社會根本就是癡人說夢，更何況在孫中山的建國主張中，實現工業化、現代化本來就是一個必不可少的組成部分。所以對於三民主義文化的建設而言，《中國文化與農業社會》一文基本不具有什麼現實意義，不過它倒是能從反面促使我們思考產生於農業社會的儒家倫理道德在現代工業化社會的命運。

　　同期發表的文章中，太虛法師的《中國急需的文化》則更為奇特。不同於前兩位作者，身為佛教徒的太虛對於儒家思想根本沒有什麼感情，他認為儒家的思想體系只適合宗法社會下的家族制度，而現在隨著工業社會的到來，大家族制度正在解體，儒家思想也就失去了存在的土壤，所以他說：「中國不想改成為現代國家則已，要想成為現代國家，則家族為中心的社會已成過去，而家族倫理的儒化，亦難復活。」同時他也不贊成全盤西化的主張：「一個民族的文化，都有它的內在性，也都有它的歷史地理因素，所以全盤西化是事實上做不到的。」能夠適合當下的，只有「救起固有文化趕上近代文明之三民主義」。這似乎只是一句官話，然而令人吃驚的是，他接下來竟將三民主義和佛家的「自作自受，共作共受，先作先受，不作不受」之業報觀念聯繫起來，說這種觀念可以應用到政治、學術、宗教、道德等各個方面，並一一闡述它可以怎樣為這些領域提供指導〔註41〕。一個佛門弟子來大談「三民主義文化」，還把佛家學說附會到上面，這似乎顯得有些不倫不類，不過換個角度看，中國的傳統文化雖以儒家為主體，卻也滲透了佛、道等各家思想，所以談三民主義與「固有文化」之關係，自然也不必只限於儒家。太虛的這篇略顯奇特的文章，或可以提示我們注意「傳統」中那些容易被忽略的維度。

　　除了這一次集中發表關於「文化問題」的文章外，《文化先鋒》上更多的文章還是關於一些具體學科、領域的。比如胡一貫的一系列哲學論文就頗引人關注，其第一篇題為《中國哲學的哲學——唯生哲學管測之一》，所謂「中

〔註41〕太虛：《中國急需的文化》，《文化先鋒》第1卷第18期。

國哲學的哲學」，其實是傚仿德國哲學家菲斯德（Fichte，今譯費希特）《告德意志國民書》一文中「有資格稱爲德國哲學的哲學」的說法，只是胡一貫這種片段的引用讓人有些費解而已。至於所謂「唯生哲學」，按作者的解釋則是「哲學之中心是民生，哲學之任務是致民生之大用」，「生是宇宙的中心，民生是歷史的中心」。爲了確立這一個「生」字的「道統」地位，作者從《易經》裏的「天地之大德日生」一直到明清的王陽明、戴東原等人的論著中搜尋證據，以此證明中國哲學的一脈相承，並確立三民主義民生史觀的「正統」地位〔註42〕。

　　不過這篇文章中的觀點多非胡一貫的首創，早在 1925 年，孫中山逝世後不久，戴季陶就接連寫出《孫文主義之哲學的基礎》、《國民革命與中國國民黨》兩篇文章，提出了所謂「孔孫道統論」，即孫中山繼承的是自孔子以降的中國正統思想；並闡述了「民生哲學」，意謂三民主義的重心是民生主義，民生哲學是三民主義的哲學基礎。但是戴季陶對孫中山哲學體系的闡釋非常簡單而粗糙，最明顯的一點是：所謂「民生哲學」僅僅是政治哲學，它並沒有相應的本體論作爲其前提和基礎，所以根本無力對抗以辯證唯物論爲本體的、體系完善的馬克思主義哲學。爲了彌補這一缺憾，陳立夫在 1934 年出版了《唯生論》一書，試圖從本體論的意義上重新闡釋「生」字，其立論的基礎是孫中山的「生元說」。「生元」即細胞，孫中山故意將它如此翻譯，「蓋取生物元始之意也」，對此孫中山做了詳細的解釋：

　　　　生元者何物也？日：其爲物也，精矣、微矣、神矣、妙矣，不可思議者矣！按今日科學所能窺者，則生元之爲物也，乃有知覺靈明者也，乃有動作思爲（原文如此）者也，乃有主意計劃者也。人身結構之精妙神奇者，生元爲之也；人性之聰明知覺者，生元發之也……孟子所謂「良知良能」者非他，即生元之知、生元之能而已。〔註43〕

　　從生物學的角度看，孫中山對「生元」（細胞）的認識本來就似是而非，而陳立夫則錯上加錯，說什麼「元子就是萬物的生元，生元就是人類及一切動植物（普通所承認之一切生物）的元子。簡單的說，就是宇宙既只有生沒

〔註42〕　胡一貫：《中國哲學的哲學——唯生哲學管測之一》，《文化先鋒》第 1 卷第 2 期。

〔註43〕　孫中山：《建國方略之一：孫文學說——行易知難（心理建設）》，《孫中山全集》第六卷第 163 頁。

有死，生元和元子在本質上就是一個東西」〔註44〕，並由此推論出：「一切現象，都是生命的表徵，都是萬物求生活的結果！總之：宇宙整個地是一個生命的結構。這就是我們所講唯生論的宇宙觀。」〔註45〕陳立夫試圖借助科學術語來爲其哲學體系披上一件合法性外衣，但是他（以及孫中山）對於自然科學的一知半解，則使得所謂「唯生論」更像一種「僞科學」〔註46〕。

胡一貫在四十年代重新端出的「唯生哲學」，其實不過是由戴季陶的「道統論」和陳立夫的「唯生論」二者組成的拼盤。原料本來就粗劣，胡一貫的加工手法又過於簡單，他炮製出來的「中國哲學的哲學」會是何種水平也就可想而知了。不過這種炮製過程倒是非常有典型性：強調「道統」，是爲了從中國傳統文化中尋求合法性；以生物學概念「生元」爲出發點，則又可看做向現代自然科學的靠攏，所以「唯生哲學」便成了半新不舊的三民主義文化之絕妙例子。然而如果說這就是三民主義既能「救起固有文化」又能「趕上近代文明」的證明，那恐怕難免貽笑大方。

馮友蘭是《文化先鋒》作者群裏最著名的學者之一，該刊自第2卷起，陸續發表了他在中央文化運動委員會所作的以「當前幾個思想問題」爲總題的系列講座的講稿，包括《新舊道德問題》、《道德功利問題》和《一元多元問題》。從題目上看，《新舊道德問題》似乎應該是談新與舊的關係，但這篇文章卻有點文不對題。馮友蘭首先說，道德是否分新舊，要看道德是否可變，如果道德可以變化，那才能分出新舊，否則根本就沒有新舊之分。而在道德是否可變問題上，他的態度則是折中的，即有些道德不可變而有些可變，不變的道德可以舉「五常」爲例：「大家都知道我國古時有所謂『五常』，常的意思就是不變，五常就是五種不變的道德」；變的道德可以舉「忠孝」爲例：「從前人所說的忠孝，是忠於君，孝於親，現在說爲國家盡忠爲民族盡孝，雖仍沿用忠孝兩字但意義已有不同，意義不同，便是道德有了變動了。」〔註47〕很顯然，馮友蘭談的完全是傳統道德，他所謂「新」至多不過是對於傳統道德的重新解釋而已，至於五四時期提倡的自由、民主等真正意義上的「新道德」，他則隻字未提。看來，這位新儒家的大師雖然掛出了「新舊道德」的招牌，但他根本就不屑與

〔註44〕陳立夫：《唯生論（上冊）》第6頁，正中書局，1939年。

〔註45〕同上，第46頁。

〔註46〕關於陳立夫「唯生論」的更詳細評述，見呂厚軒：《陳立夫「唯生論」創制的背景及其內容、特點》，《齊魯學刊》2010年第2期。

〔註47〕馮友蘭：《新舊道德問題》，《文化先鋒》第2卷第1期。

新文化運動以來興起的道德做任何對話。不過這篇文章也並不完全是自言自語，所謂「爲國家盡忠爲民族盡孝」便有向時代的主流話語靠攏的傾向。馮友蘭這樣的名家的文章，對意欲構建三民主義文化的《文化先鋒》來說具有不言自明的重要意義，而他對傳統道德的偏好，也恰好投合了刊物的胃口。

　　《文化先鋒》之傾向於傳統，並不僅僅體現在上述討論傳統文化、哲學、道德問題的文章中，甚至一些關於新文化的文章，也常常拖上一條傳統的尾巴。比如由當時的新聞界巨子、中央政治學校新聞系主任馬星野所寫的《新報業與新文化》一文，雖然是討論現代新聞業的，但一上來卻說：「中國新聞事業的開始，比任何國家更早。如果把作春秋的孔子認做第一位新聞記者，我們的報業已有二千六百年的歷史。如果不計算那麼遠，我們在唐明皇時代，確實已經有報紙，名爲開元雜報；我們的新聞事業也有一千二百年的歷史。」《春秋》是歷史著作，把它當做新聞顯然不倫不類，對於《開元雜報》的性質，直至今天研究者仍無一致意見，但至少它和現代意義上的報紙完全是兩碼事，況且《新報業與新文化》討論的是報紙對於當下文化建設的作用問題，追溯到那麼遠根本沒有必要。其實這種「古已有之」的論調不過是一種表態，以表明作者對於傳統之認同，因爲該文中所謂「新文化」與五四新文化無關，而還是指三民主義文化：「報業有偉大的建設文化創造時代的力量，三民主義的文化又是全世界最理想最崇高的文化，我們新報業的新使命，當然是建設新文化，建設三民主義的新文化！」〔註48〕雖然話說得慷慨激昂，但三民主義文化究竟在何種意義上可以謂之曰「新」，卻仍得不到解釋，反倒是作者一上來就拿孔子說事的做法，讓我們再一次看到了三民主義文化與傳統之間割不斷的關係。

　　更有趣的是，一些自然科學方面的文章也會想方設法地和傳統扯上關係。最明顯的例子是吳承洛的《五行的新認識及其在國防科學上的新運用與新發展》，該文把五行理解爲中國古代「物質分類的方法」，並將其與現代的化學元素周期表進行比附：化學元素的中文譯名，多以「气、氵、钅、石」爲偏旁，分別代表氣體、液體、金屬元素和固態非金屬元素，吳承洛認爲這恰好可以與五行中的火、水、金、土對應，至於「木」，則可以代表有機化合物，因爲「有機化合物，又稱爲碳系化合物。普通觀點，木是炭的來源，所以五行中的木，就屬碳素化物，也就屬一切動植生物。生物死後，我們文言，

<hr>

〔註48〕馬星野：《新報業與新文化》，《文化先鋒》第 1 卷第 3 期。

也說是『就木』，所以木可代表一切生物。」〔註49〕按照自然科學的常識，上述說法不準確之處甚多：五行與化學元素的所謂「對應關係」中，只有金代表金屬、水代表液體勉強可以自圓其說，至於說「土」代表固態非金屬就有些讓人莫名其妙，作者所謂「土石同類」的解釋其實很牽強；另外說「木」代表有機化合物也不合理，儘管有機化合物確實都含碳，但作為化學元素的「碳」和由木材製成的「炭」完全是不同的概念，況且在物質分類上，有機化合物是相對於無機化合物而言的，二者均屬化合物，與單質元素的分類根本不能混為一談；而把「火」說成氣體則更是無稽之談，火焰是可燃氣體（可燃液體和固體燃燒時會伴隨氣化過程）在燃燒過程中發光發熱的現象，但它本身並非特定物質，和某一類元素也無必然關係。

　　吳承洛的文章中出現如此之多的低級錯誤，實在令人費解。因為他是現代中國著名的化學家，畢業於美國裏海大學，並曾在哥倫比亞大學研究院繼續深造，回國後任北京工業大學教授兼化工系主任，同時還在北京大學、北京師範大學等校兼課，以他的水平，絕不至於連一篇介紹化學常識的文章都寫不好。實際上，如果抽去關於「五行」的部分，該文可以算得上一篇相當不錯的科普文章，它主要介紹的是各類化學物質在生產生活、尤其是軍事方面的應用，可既然如此，作者為何要牽強附會地把「五行」觀念無端拉扯進來？答案或許可以從文章前面的一段「編者按」裏找到，其中說：

> 五行為我國古代對自然界之認識，有相生相勝二說，且能終始循環，生生不已，變化無窮。寖假演進，遂附有迷信意味。在目前科學已發達之時代看來，固屬可笑，但在洪荒初啓的時代能有此科學的認識，已為可驚之事……今吳承洛先生以科學眼光科學方法研究我國之原始科學——五行——發揮其科學價值，以提高民族自尊心自信心，使國人皆知今之所謂自然科學者，乃我國「古已有之」之事物，彼科學發達之國家可無所用其驕傲，而我國人更無所用其自卑，以餒其氣。且盼國人繼續先民，發展我「古已有之」的科學，而迎頭趕上，且運用於國防。

　　看來在抗戰的時代氛圍下，就連一篇普普通通的科普文章，都要承擔起「提高民族自尊心自信心」的重任，甚至不惜以犧牲自然科學知識的準確性

〔註49〕吳承洛：《五行的新認識及其在國防科學上的新運用與新發展》，《文化先鋒》第 1 卷第 13 期。

爲代價。而且，這一句「提高民族自尊心自信心」，大概也可以用來解釋《文化先鋒》整體上的偏重傳統傾向。

通過上述梳理，我們會發現一個頗令人費解的現象：既然《文化先鋒》、《文藝先鋒》兩個刊物的編者基本上是一套人馬，那麼二者對於新舊文化／文學的態度爲何卻是如此迴異？其實如果按照《文化先鋒》發刊詞中的說法，「人類一切活動都屬文化範圍」，「文化」是可以包羅萬象的，即便我們只從狹義上把文化理解爲社會的精神領域，它也理應包含作爲社會表意系統的文學。而中央文化運動委員會於《文化先鋒》之外另創立《文藝先鋒》，並將這兩個姊妹刊物共同作爲其機關刊物，這本身就表明了張道藩等人對於文學在社會精神生活中的特殊性之認識。從刊物的實際情況看，我們也確實可以說：《文化先鋒》更充分地體現了國民黨乃至孫中山本人的文化觀念，其傾向於傳統的特徵，不僅源於抗戰時期振拔民族精神的需要，也體現了三民主義文化自身的保守性；《文藝先鋒》則完全倒向了新文學一邊，如果僅就新舊問題而言，可以說發表在其上的文學作品並沒有受到多少意識形態的影響，所謂「三民主義文學」主要遵循的還是中國現代文學自身的發展規律，而不是政治話語的規訓。無論是張道藩要求文藝反映「忠孝八德」的呼吁，還是易君左創作「革命的新民族詩」的嘗試，都基本沒有得到落實或響應，這正是文藝以其本身的自足性抵禦外在力量干涉的體現。當然，三民主義文學之「新」與文化之「舊」並不是絕對的，就如我們看到的，提倡新文學的文章卻要引孫中山的話爲自己辯護，而論述孫中山哲學思想「道統」地位的文章又要從現代科學中尋找依據，這在在表現了新舊要素在三民主義文化／文學的建構過程中互相纏繞、互相糾結的複雜關係。只不過，這些要素並沒能有機地融合在一起，而只是呈現出一種「消極共生」的態勢。

第三章　左與右：意識形態鬥爭的困局

第一節　左翼作家的身影

　　作為國民黨的官辦刊物，《文藝先鋒》、《文化先鋒》不可避免地要承擔起宣揚官方意識形態的任務。但是，一方面由於抗戰期間統一戰線的存在，另一方面也可能是出於擴大刊物影響力的考慮，它們的作者隊伍並不僅僅局限於右翼文人，許多中間派的文人學者、乃至左翼作家的身影也經常出現在兩個刊物上。這雖然不至於從根本上改變刊物的性質，但也會使得其政治色彩不那麼「單純」。在《文藝先鋒》、《文化先鋒》上發表過作品或論著的左翼作家有：茅盾、陳白塵、馮雪峰、任鈞、洪深、陽翰笙、以群、沈起予等，另外還有更多被稱為「進步作家」的、不同程度傾向於左翼的無黨派作家也曾在刊物上出現，如臧克家、老舍、姚雪垠、田仲濟等。一般來講，那些左翼作家在發言時往往會比較注意分寸，至少不會直接把矛頭指向國民政府，但他們也不會過於隱藏自己的立場，而是時常通過各種方式顯出鋒芒。

　　茅盾是左翼文學界的旗幟性人物之一，他在《文藝先鋒》上的亮相頗有典型意義。據他本人回憶，張道藩、王進珊等人屢次當面向他約稿，而他也沒有推辭，先是送去一篇《文藝雜談》，後又把他受張道藩之邀在中央文化會堂所作的講演整理成稿，以《認識與學習》為題發表。茅盾自稱前一篇文章是「只談藝術，不涉及政治」〔註1〕，但這並非實情：該文雖題為「雜談」，但也有很強的針對性，即針對施蟄存對左翼詩歌的批評。有意思的是，施蟄

〔註1〕茅盾：《我走過的道路》（下），第491～492頁，人民文學出版社，1997年。

存的文章剛好也發表在《文藝先鋒》上，題為《文學之貧困》，其主要觀點是說，無論在中國還是西方，古代的時候「文學」的疆域都是很廣闊的，歷史、哲學等都被包括在「文學」範圍內，但近代以來無論是文學的觀念還是文學的教育制度，都變得「愈純愈窄」，在他看來這造成了文學的「貧困」，因為古代的文學並不僅僅是民眾的讀物，而「多半是輔助政教的東西」，但在今天：

> 我們的文學家所能寫的只是小說，詩歌，戲劇，散文，上焉者兼有四長，便是全才，下焉者僅得一技，亦復沾沾自喜，儼然自以為鳳毛麟角。歷史，哲學，政治以及其他一切人文科學全不知道。因此文學家僅僅是個架空的文學家。生活浪漫，意氣飛揚，語言乏味，面目可憎，全不像一個有優越修養的樣子。就其個人而言，則上不能恢宏學術，下不堪為參軍記室；就其與社會之關係而言，亦既不能裨益政教，又不能表率人倫。至多是能製造幾本印刷物出來，在三年五載之中，為有閒階級之書齋清玩，或為無產階級發泄牢騷之具而已。〔註2〕

所以他主張「歷史，哲學與政治應該與小說詩歌戲劇同樣地成為一個有文學修養的學者底表現。文學家不應該僅僅是小說詩歌戲劇散文底寫作者的尊稱。」這番言論雖略有大而無當之嫌，但從學理上看也不無可取之處，畢竟「純文學觀」的確削弱了「大文學」的豐富性。不過讓左翼陣營感到不快的原因卻不在此，也不在於上一段話的最後流露出來的對於無產階級文學的揶揄之意，施蟄存真正惹出麻煩，是因為他在兜了一大圈之後又說到當下的文學界，認為即使在「純文學」的領域也存在「貧困之貧困」的現象：「我也讀過了不少的詩歌和劇本，但是如果我們把田間先生式的詩歌和文明戲式的話劇算作是抗戰文學的收穫，縱然數量不少，也還是貧困得可憐的。」這種指名道姓的批評才是令茅盾等人無法容忍的，田間繼承的是三十年代中國詩歌會的傳統，他在抗戰期間創造的「鼓點式」的詩，將詩歌的宣傳鼓動功能發揮到了極致，雖然他的作品在藝術上比較粗糙，但這在左翼詩人中間也是比較有普遍性的，所以，當施蟄存以那種幾乎是不屑的口吻提到田間的詩歌時，早在田間剛一出道的時候就曾對其加以肯定的茅盾，自然要起而為其辯護。

　　茅盾在文章中對當時左翼詩壇的三種風格，即所謂「艾青體」、「田間體」和「柯仲平體」進行了比較，卻明顯把重點放在了「田間體」上，他說：「罵

〔註2〕施蟄存：《文學之貧困》，《文藝先鋒》第 1 卷第 3 期。

田間的人很多，說他生吞活剝了瑪雅考夫斯基……但是，田間發表他的作品的時候，瑪雅考夫斯基被譯過來的，實在也少得可憐，田間只從這極少數的『瑪體』譯品就模擬出他的『田間體』來，這也不是人人能做到的事罷？瑪雅考夫斯基對於田間體之形成，不用說，是有幫助，而且這助力不小，但倘說『田間體』中竟沒有田間的一點創造力，那也是大不公平的。」這樣的辯護似乎有些綿軟無力，從字裏行間可以看出，或許連茅盾自己也承認田間詩歌的獨創性不夠，所以在文章的後半部分，他轉而集中反駁施蟄存關於文學「窄化」的論點，通過論述古希臘人對於韻文和散文的區分，指出施蟄存所謂的古時歷史、哲學均屬於文學其實是一種誤解。最後，茅盾諷刺道：

> 如果只看到「文學」之國包有了歷史，哲學等等，而遂震驚其豐富，遂謂今之僅以小說，戲劇，詩歌，散文等四科算作文學是「文學之貧困」，那麼，古代希臘所謂哲學還包括了自然科學呢，難道今日自然科學從哲學分離出來也就是哲學的貧困麼？人類文化愈演進，學術的分科也愈細而愈密，這是自然之理。這倒不比對於文藝作品的好歹，即使信口雌黃了，也可以自解嘲為各人自有看法，這是屬於常識的範圍，好作奇論，便是會鬧笑話的。〔註3〕

很顯然，茅盾所念念不忘的還是施蟄存對當下文藝作品的批評，他表面上是嘲諷對方不懂「常識」，實際上卻是在反擊施蟄存對左翼作家不敬的行為。另外在此次論爭中，茅盾並不是孤軍奮戰，他的文章發表之前兩個月，陳白塵就在《文藝先鋒》上發表了一篇《讀書隨筆——文學的衰亡》。不過陳白塵倒是懶得在文學的「疆域」問題上費口舌，而是直接與施蟄存「唱衰」抗戰文學的言論針鋒相對，譏之為「隱士式的文學家」：

> 不過隱士們都天真而性急了一點：剛剛隱居了三年五載，伸出頭來便向人間要偉大作品，似乎還過早一點。因為抗戰前那十多年中間，連今日的隱士在內，又產生過多少巨作偉構？——不過，我們可以保證的是：「抗戰文學的收穫」，「數量」既然「不少」，即使是「貧困得可憐」，而將來偉大的作品，必然是在這些「不少」的，「貧困得可憐」的土壤中萌芽出來。因為這些「貧困得可憐」的東西到底是在抗戰中和人民的鮮血一道生長起來的。〔註4〕

〔註3〕茅盾：《文藝雜談》，《文藝先鋒》第2卷第2期。
〔註4〕白塵：《讀書隨筆——文學的衰亡》，《文藝先鋒》第1卷第6期。

然而具體說到田間等詩人的作品時，陳白塵卻含糊其辭起來：「至於田間先生式的詩是如何要不得，愧非『全才』，恕我不懂。但據熟悉詩壇內情者云，除田間而外，尚有艾青，臧克家諸氏，似乎並非田間一派。」看來對於田間詩歌的藝術水準究竟如何，茅盾、陳白塵等人和他們的論爭對手一樣心知肚明，只不過當同一營壘中的戰友受到攻擊時，他們不得不有所表示罷了。

茅盾的另一篇講演稿《認識與學習》，則是談創作方法的，主要集中在如何認識生活、理解生活的問題上。這倒基本是一篇就文學談文學的文章，因爲畢竟茅盾在講演時，他的聽衆是國民黨的文化官員，用他自己的話說，「我想，對這樣的聽衆既然不能正面講大道理，那就從談論創作方法的 ABC 中給他們灌輸一點對待生活的辯證法吧。」〔註5〕

不過茅盾在《文藝先鋒》上發表的更重要作品，還是分 12 次連載的長篇小說《走上崗位》。這部小說以抗戰初期的上海爲背景，寫的是一位愛國資本家在工人的支持下，克服重重困難與阻力把工廠遷往武漢的故事。抗戰前，我國工業主要集中在以上海爲中心的江海沿岸及鐵路沿線，抗戰爆發後，那些工廠大多處於炮火威脅下，許多民族資本家「誓不以廠資敵」，紛紛上書國民政府要求內遷，國民政府也對他們給予了一定的支持。史學家對這次遷廠事件的歷史意義有高度的評價：「民族工業向武漢的遷移，體現了民族資本家的抗日信念以及爲國犧牲的勇氣，儘管損失較大，但保存下來的企業，多爲軍工企業，爲抗戰初期的中國軍隊提供了有力的後勤保障。」〔註6〕不過現代文學中反映此次事件的作品至今爲止尚很少受到關注，而茅盾的《走上崗位》便是其中之一。儘管無論評論者還是作家本人都不大看重這部作品，但如果我們以歷史的視角來考察，它便會顯示出獨特的意義。

茅盾在這部小說中，延續了其以往作品長於表現重大歷史事件、以及善於描寫民族資本家的特點。作品以資本家阮仲平的工廠從拆卸機器、準備搬遷直到遷徙途中的整個過程爲主線，生動地刻畫了一大批形形色色的人物，如毫不計較個人私利、一心爲國家保存工業力量的阮仲平，口頭上大義凜然、實際上卻想把工廠遷到租界以保存實力的強民廠老版朱兢甫，在藥品極度匱缺的不利條件下仍想方設法救治難民的莫醫生，雖不免天眞、但熱誠地願意爲抗戰貢獻力量的青年阮季眞、阮潔修，房子被日軍炸毀、全家住進難民收

〔註5〕茅盾：《我走過的道路》（下），第492頁。
〔註6〕張憲文等：《中華民國史》，第三卷第425～426頁，南京大學出版社，2005年。

容所的工人石全生，表面上爲老闆效勞、暗地裏不擇手段爲自己謀利的工廠管理人員姚紹光、李金才、蔡永良，等等。對於遷廠過程中的種種困難，作品中也有正面的表現：工人一邊拆卸機器、搶救原料及成品，一邊還要躲避敵機的轟炸，不時有人受傷甚至犧牲；機器拆卸完畢，又無法找到交通工具，阮仲平想方設法雇到一條小火輪，卻被無數難民搶佔，最終只能用木船搬運；政府部門支持力度不夠，遇事經常互相推諉，等到廠主自己辦妥了事情，卻又紛紛來指手畫腳，說如何如何手續不對；遷廠途中，不僅面臨著敵機轟炸的威脅，還要通過中國軍隊的重重關卡……正是這些令人難以想像的困難，才反襯出了那一大批在工業戰線上爲國效力的人們的精神之可貴。

如果把《走上崗位》與茅盾此前創作的《子夜》等工業金融題材作品作一比較，我們就會看出作家筆下的民族資本家形象所發生的明顯變化。《子夜》中的吳蓀甫等人，雖然算不上典型的「反面人物」，但形象也並不高大，他們不斷地在各種矛盾的漩渦中鬥爭、掙扎，最終卻總是難以避免失敗的命運。然而在《走上崗位》裏，茅盾卻飽含深情地刻畫了阮仲平這樣一個堪稱英雄的民族資本家，即使他的身邊有朱兢甫之類的反派，也絲毫不影響他的光輝，而只是更襯托出其形象的偉岸。另外阮仲平這樣的民族資本家，在茅盾抗戰期間塑造的人物形象中也並非孤例，像《第一階段的故事》裏的何耀先，最終也加入了愛國鬥爭的行列。這種變化或許與國民政府的「抗戰建國」方針不無關係，1938 年 4 月，國民黨臨時代表大會通過了《抗戰建國綱領》，其內容涵蓋了外交、軍事、政治、經濟等方方面面，是一份既能有效針對當時的戰爭需求、也兼具建設現代民族國家之長遠眼光的綱領〔註7〕。茅盾儘管未必會有意宣揚「抗戰建國」，但是在「抗戰建國」的語境下，民族資本家在人們心中的形象確實可能發生變化，因爲他們爲了保存民族工業的力量、爲抗戰提供後勤保障，做出了極大的貢獻和犧牲，可以說是「抗戰建國」的主要力量之一。所以，民族資本家在作家的筆下變得高大起來，也是不無理由的。

不過這部小說在連載了一年多（1943 年 8 月——1944 年 12 月）以後，卻以一種略顯匆促的方式收束了，作品剛剛寫到遷廠的船隊走到途中就戛然而止，許多線索都沒有來得及充分展開。茅盾後來對此的解釋是：「我原來想寫中國的民族資產階級在抗戰中的辛酸史，但寫完遷廠的故事我就擱筆了，因爲再往下寫勢必要觸及官僚資本的罪惡，揭露其在抗戰中借政治軍事特權

〔註 7〕張憲文等：《中華民國史》，第三卷第 231～232 頁。

而迅速膨脹，壟斷戰時經濟，掠奪人民財富，以及對民族工業摧殘和扼殺的種種罪行。這樣的內容在一九四三——四四年的重慶是不可能發表的⋯⋯就連在《文藝先鋒》上已經連載的那一部分，我也是不得不避開對國民黨在抗戰初期所作所為的正面揭露，而全部採用了側筆或暗示。」〔註8〕這雖然是作者在新政權中擔任了多年文化領導職務以後，於晚年所做的帶有鮮明黨派立場的回憶，但也大約與事實相去不遠，因為我們今天看到的這部作品，筆鋒確實比較收斂，可即使如此，小說在發表時仍然被編者做了大量刪改。所幸1984 年出版的《茅盾全集》第六卷在收入這部小說時，依據手稿恢復了作品的原貌，並參照《文藝先鋒》做了校注，因此我們可以清楚地看到二者的差別，通過下面兩個例子可見一斑：

第二章的原稿中，有阮仲平借稱讚他人來暗諷朱兢甫的一段話：「天下滔滔，我想來可以佩服的，畢竟還是林惕然。你瞧他說遷就遷，既不三心二意，更其不是只顧口頭上說得漂亮。現在他的機器原料已經到了漢口，他本人去過漢口又回來，這幾天內又要去了。他從不慷慨激昂說些國家什麼呀，社會如何呀，可是他倒真真對得起社會國家。」〔註9〕這段話在發表時被全部刪去。

第三章的原稿，寫阮季真看見天真的小侄子時，想到許多難民的孩子在戰亂中喪生，因此而感到悲傷，並產生這樣的心理活動：

> 然而最近個把月來許多不應該有的現象卻使他彷徨甚至灰心了。——他看見那招致外侮的貪污腐化、敷衍苟且的分子依然到處橫行，他看見那漢奸和親日派可以縱容而熱血的青年和民眾則不可不防的作風依然一點也沒有改掉，他看見那大大小小的黨官依然只會嘴上說得冠冕堂皇而心裏想的手裏做的還是個人的富貴榮華，還是黨同伐異，甚至想借敵人的刀來消滅所謂「異己」；雖然他也知自慰：「隨著抗戰的進展，這一切總會慢慢改好的」，但是他不能不苦悶，憤懣，而且讓苦悶和憤懣漸漸銷鑠了他的剛勁的銳氣，事實上他現在第一次感到需要有更大的毅力和認識才能使自己不屈不撓。〔註10〕

這段話在發表時則被刪改成「然而他還是因為最近個把月來由於人心的自私

〔註 8〕茅盾：《我走過的道路》（下），第 493 頁。
〔註 9〕茅盾：《走上崗位》，《茅盾全集》第六卷第 283 頁，人民文學出版社，1984 年。
〔註10〕同上，第 297 頁。

和狹窄所產生的一切歧視，糾紛，防範，壓迫，怠工和破壞，而有點苦悶消沉。」〔註11〕

　　以上兩處，前者或許被認為有暗諷當權者之嫌，而後者則是直截了當地抨擊了時局，這些文字自然不可能見容於國民黨的官辦刊物。因此，《走上崗位》在《文藝先鋒》上的發表，雖然一定程度上體現了刊物的包容性，卻也同時表明了這種包容性的限度。

　　茅盾因為《走上崗位》的連載，成為在《文藝先鋒》上露面最多的左翼作家，除他以外，其餘左翼作家基本都只是偶而露面。其中任鈞發表的作品相對多一些，他的詩歌和論著在上一章中均已提及，此處只需要補充一點：《給斯達林格勒》一詩的內容似乎顯得有些特別，因為在二戰期間蘇聯雖然與中國是盟國，但對國民政府而言，蘇聯在意識形態方面的影響一直是不能不防的，文學作品中但凡出現和蘇聯有關的文字，即使是不直接涉及意識形態之爭，也很容易觸動左右雙方作家的敏感神經。我們只要回憶一下三十年代黃震遐的詩劇《黃人之血》，是如何僅僅因為提到「斡羅斯」就引發了魯迅等左翼文人非常不愉快的聯想〔註12〕，就能明白此種情形之端倪。因此，《文藝先鋒》刊發任鈞正面表現斯大林格勒保衛戰的詩歌，也頗難能可貴。

　　馮雪峰只在《文藝先鋒》上發表了一篇短文，不過刊物編者對該文的處理方式卻有些出人意料：這篇批評文壇現象的文章，並沒有像其他同類文章那樣被放在「論著」或「雜感」欄目裏，而是作為「短論」被放在了卷首。「短論」一欄係「針對當前文藝潮流之需要，或作批評，或作提倡，代表文藝先鋒社意見」〔註13〕，儘管宣稱「地盤公開」，但實際上作者多為刊物編者，至少也是文化運動委員會中人。所以馮雪峰的文章被放在這裡，確乎不太尋常（即使以篇幅論，馮雪峰的文章也比其他短論長得多），而且當期編者也明確意識到了這一點，因此他才在編後記中特地解釋說：「畫室先生的《一點考察》，並不是投給本刊做短論用的，因為文中所說正是本刊同人所感到的，所以就做為短論發表了。」〔註14〕那麼，馮雪峰究竟發表了什麼樣的觀點，竟

〔註11〕茅盾：《走上崗位（續二)》，《文藝先鋒》第 3 卷第 4 期。
〔註12〕參見秦弓：《魯迅對 20 世紀 30 年代民族主義文學的評價問題》，《南都學壇》
　　　　2008 年第 3 期。
〔註13〕李辰冬：《編後記》，《文藝先鋒》第 2 卷第 2 期。
〔註14〕《編後記》，《文藝先鋒》第 2 卷第 1 期。「畫室」為馮雪峰常用的筆名，這篇
　　　　文章收入了人民文學出版社 1981 年出版的《馮雪峰論文集》（上冊），並有一

會如此投合與他政治立場相反的編者的胃口呢？

這篇文章首先引用了別人批評文藝界的兩種觀點，一種是說當時那種「香豔」的東西銷場最好，因此，連一些還算是「正路」的新文藝作者也似乎在追逐，說在小說裏無論怎樣都須寫點「戀愛」進去；另一種則把從張資平時代直到當下的讀者階層的狀況做了一番梳理，認爲無論是張競生等人的「性史」，張資平、章衣萍的「多角小說」，還是林語堂的「幽默」，××的「熱情」小說（此處應指巴金），它們之所以流行，都是因爲投合了某一部分讀者，尤其是青年人的頹廢、空虛和熱情得不到發洩的狀況，最後又說新起的「香豔」作者們，仍是林氏的「西風」派之流亞和改良了的張資平的東西。馮雪峰在引用過後，又對這兩種觀點做了進一步分析，他不同意其中的某些說法，如關於巴金，他就辯護說：「××的『熱情』小說雖也是利用青年的弱點，但奪取了張資平章衣萍之類的讀者，當然應該說是好事，如和張章等同日而語，則到底是冤枉的。」〔註15〕不過大體上他對這些觀點仍是贊同的，並在文章最後勸誡那些「一向還算正路的作者」不可追逐那樣的前途，否則將「不是每況愈下，終于歸到那一類裏去，就是既不『香豔』也不『正路』，兩類讀者都將給以蔑視」，要避免此種命運，則「只有走眞正的正路，而不做那樣痛快一時的追逐」。

這樣的觀點讓《文藝先鋒》的「本刊同人」感到正是自己想說的，其實並不奇怪，因爲站在「政治」的立場上，國共兩黨在文化方面所反對的許多東西都是共同的，無論是「香豔」、「頹廢」或是「幽默」，都可能成爲「嚴肅」的、「進步」的革命意識形態的敵人，儘管國共雙方對於何謂「進步」何謂「革命」的理解可能大相徑庭。所以該文末尾的「只有走眞正的正路」云云實際上含義相當曖昧，因爲作者和編者心中的所謂「正路」可能恰恰相反。後來此文編入文集時，最後的這句話被刪去了，或許作者本人也覺察出了這篇發表在國民黨刊物上的文章潛在的悖論意味吧？

雖然《文化先鋒》留給文藝的地盤並不多，但上面也會偶而出現左翼作家的作品。如第 1 卷第 2 期就發表了以群的散文《海依然是靜靜的》，這篇文章寫

些刪改。

〔註15〕畫室：《一點考察》，《文藝先鋒》第 2 卷第 1 期。收入《馮雪峰論文集》時，「利用青年的弱點」加了引號，並有「其中以反對封建爲主旨的一部分，是到今天也還有意義的」等語。

的是 1941 年 12 月太平洋戰爭爆發、香港淪陷前後，作者在香港的見聞，文中對戰前香港燈紅酒綠的生活，以及人們盲目相信戰爭不會降臨的心態，進行了溫和的嘲諷，結尾處則描寫了日軍的空襲給港人生活帶來的慌亂。另外第 1 卷第 8 期發表了沈起予的散文《採瓜》，寫的是作者抗戰期間在重慶鄉間的生活，文章前半段細緻地描寫種瓜種菜的過程，似乎是在津津有味地鑒賞田園生活的樂趣，後半段則筆鋒一轉，露出了批判的鋒芒：村子附近駐進了一些「監護汽油的兵」，他們不時地騷擾當地百姓，常常把地裏剛要成熟的瓜菜偷走，有時甚至是明搶，而且他們並不是自己吃，而是「常常一挑挑運出去賣」，甚至「也還送給不規矩的婦人們作禮物」。雖然他們對作者這樣「外邊回來的人」還算客氣些，但最終為了避免更大的損失，作者還是在妻子的勸說下，忍痛將尚未完全成熟的瓜全部摘下來。這篇散文表現的雖然是抗戰期間後方生活裏不那麼光明的一面，但作者可能還是顧及了《文化先鋒》的性質，所以文中批判的措辭並不是特別尖銳，甚至還有為當兵的辯護的話，如「那些人從遠處調來，待遇微薄，我們是得幫助一點的」、「沒有那批人，汽油又怎樣守得了呀」〔註 16〕等等。作者這種略有些矛盾的態度，也是頗可玩味的。

　　《文藝先鋒》、《文化先鋒》發表左翼作家的作品，自然是為了要做出一種開放的姿態，但是，左翼作家僅在相當有限的程度上「配合」了刊物編者的意圖，他們只是略微收斂了一點鋒芒，只要一有機會，仍然要以種種方式表達對於執政者的不滿。所以，當編者接到那些（多數可能是他們主動約來的）左翼作家的稿子時，恐怕難免會感到「左右為難」。而且，就算是一種姿態，刊物的「開放性」也不可能一直保持下去，抗戰結束後，兩個《先鋒》加在一起僅發表了一篇左翼作家的作品，即任鈞的獨幕諷刺劇《幻想曲》〔註 17〕，而全面內戰爆發後，左翼作家在兩個刊物上則完全銷聲匿跡。

第二節　與左翼陣營的正面交鋒

　　《文藝先鋒》、《文化先鋒》儘管在創刊之初就登載了一些關於「文藝政策」的文章，讓讀者對它們的性質一目了然，但起初刊物上尚沒有正面攻擊左翼陣營的文章，《文藝先鋒》甚至還有意淡化黨派色彩，這自然與編者試圖

〔註 16〕沈起予：《採瓜》，《文化先鋒》第 1 卷第 8 期。
〔註 17〕發表於《文藝先鋒》第 7 卷第 5 期（1945 年 11 月出版）。

吸引更多的作者有關。只不過隨著抗戰後期國共兩黨之間的摩擦越來越多、矛盾逐漸加深，兩個刊物很快就無法保持相對超然的態度了，意識形態鬥爭的火藥味慢慢地濃了起來。

在承擔意識形態鬥爭的職責時，兩個刊物的姿態也並不一致。相對而言，作爲文學刊物的《文藝先鋒》似乎不想表現得過於張揚，在整個抗戰期間，刊物上基本沒有出現大張旗鼓地撻伐左翼的文章，而主要是通過「短論」這一欄目來不時地放出一些冷箭。短論一欄從第 2 卷第 2 期（1943 年 2 月）開始設置，一直持續到第 8 卷第 3 期（1946 年 3 月），每期發表短論少則兩三篇，多則六七篇，總共大約 130 篇左右。字數一般以 500 至 1000 字爲限，其內容並非專門針對左翼，而是較爲廣泛地就文壇的各種現象發表意見。不過編者也明確指出這一欄的文章「代表文藝先鋒社意見」，其官方色彩較之同一刊物的其他欄目要濃厚得多，所以也就難免不時出現與共產黨正面交鋒的文字。這些短論絕大多數都是出自刊物編者、或其他國民黨官方文人之手，而且通常從作者姓名中取出一個字來做署名，比較常見的署名如「冬」、「珊」、「培」、「驪」、「平」等，一望而知是李辰冬、王進珊、趙友培、丁伯驪、王平陵等人。前文提到的馮雪峰署名「畫室」的文章，是這一百多篇短論裏唯一的例外。

短論欄目創立伊始，就與左翼較上了勁。頭一期的第一篇短論題爲《要創造我們的民族文藝》，雖係正面闡揚國民黨的文藝主張，卻順帶對「普羅文學」加以攻擊：「普羅文學是挑撥階級仇恨，鼓動階級鬥爭的，然在我國根本沒有階級的存在，何言階級的仇恨，與階級的鬥爭。加以，階級鬥爭本是社會的病態，不求怎樣調解階級的利益而使其融洽，反挑撥階級的仇恨而致人類自相殘殺，已成過時代的思潮。因之，有人儘管介紹普羅文學，創造普羅文學，然如小石落海洋，馬上被民族文學的浪湮沒了。」〔註 18〕既說中國沒有階級，又說要調解階級利益，這顯然是自相矛盾，至於說普羅文學被民族文學淹沒，也近乎癡人說夢。

不過該文雖然寫得很露骨，但對左翼的攻擊還只是泛泛而論，而同一期上的《開天窗的手法》則係直接針對《新華日報》上的一篇題爲《鴕鳥》的文章，而爲張道藩「不專描寫黑暗」的主張辯護〔註 19〕。相對來說這則短論

〔註 18〕 冬：《要創造我們的民族文藝》，《文藝先鋒》第 2 卷第 2 期。
〔註 19〕 關於這兩篇文章的具體內容，參見本書第一章第四節。

還稍稍能講一點道理，因為畢竟《鴕鳥》一文對張道藩的觀點歪曲得太明顯了。後來編者似乎還意猶未盡，在下一期又接連發表兩篇短論進行回擊，一為《文人相「誠」》，提出了批評的三點原則，其中之一即「不要歪曲事實」：「文人們的一貫作風，就是不贊成某人的意見，然無十足的理由來反對，於是從他的文章裏摘一兩句，根據這些摘句或被挖的句字就大發議論，沒有看過原文的人，看見說得頭頭是道，就容易認被批評者真有這樣說法。」〔註20〕另一篇短論《現實只有黑暗嗎？》則說：「假使現實只有黑暗，一提到反映現實，就只有暴露黑暗的話，中國還能抗戰六年嗎？」〔註21〕如此連篇累牘的反駁，頗有些得理不饒人的意味。

　　第 2 卷第 4 期上的《為祖國而寫作》是頗為有趣的一篇短論，它一上來就引用蘇聯《真理報》上的一篇關於斯大林文藝獎金的文章：「斯大林獎金得獎人在蘇聯的各領域工作著，有一點卻是他們大家相同的，就是他們的創作活動，都是被『愛國戰爭為蘇維埃人民所規定的高尚而神聖的任務所感召』。這便是『祖國的保衛』，在人類生活中再沒有比這更高尚更神聖的任務。」進而質問道：「『言必稱蘇聯的作家們』，看了不知作何反應？」〔註22〕言下之意，蘇聯作家有他們的祖國，中國作家也有自己的祖國，所以中國的左翼作家「言必稱蘇聯」，就是忘記了祖國，而做了別人的「尾巴」。且不論左翼作家是否真的「言必稱蘇聯」，即使是「為祖國而寫作」這一提法本身，也頗需要討論：究竟怎樣才算是「為祖國」，其實並不是不言自明的，國民政府當然會自認為是中國的合法代表，所以要「愛國」就得和他們取同一步調，尤其是在大敵當前的抗戰時期；而在共產黨看來，推翻國民黨的統治與打敗侵略者，同樣是讓「祖國」迎來光明的必備條件。因此，試圖拿「愛國」這張牌來遮蔽意識形態的鴻溝，是根本不可能做到的，《為祖國而寫作》採用類似「以子之矛攻子之盾」的手法來攻擊左翼，雖然看似巧妙，實際上並沒什麼說服力。

　　另外值得關注的還有《文藝先鋒》與《新華日報》之間關於「寫作自由」的論爭。此次論爭的導火索是李辰冬的一則題為《寫作的自由問題》的短論，該文先是承認當時確有許多作家費盡心血寫出作品後卻被禁被刪的事實，但是又要求作家反思「我們的思想是否正確」，接著引用蔣介石的話，說中國的知識

〔註20〕　冬：《文人相「誠」》，《文藝先鋒》第 2 卷第 3 期。
〔註21〕　谷：《現實只有黑暗嗎？》，《文藝先鋒》第 2 卷第 3 期。
〔註22〕　正：《為祖國而寫作》，《文藝先鋒》第 2 卷第 4 期。

分子只知道崇拜外國，而由於外國不止一國，外國學說不止一派，所以「他們各仿一國，各宗一派，因而各立門戶，入主出奴」，其結果則是「使中國的文化陷溺於支離破碎的風氣」。李辰冬由此發揮道：「像這樣支離破碎的文藝界，思想界，自由是眞自由，然『這眞是文化侵略最大的危機，和民族精神最大的隱患』。習慣了支離破碎的風氣的文藝界同仁，現在處於爲中國而學，爲中國而用的新風氣下，自然感覺彆扭，自然感覺不自由。但這種彆扭與不自由，不能怪人家，只能怪自己不能適應時代，不能爲中國而學，爲中國而用的惡習」，並最後總結說：「老實講，我們文藝界的當前問題不是自由不自由的問題，而是我們反省不反省的問題，如果一朝反省，那忿恨的也就變爲自愧，牢騷的也就煙消霧散，不但不再感到不自由，反要感到自由太多了。」〔註23〕

這番「自由太多」的怪論，讓左翼人士大爲光火。該文發表於 1944 年 3 月 20 日，次月 16 日，《新華日報》便借紀念「文協」成立六週年之機，同時刊發了兩篇文章加以反駁，其中一篇爲社論，該文認爲比起「文協」在武漢時期的活躍情形，當時國統區文藝運動呈現了沉滯狀態，這正是由於沒有創作自由〔註24〕；另一篇則強調要「尊重作家」，指出要讓新文藝有更大的發展、並在抗戰中發揮更大的作用，就不應該限製作家的自由，而是相反，「應該尊重作家，給作家以更大的寫作自由，使他們不必前瞻後顧，然後才有收穫更充實的果實的可能。」〔註25〕隨後李辰冬又寫了《再論寫作自由的問題》，文中舉了一系列例子，試圖證明當時的「民族文藝」並不「沉滯」，並聲稱對方是在歪曲事實、「誣衊自由」〔註26〕。李辰冬所舉的例子或許是眞實的，但他所做的只是事實判斷而非價值判斷，這仍不能填平此前他因爲公然反對「寫作自由」而爲自己挖下的深坑，所以該文發表後，又遭到了《新華日報》猛烈而持續的抨擊，相關文章包括：署名「兮」的《文藝自由「太多」的物證、人證》（5 月 25 日）、張健的《再談尊重作家》（5 月 30 日）、《也論「寫作自由」》（6 月 3 日）等等，直到半年之後，還有作者把自己的文學隨筆題爲「『自由太多』屋叢話」〔註27〕，以示對李辰冬的譏諷。而《文藝先鋒》也不甘示

〔註23〕冬：《寫作的自由問題》，《文藝先鋒》第 4 卷第 3 期。
〔註24〕《祝「文協」成立六週年》（社論），《新華日報》1944 年 4 月 16 日。
〔註25〕張健：《尊重作家——爲「文協」成立六週年作》，《新華日報》1944 年 4 月 16 日。
〔註26〕冬：《再論寫作的自由問題》，《文藝先鋒》第 4 卷第 4 期。
〔註27〕楊應雷：《「自由太多」屋叢話：論文學有用》，《新華日報》1944 年 10 月 2

弱，連續發表短論《寫作自由之眞義》（署名「中」，第 4 卷第 5 期）、《創作自由與認識時代》（署名「正」，第 4 卷第 6 期）等，王集叢也寫了一篇《「寫作自由」論者的另一面》，指責「寫作自由」論者一面主張創作不要有一定的方向，一面卻又只接受蘇聯文藝的「嚮導」。他還進一步指出，蘇聯的文藝倒確實是「只有一個發展方向」的，即共產主義方向，因此他質問道：「爲什麼蘇聯文藝只有一個發展方向，中國文藝就不該有呢？爲什麼蘇聯作家只有一套，中國作家就應該各人一套呢？爲什麼『寫作自由』論者要只有一套的蘇聯文藝『嚮導』中國文藝，而偏偏主張中國文藝不要一個發展方向？」另外，中共在抗戰初期由於建立統一戰線的需要，曾公開宣稱讚成三民主義的政治路線，王集叢便以此大做文章：「爲什麼三民主義能作指導中國一切的最高原則，而不能用以指導文藝呢？爲什麼『寫作自由』論者接受『三民主義爲中國今日所必需』的領導，而在文藝工作中拒談三民主義甚至以各人一套的『自由』來抵制它呢？」〔註 28〕

　　王集叢的文章，其實揭開了論爭雙方都心照不宣的一個事實：無論國民黨還是共產黨，感興趣的都不是屬於文學創作範疇的「寫作自由」本身，甚至出於以文藝爲宣傳手段的需要，他們都不可能願意維護所謂「寫作自由」，但是，雙方（尤其是左翼）又都想以「寫作自由」問題作爲攻擊對方的口實，所以我們就看到了這樣一場看似煞有介事、但雙方的言論均是「意在言外」的論爭。有意思的是，在一年多以前的「文藝政策」論爭中頗爲活躍的自由主義文人如梁實秋、沈從文等，這一次卻選擇了緘口不言，這可能是由於他們意識到了自己的主張在抗戰的時代背景下會顯得不合時宜，但更可能是因爲：有了之前數次論爭的教訓後，他們終於明白了在這種文藝其表、政治其裏的論爭中，他們只要廁身其間，就難免要扮演尷尬的角色，所以只有不蹚渾水才是最好的選擇。

　　同樣是在 1944 年，《文藝先鋒》和《新華日報》上還發生了一場規模較小的論爭，其起因是：該年六月，《文藝先鋒》、《文化先鋒》聯合發起了一次「暑期徵文」，其中《文藝先鋒》的徵文題目是「我理想中的中國文藝」，徵文啓事中只說對象是「高中以上學生及一般讀者」，前三名將得到豐厚的獎勵，應徵作品可以擇優發表等等，至於文章的內容、文體、字數等，則完全

日：《「自由太多」屋叢話：談學習社會》，《新華日報》1944 年 11 月 11 日。
〔註 28〕王集叢：《「寫作自由」論者的另一面》，《文藝先鋒》第 4 卷第 6 期。

沒有規定〔註 29〕。不過就是這樣一則本沒有什麼實質性內容的啟事，卻遭到了左翼作家的尖銳嘲諷，《新華日報》上一篇署名陳桑的文章，把這則啟事和之前張道藩「不專描寫黑暗」的主張聯繫起來，不無刻薄地說：「理想的中國文藝作品中所描寫的人物沒有瞎子，也沒有聾子，沒有瘦得只剩骨頭的人，也沒有病得形容枯槁的人，所有的人物都是面白唇紅，肥頭胖腦的——因為所有的文藝作家都嚴格地遵從著『不暴露缺點』的訓令」〔註 30〕。《文藝先鋒》則以一則題為《做賊人膽虛》的短論進行反擊，該文把陳桑等稱為「民主的扒手們」，說他們攻擊別人，就如同做賊的人故意散佈謠言，讓人以為東西是某人偷的，以此轉移目標：「他對人是高唱民主，呼籲自由，而骨子裏是『服從』，『服從』，他們唯恐露出狐狸尾巴，所以『民主』『自由』成了他們的口頭禪。」該文作者還使出了讓對方猝不及防的一手，即扯出王實味事件：「如果他們是『自由』，是『民主』，如果准許作家暴露黑暗的話，那麼，王實味怎麼會被監禁！怎麼會被反省！」〔註 31〕這篇文章拿王實味說事，大約的確觸到了左翼文人的痛處，再加上這次論爭的雙方基本都是在重彈此前關於「不描寫黑暗」問題的老調，他們可能也會覺得乏味，所以論爭只進行了一個回合雙方便鳴金收兵，而沒有激起更大波瀾。

　　與《文藝先鋒》相比，《文化先鋒》的反共姿態更加激烈。儘管《文化先鋒》上針對中共的文章，就數量而言並不見得比《文藝先鋒》多，而且往往也是採用「短論」的形式，但是這些文章多數是直接向共產黨開火，而不像《文藝先鋒》那樣披上一件「文藝批評」的外衣。比如，《文化先鋒》創刊不久，就刊出了徐卿雲的一篇書評，評論的對象是印維廉的《與中國共產黨論三民主義》。該書其實只不過是一種粗劣的反共宣傳品，按照作者的說法，他寫此書是因為覺得作為「國魂」與「黨魂」的三民主義受到了共產黨的「曲解和誣衊」，而他作為一名「國民」與「黨員」，自以為有「忠黨愛國的神聖義務」，所以要起而抗爭〔註 32〕。那麼在他眼中，共產黨究竟怎樣「曲解和誣衊」了三民主義呢？他在緒論中說：「共產黨想拿『徹底的三民主義』，『民族獨立民權自由民生幸福的三民主義』，兩個名詞來毀滅三民主義的本身；又想

〔註 29〕《文化／藝先鋒舉辦「暑期徵文」啟事》，《文藝先鋒》第 4 卷第 6 期，另見《文化先鋒》第 3 卷第 21 期。

〔註 30〕陳桑：《「理想中的中國新文藝」》，《新華日報》1944 年 7 月 8 日。

〔註 31〕化：《做賊人膽虛》，《文藝先鋒》第 5 卷第 4 期。

〔註 32〕印維廉：《與中國共產黨論三民主義》，第 2 頁，勝利出版社，1942 年。

拿『革命的三民主義』一個名詞來毀滅三民主義的過去；拿『中國今日必需的三民主義』一個名詞來毀滅三民主義的將來。」這些話很讓人莫名其妙：且不說他所列舉的那些名詞本身與三民主義並無相悖之處，就算這些真的是「曲解和誣衊」，難道單憑幾個名詞就能「毀滅」三民主義？至於把這些名詞和三民主義的「本身」、「過去」、「將來」一一對應起來，則更是說不出半點理由的胡言亂語。然而作者卻想把該書的整體結構建立在這些胡言亂語的基礎之上：「所以本書的第二章和第三章是討論三民主義的本身，第四章是討論三民主義的過去，第五章是討論三民主義的未來。」〔註33〕

不過，如果作者真的這樣結構全書，那倒至少還有一點點自圓其說的可能，可是全書的內容與緒論中的上述說法完全對應不上，而只是各種攻擊共產黨的言論的拼湊。比如第二章攻擊共產黨的階級背景，說按照馬克思的理論，只有產業工人才算無產階級，而中國的產業工人只占全國人口的一百五十分之一，所以共產黨代表無產階級的幌子就不能服人，很顯然，這一言論完全無視共產黨在中國農村、農民中間的巨大影響力，以及國民黨自身在解決農村、農民問題上的嚴重失敗，而只是靠在馬克思著作中尋章摘句，來臆造攻擊共產黨的理由；第三章又說共產黨聲稱的「民族獨立民權自由民生幸福」是虛偽的，尤其是「民族獨立」，實質上「就是要中華民族從中國分裂出去，再在國際主義旗幟下聯合起來」，並且認外蒙古是一個好榜樣〔註34〕。這真是欲加之罪何患無辭，儘管外蒙問題與蘇聯有密不可分的關係〔註35〕，而且中共由於意識形態的緣故，在外蒙問題、新疆問題上的立場曾經一度傾向蘇聯，但由此籠統地說中共主張「民族分裂」，則過於誇張。更可笑的是，作者為了論證中華民族的「不可分性」，竟然說漢滿蒙回藏並不是代表「種族」（作者顯然不可能理解「種族」和「民族」兩個概念在人類學意義上的微妙差別）的名詞：漢是朝代，滿蒙藏是地名，回是宗教，所以「蒙人與藏人，藏人與滿人，就等於四川人與貴州人，貴州人與湖南人」〔註36〕。雖然在四十年代，由於民族分裂勢力的此起彼伏，「中華民族是一個」之類的觀點曾頗為流行，而且也有其現實意義，但是像該文中這樣的說辭，還是讓人感到太

〔註33〕同上，第 7 頁。
〔註34〕同上，第 52 頁。
〔註35〕參見張憲文等：《中華民國史》，第二卷第 497 頁。
〔註36〕印維廉：《與中國共產黨論三民主義》，第 60 頁。

拙劣了些。

　　總體而言，這本《與中國共產黨論三民主義》，在攻擊共產黨時不是強詞奪理就是捕風捉影，其正面立論也同樣乏善可陳，更談不上對三民主義本身有什麼獨到的闡揚和發展。然而這並不妨礙徐卿雲對它做出極高的評價：「這本書雖然是討論國民黨和共產黨理論的根本核心，但並不是學院式純理論的研究，而是理論與政策綜合的批判」，「作者並不是站在第三者的觀點上，來衡量三民主義與馬列主義的輕重優劣，而是以宗教徒的狂熱與虔誠，來闡述主義的眞諦，予曲解誣衊者以無情的打擊」，「作者以不到兩萬字的篇幅，說明了中國思想上兩個最重大的問題，而且是那樣的生動有力，那樣的明顯犀利」，「我覺得這是現代中國青年必讀的一本書，對於國民思想是有很大的貢獻。它對於青年思想，好像指路的燈塔也好像正義的火炬：有光，也有熱；它的光可以洞燭破壞三民（原文脫『主』字）義者的陰謀，它的熱可以燃燒起青年們對於三民主義更高的信仰和赤忱！」……一本不堪卒讀的拙劣宣傳品，竟然受到如此肉麻的吹捧，實在令人吃驚。不過就連評論者也不能對該書的嚴重缺陷視而不見，他在書評的最後用一組排比的轉折句式，隱隱透露了該書的眞正面貌：「這一本《與中國共產黨論三民主義》，雖然是以批判爲主體，可是也有不少闡揚的地方；雖然是一種粗枝大葉的研究，然而兩黨理論的全貌與核心，卻有明顯正確的檢討；雖然很少談到民生史觀與唯物史觀等等哲學上的差別，而所講的都是一些當前最迫切眞實的現象。」〔註37〕看來徐卿雲的眼力本沒有那麼不堪，他之所以高度評價這本書，僅僅是出於意識形態鬥爭的需要而已。

　　除了直接針對共產黨進行攻擊外，《文化先鋒》上也有一些旁敲側擊的文章，如1944年美國共產黨宣佈解散，該刊就借機在卷首發表了一篇「感言」，大談這一決策的「英明」，並說：「從這一椿事實上，我們又可以看到了什麼才是眞正的民主精神，眞正的民主精神是體現於服從全民之意向這一基礎上的，不但個人違反全民意向的行爲是反民主的，就是任何黨派違反全民意向的行徑，也是反民主的」，「何況民主政治之徹底實現，是要有一個自由獨立的國家爲基本條件的，國家不能從被侵略中解救出來，全民都沒有前途，難道還有所謂階級的利益存在嗎？」〔註38〕雖然該文一次也沒有直接提及中國

〔註37〕徐卿雲：《與中國共產黨論三民主義》，《文化先鋒》第1卷第8期。
〔註38〕明：《美國共產黨解散感言》，《文化先鋒》第3卷第21期。

共產黨，但是文中的「醉翁之意」，是任何讀者都能感受到的。有意思的是，一年之後美國共產黨又宣佈重新成立，這無異於給了《文化先鋒》一記響亮的耳光，刊物的編者這回不再有任何說辭了，倒是《新華日報》上高調發表了毛澤東致美國共產黨新任領導人的賀電〔註 39〕。遠在大洋彼岸的一個異國政黨的興廢，就這樣成為了國共兩黨互相打宣傳戰的炮彈。

　　國共之間的論爭，有時也會涉及到兩黨理論的哲學基礎問題。《文化先鋒》第 3 卷第 25 期上就發表了兩則短論，闡釋國民黨的哲學立場，並對中共的立場進行攻擊。其中一則的開頭說：「有人從《文化先鋒》，《三民主義半月刊》，《中國青年》等雜誌裏摭拾幾句言論，就硬給這些言論貼上一個標識說，這是『唯心論』。於是將唯物論者批判唯心論者的一套舊話，翻來覆去重述幾遍，自以為偷襲勝利，揚揚得意。」〔註40〕由此可見這兩篇短論應該也是有明確針對性的，不過筆者暫時未能在共產黨方面的報刊上找到相應文章。至於兩篇短論本身，前一篇係闡釋孫中山的「民生哲學」，並引用蔣介石的話，聲稱唯物主義和唯心主義都是「一偏之見」，只有從「民生史觀」出發的「民生哲學」既不偏於物質也不偏於精神，「才能說明人生的全部與歷史的真實意義。」〔註41〕不過就如第二章所分析的，所謂「民生哲學」至多只能說是政治哲學，它與本體論意義上的唯物與唯心根本不能相提並論。後一篇短論則說有些人只是讀了或者風聞了馬克思的某些理論，就產生了一種主觀的判斷，而「不考察現實，硬將這種主觀實現於中國」，所以他們才是真正的「唯心論者」〔註42〕。攻擊中共「昧於現實」，這幾乎成了國民黨在意識形態論爭中的「常規武器」。

　　《文化先鋒》偶而還會與《文藝先鋒》互相配合，參與到有關文藝的論爭裏。在「寫作自由」論爭中，《文化先鋒》就曾經參戰，該刊第 3 卷第 18 期發表了兩篇短論，第一篇出自李辰冬之手，係針對《新華日報》上題為《尊重作家》的文章。李辰冬先是引用了該文中呼籲「給作家更大自由」的言論，接著又引用《在延安文藝座談會上的講話》中關於文藝從屬於階級、政黨，文藝要為政治服務的說法，指出了其間的矛盾，最後又以《尊重作家》中的

〔註39〕《毛主席電覆福斯特祝賀美國共產黨重建，大會對於中國人民反日戰爭及建設戰後和平民主世界偉大事業將有重大貢獻（附福斯特同志來電）》，《新華日報》1945 年 8 月 10 日。
〔註40〕冬：《我們的哲學立場》，《文化先鋒》第 3 卷第 25 期。
〔註41〕同上。
〔註42〕東：《到底誰是唯心論者》，《文化先鋒》第 3 卷第 25 期。

一段話作結：「假如新文藝有一天因爲受著外力的控制，而在思想，方法，風格上完全『劃一』或『統一』了起來（事實上是不可能的！）那不是中國新文藝之幸，而將是新文藝的生命之死亡和滅絕！」〔註43〕這段話在原作者和引者那裡，含義自然會有微妙的差別，不過在今天看來，它倒似乎是一種讖語。另一則短論《立國精神與寫作自由》則再一次搬出了中共在抗戰初期「願爲三民主義的徹底實現而奮鬥」的宣言，並聲稱「我們儘管要寫作自由，卻不容鼓吹違反立國精神的主張，而在抗戰建國的今日，當然更不能不配合抗戰建國的要求」〔註44〕，這種對寫作自由的有限度承認，比起李辰冬、王集叢等人的態度來似乎顯得不那麼強硬，但卻又拿「抗戰建國」的大帽子壓人，這仍不過是冠冕堂皇的官話罷了。

對於《文化先鋒》、《文藝先鋒》而言，發表上述反共言論自然是其分內之事，不過我們有時也會在兩個刊物上看到一些有趣的現象，比如《文化先鋒》上《與中國共產黨論三民主義》的書評不僅與左翼作家沈起予的散文發表在同一期，而且兩篇文章緊緊相鄰；《文藝先鋒》一邊連篇累牘地討伐「寫作自由」論，一邊卻在連載左翼文學界標誌性人物茅盾的長篇小說，而編者對茅盾小說的刪改，又恰恰像是在實踐著他們關於寫作不能過於「自由」的主張……凡此種種，都表現出了國民黨文人在意識形態鬥爭中的尷尬處境：他們既要堅守自己的立場，又要顧及維持「統一戰線」的現實需要；既想做足姿態，又不能容忍對方的冒犯，結果，這一對官辦刊物必然無法擺脫「左右爲難」的困局。

第三節　「民生主義」的陷阱

除了要處理頗爲棘手的同左翼陣營的關係外，《文化先鋒》、《文藝先鋒》在建構三民主義文化／文學時，還要面對另一種來自「內部」的困難，那就是三民主義理論本身的曖昧性，尤其是其中關於「民生主義」的表述。「民生主義」是三民主義相當重要的一個組成部分，某些國民黨內的理論家甚至試圖把「民生史觀」闡釋爲孫中山哲學思想的核心，所以建構三民主義文化／文學注定無法繞開「民生」問題。然而孫中山在其著作中反覆強調民生主義

〔註43〕冬：《所謂「尊重作家」》，《文化先鋒》第 3 卷第 18 期。
〔註44〕灌：《立國精神與寫作自由》，《文化先鋒》第 3 卷第 18 期。

就是社會主義、就是共產主義，而且這種強調並不僅僅是爲與共產黨合作而採取的權宜之計，孫中山的思想確確實實受到了社會主義相當大的影響〔註45〕，這就無異於爲他的繼承者挖下了一個陷阱，他們在討論「民生」問題時必須小心翼翼，否則的話，將很容易不知不覺地靠近其對手——即中國共產黨——的立場。

在張道藩的《我們所需要的文藝政策》中，我們就能看到那種既要爲民生主義留下位置、又要嚴防自己的主張與左翼相混淆的尷尬姿態：他明明主張「不專寫社會的黑暗」、「不挑撥階級的仇恨」，卻又強調「要爲最受苦痛的平民而寫作」，爲了不讓他的表述自相矛盾得過於明顯，張道藩對於如何「爲最受苦痛的平民而寫作」做了嚴格的規定：

> 我們寫作的對象應該：一是暴虐的統治者，二是自私自利的大資本家，及大地主，三是勞苦的農工，四是良善的被統治者。寫作的範圍是要將勞工勞農的苦痛、悲憤，生活情形，心理狀況以及所受暴虐的統治者的蹂躪，大資本家的剝削，與大地主的壓迫等等表現出來，一方面使勞工勞農認清自己的實況，自己的地位，自己的前途而自動地來參加國民革命，另一方面使統治者大資本家大地主知道自己的錯誤，自己的墮落，自己的罪過而幡然悔改，自動地爲勞工勞農謀利益……我們固然也寫暴虐統治者的蹂躪，大資本家的剝削與大地主的壓迫，但不是站在勞工勞農的立場要憎恨他們，報復他們，而是使他們瞭解現實，良心地自動地起來改造他們所造成的悲慘世界。〔註46〕

如果單看這段話的前半段，它幾乎與左翼的論調無二，而後面把解決問題的希望寄於統治階級的「悔改」而不是被統治階級的「報復」，則暴露了論者自身的立場——即便認識到了現實的黑暗，他畢竟還是一個現存秩序的維護者。只不過，認爲積重難返的社會問題單靠作惡者的「良心發現」就能夠解決，這樣的觀點簡直天眞得近乎淺薄。或許張道藩自己也覺得如此說法難以服人，所以他進一步說：「或許有人要講，要想大資本家，大地主與統治者自動地爲勞苦大眾而革命，這簡直是不可能。事實上，這不是不可能的問題，而是知不知的問題，如果他們眞正覺悟了他們所製造的悲慘世界，加以仁愛

〔註45〕參見本書緒論第二節。
〔註46〕張道藩：《我們所需要的文藝政策》，《文化先鋒》第 1 卷第 1 期。

的本性，沒有不自動革命的。試問歷來從事革命事業的志士與自命為提倡普羅文學的人們，有幾位是從勞苦民眾出身的？」這裡講的革命者的出身問題或許是事實，但是把國共兩黨中出身上層的革命者加在一起，恐怕也只能占全部「大資本家大地主」的極少數，以這些有限的個例推論到全體，仍然缺乏足夠的說服力。況且，說作惡的統治者之所以不「覺悟」，竟然是因為他們對自己所造成的「悲慘世界」全然無知，則更是荒謬至極。

然而這樣的論調並非只屬於張道藩一人，在隨後的關於「文藝政策」的討論中，類似的觀點反覆出現在國民黨文人的筆下，如易君左在《我們所需要的文藝原則綱要》中就對張道藩的觀點「補充」道：

> 我們寫平民的苦痛，用意和動機不是暴露罪惡，而是指示真理。比如寫暴虐的統治者的蹂躪，大資本家的剝削，大地主的壓迫，我們寫作的目的，不是在表達苦痛，悲慘，而是指示一般人以統治者不應該暴虐，資本家不應該剝削，地主不應該壓迫……所以為最受苦痛的平民而寫作，目的不是表達平民的苦痛，而是在指示如何才能解除平民的苦痛。〔註47〕

很顯然，與張道藩的文章相比，易君左並沒有提出什麼實質性的新東西，只不過他的說法更令人費解：難道在他看來，如果沒有文藝作品的「指示」，那麼「一般人」都會認為統治者應該暴虐、資本家應該剝削、地主應該壓迫嗎？而且左翼作家的描寫底層，自然也並非僅僅是為了「表達平民的苦痛」，而也是要探索「如何才能解除平民的苦痛」，只不過其途徑與國民黨截然相反而已。

表面看來，張道藩、易君左等人既要提出「為最受苦痛的平民而寫作」，又要對其做出勉為其難的、甚至未免有些拙劣的解釋與限定，這似乎是在自找麻煩，但實際上，這一條「原則」的提出實在是不得已而為之，因為這本來就是「民生主義」的題中應有之義。張道藩在「五要」之「要為最受苦痛的平民而寫作」一節的開頭，就開宗明義地寫道：「我們革命的目的是要解決民生問題，而民生問題急待解決的為最大多數最受苦痛的平民，所以我們革命的對象也就是為解決最大多數最受苦痛的平民的生存問題。」因此，提倡三民主義文學，是注定無法避開底層民眾這一題材的，張道藩等人只能夠盡量小心地在自己的主張與左翼文學之間劃出一條界線。

同樣地，《文藝先鋒》上那些表現「最受苦痛的平民」的文學作品，也必

〔註47〕易君左：《我們所需要的文藝原則綱要》，《文藝先鋒》第2卷第4期。

須想方設法避開「民生主義」潛在的陷阱。比如謝冰瑩的兩篇小說《女客》和《炭礦夫》，就都是表現底層生活的，其中前者的主人公是一個鄉下的老婦人，她年輕時曾上過幾年學，後來嫁到鄉間，丈夫很早就死了，她一人撫養著三個孩子，並把大兒子送進了抗日隊伍，但是大兒子走後，她的生活越發難以維持，最後只能把兩個未成年的孩子寄養在親戚家，並變賣全部家產湊足路費來到長沙，找到她已經當了小學校長的老同學，試圖謀到一個教職。然而她憑二十年前讀的那點古書，完全無法勝任當時的教育工作，更何況她的一口方言學生們根本不可能聽懂，她的一雙小腳也會成為孩子們的嘲笑對象，所以老同學只能勸她回到鄉下。這是一個讓人備感心酸的故事，但是故事的第一人稱敘述者（即主人公的同學）卻對主人公讚歎備至：「一個寡婦，為了愛國，情願把沒有父親的兒子送到火線上去，光只這種精神就已經叫人欽佩得五體投地了，何況她是這麼能夠吃苦耐勞，有思想，有志氣，她絕對不倚賴國家，不一天到晚等著政府來救濟抗屬，她究竟是個受過教育的女子，她知道獨立，知道如何從艱苦的環境裏奮鬥出來，『全靠自己救自己』，她瞭解這簡單的人生哲學。」〔註 48〕所謂「絕對不倚賴國家」的論調，聽起來似乎官方色彩十足，但是小說的主人公在生活中幾乎被逼上了絕路，對於她回到鄉下後何以為生，恐怕連作者都會感到絕望，所以這種實際情形與那一大段讚美之詞之間，便形成了某種張力。

而《炭礦夫》所講述的故事則更加悲慘：由於戰爭的需要，政府命令某煤礦必須在十天之內生產出二十萬斤上等煤塊，並負責運送到藍田車站，但這是一個僅有十餘位工人、每天最多只能出產五千斤煤的小煤礦，那樣的任務根本不可能完成。為了盡可能多的挖煤，礦上除了不分晝夜地挖掘外，還臨時雇了十五個工人幫忙，而幫工者之一王國定的妻子，恰恰是礦工直田的情人，結果這一對仇人意外會面後，便險些衝突，老工人承旺對他們責以大義：「你也不想想這是什麼時候，什麼地方？大家來在這裡拼命挖煤，也還不是為了抗戰，為了希望打敗鬼子……現在不是報私仇的時候，要打人就自動跑去前方殺日本鬼子去！」〔註 49〕後來他們終於不顧私怨，並肩勞動。不幸的是由於挖煤時用力過猛，造成煤山塌方，直田和另外兩位工人都被砸死。直田死後，王國定不但主動帶著自己的妻子來見他最後一面，還提議把自己

〔註48〕謝冰瑩：《女客》，《文藝先鋒》第 1 卷第 2 期。
〔註49〕謝冰瑩：《炭礦夫》，《文藝先鋒》第 1 卷第 4 期。

的兒子過繼給他。小說中最耐人尋味的地方，是事故發生之後工人們的議論
——承旺一邊流淚一邊說：「唉！雖然煤塊還沒有達到二十萬斤的數目，但我
們已經犧牲了三條年富力壯的生命，總算對得起國家了！」重新開工後，有
工人咒罵道：「他媽的，催煤催得這麼急，要不，直田他們怎麼會死！」又是
承旺勸解道：「這還不是爲了日本鬼子，要沒有他來進攻，需要這麼多煤幹嘛？
夥計，不要難過了吧，反正再傷心，再痛罵，他們也不得轉來了，我們還是
繼續著挖吧，二十萬斤煤，政府不能因爲死了三個人就不要了呵！」雖然作
者的態度分明是讚美工人們的深明大義，但那些話讀起來，卻怎麼都像在控
訴政府的麻木不仁、不顧工人死活。如果小說不是發表在《文藝先鋒》上，
如果作者不是國民黨軍隊裏的一名「女兵」，我們簡直會懷疑這部作品的本意
就是對當局的尖銳反諷。

　　上述兩篇作品有個共同點，就是一方面描寫底層民眾的苦難，一方面又
把這些苦難和抗戰聯繫起來，或隱或顯地暗示日本的侵略才是造成這些苦難
的原因，所以那些人的受苦和犧牲是值得的。這樣，作品中雖然仍有較大的
裂隙，但大體上還是達到了既反映「民生」又避免「普羅」嫌疑的目的。而
王托薩的小說《一個清晨》，雖然取材和《女客》非常相似，但作者的處理方
式卻有微妙的、然而至關重要的差異：這部小說寫的也是一個寡婦帶著三個
孩子辛苦度日的故事，女主人公也打算把她的大兒子送去參軍，但不同的是，
小說中的故事不是發生在兒子參軍之後，而是發生在參軍的前夜與當天清
晨；母親送兒子參軍也根本不是出於什麼民族大義，而完全是被逼無奈：自
從丈夫死後，他們孤兒寡母不斷受到身爲鄉紳、且有望當上聯保主任的小叔
的欺凌，他們的財產被侵吞殆盡，正在無路可走之際，母親聽說別人家的孩
子當兵兩年後居然升爲營長，因此才決定送兒子去當兵：「打死了完事；活著
升了官，戰事平息了回來報仇。而且錫友將來也一定要被抽去；尤其是叔叔
當了聯保主任，恐怕第一件事就是抽他，與其這樣，倒不如先送他去，自願
當兵，還要受一般人的尊敬。」〔註50〕小說的主要情節，就是母親在兒子出
發的前夜，回到娘家借錢給兒子做路費，但是由於夜裏下起了雨、加上她病
久體虛，直到清晨還沒有走到家，而不懂事的小兒子早上醒來後沒見到母親，
竟以爲她死了，於是大喊大叫起來，結果引發一場鬧劇，冷血的叔叔來到後
不僅不幫忙，反欲趁亂搶奪房契地契，最後母親回到家裏，眾人始而以爲「有

〔註50〕　王托薩：《一個清晨》，《文藝先鋒》第 2 卷第 1 期。

鬼」，待明白眞相後，一齣鬧劇方才收場。這部小說的意蘊與《女客》截然不同，如果說《女客》的主人公生活難以維持，是由於把兒子送去參軍，那麼《一個清晨》則恰恰相反，正是由於被親戚欺侮得無法生活，母親才讓兒子當兵。在這裡，「抗戰」自然無法充當苦難的擋箭牌了，只不過，小說中苦難的製造者兼有鄉紳與主人公親戚的雙重身份，而且作者明顯更強調後者，這樣一來，關於「倫理」的敘事就成功地沖淡了、甚至完全掩蓋了關於「階級」的敘事。

　　與前面幾篇表現「最受苦痛的平民」的作品相比，丁伯驪的《除夕》則似乎走得更遠，這篇小說講述的，簡直就是一個關於「階級壓迫」的故事：除夕夜裏，丫頭蓮喜因爲說錯了一句話，就被趙老太太一頓痛罵；剛出門去，又被淘氣的孫少爺拿雪塊打中鼻梁，她禁不住地流眼淚，卻又怕老太太看到了發火；祭祖的時候，老太太發現忘了把兩盆萬年青搬到堂屋，又很不高興地差蓮喜和黃媽去搬，而蓮喜不小心腳下打滑摔碎了花盆，這讓老太太勃然大怒，硬說她是故意犯忌諱，竟不讓她吃年夜飯，並惡狠狠地威脅「過了年再同你算賬」，蓮喜忍著疼痛和飢餓，並帶著恐懼回到自己的房裏，同情她的少奶奶偷著拿了兩塊年糕想給她充饑，卻發現她發起了高燒，嘴裏還一直說著「胡話」：「老太太，罵了我，大孫少爺玩的冰滑倒我的……」〔註 51〕寫這樣的故事，作者的本意自然不可能是「挑撥階級的仇恨」，但它確實給讀者留下了一定的「誤讀」空間。好在作品中還設置了黃媽和少奶奶兩個人物，前者與蓮喜同爲僕人，卻對蓮喜的遭遇幸災樂禍；後者雖也是家庭中的「統治階級」，卻對下人飽含同情，這兩個形象可以在一定程度上對故事中可能暗含的「階級」話語構成消解。

　　如果套用張道藩的說法，我們或許可以把《除夕》的主旨歸結爲暴露趙老太太這樣的地主婆的「暴虐」和「壓迫」，而促成這一類人的「覺醒」。可以與這篇小說對照來看的，是徐盈的《梁金山》。《梁金山》是一部頗爲獨特的作品，它在當期目錄裏雖被放入小說欄目，但把它看做報告文學似乎更合適一些，因爲其中的人與事基本都是有現實依據的。梁金山是著名的愛國華僑，1884 年出生在雲南，早年因家貧赴緬甸謀生，在一座銀礦工作，憑著自己的勤勞和智慧漸漸從一個普通的礦工升到管理職位，並積累了大量財富。九一八事變後，梁金山積極投身抗日救亡運動，從三十年代直到抗戰結束，

〔註 51〕丁伯驪：《除夕》，《文藝先鋒》第 3 卷第 6 期。

累計捐款捐物折合白銀上萬兩，並多次無償動用自己公司的卡車幫助政府搶運抗戰物資。但他更驚人的壯舉還是聯合其他華僑，出鉅資修建了橫跨怒江的惠通橋，它是滇緬公路上的最重要橋梁之一，從 1938 年 12 月至 1942 年 5 月，共有 45 萬多噸的國際援華物資通過惠通橋運往後方。他曾因二戰期間突出的功績而受到英國女王的親自接見，並被國民黨中央授予「模範黨員」的稱號。1949 年後他也受到了新政權的禮遇，歷任全國僑聯委員會委員、雲南省僑聯主席等職，並曾當選第一、二、三屆全國人大代表，1977 年在家鄉逝世。

梁金山一生中最重大的貢獻，自然是捐資修建惠通橋，而且這也是與抗戰有著極爲密切關係的一件事。不過頗令人感到意外的是，《梁金山》一文雖也提到了這件事，但並沒有特別把它突出出來，這當然有特殊的現實原因：就在該文發表之前半年多（1942 年 5 月），爲了阻止日軍的進犯，這座耗費了梁金山小半身家的大橋不得不被炸毀，在這種情況下，如果過分渲染梁金山修橋之事，或許難免有些尷尬；而更重要的原因則是，《梁金山》一文關於主人公對抗戰的貢獻雖然也著墨頗多，但更加突出的卻是他不忘本的精神。比如文中寫道，梁金山在緬甸的礦場做了兩年工頭以後，歐洲老闆因爲回國，一次性付給他兩萬多盾盧比的薪酬，其中包括由他招募來的工人的薪水的五分之一，但他堅決不收：「因爲那不是我的……那是我的弟兄們的血汗錢，我不能一個人黑著心吞下」，他甚至對老闆說：「謝謝你。——到今天才知道我對不起他們。」但老闆堅持按規矩辦事，所以梁金山只好託他暫時保管這筆錢，意想不到的是，老闆回歐洲後用這筆錢替梁金山做起了股票生意，由於歐戰的影響，股價節節攀升，等他再次回到緬甸時，竟然交給了梁金山十五萬多盾的盧比。他日後發家的基礎正是由此奠定的，而且他在發達後也時刻不忘他的弟兄們，並堅持認爲「他的財富中全是別人的血汗的累積，不敢獨吞獨佔，他自己僅僅把自己當作一個保管人，在尋找一個適當的時期，把眾人身上壓榨來的錢再用到眾人身上去」。就連他修建惠通橋，除了爲滇緬公路出力外，也還有一個更加直接的原因：他派回國內打探消息的一個老工人，經過怒江的時候恰逢漲水而被吞沒，梁金山聯想到每年這時候，怒江原有的拉猛橋下都會有許多人變成新鬼，所以才決定「要爲死去的多少弟兄和祖國完成這一件大事」〔註52〕。把「死去的弟兄」與「祖國」並置，這大概並非

〔註52〕徐盈：《梁金山》，《文藝先鋒》第 2 卷第 2 期。

偶然，因爲這篇文章不僅讚頌了梁金山對祖國的態度，也讚頌了他對底層勞動者的態度，而且後者的重要性至少不遜於前者。實際上，梁金山發跡後雖然也有了自己的產業，但他更主要的身份仍是銀礦的管理人員，並多次回國替礦場招募工人，所以他不僅是緬甸的「華僑領袖」，也被看成「華工領袖」，在大力支持抗戰之前，他已經獲得了崇高的威望，這正是由於他對待窮苦工人的仁厚和義氣。

如果說《除夕》裏的趙老太太是一個富貴者「不該如此」的典型，那麼梁金山則是一個「應該如此」的榜樣。從底層摸爬滾打起家的梁金山，從不忘記底層民衆的苦難，而且總以爲自己的財富是「壓榨」衆人得來的，正是這樣的認識讓他做出了種種義薄雲天的善舉。梁金山的思想與言行，可以說恰恰契合了國民黨試圖靠「大資本家大地主」的「覺悟」來解決民生問題的思路，因此他得到了國民政府高規格的褒獎與宣揚。只不過，要讓億萬底層民衆擺脫剝削和壓迫，單靠一個梁金山是遠遠不夠的，而必須讓中國所有的富人都成爲梁金山才行——這自然近乎天方夜譚。所以，如果只是把梁金山看做一個有著崇高人格的個人英雄，那他的事跡確實令人感動，但是若想通過梁金山的榜樣來促成「大資本家大地主」的「覺悟」，進而改善民生，那只不過是一廂情願的幻想。

「民生」問題不僅是「三民主義文學」應該表現的主題之一，也是「三民主義文化」的建構中不可或缺的部分。《文化先鋒》上不少社會科學方面的論文，都與「民生」問題有著密切的關係。比如，兩位社會學者言心哲、李安宅就曾先後撰文介紹「社會工作」。其中言心哲的文章題爲《介紹現代社會事業》（「社會事業」與「社會工作」均爲英語 social work 的中譯，現在的通行譯法爲「社會工作」），文章主要通過比較「社會事業」與慈善事業在基本觀念、實施方法、組織機構、對象範圍、工作人員等方面的差別，來總結出「社會事業」的定義：「社會事業是運用現代科學的知識與方法，辦理各種社會救濟事業，以免除個人當前的痛苦及解決社會當前的問題，消極的減少各種社會病態，同時，並注意於一般社會生活的改造，積極的預防各種社會病態的產生。」〔註53〕李安宅的文章題爲《論社會工作》，與前文類似，它也是通過比較來說明「社會工作」的性質：它不是一勞永逸的，而是持續的，要從一點一滴做起；它不是形式主義的，而必須深入民間和底層；它採取的

〔註53〕言心哲：《介紹現代社會事業》，《文化先鋒》第 1 卷第 5 期。

不是包辦主義的態度，而是社會化的態度；它不是感情衝動的，而是處處以社會科學爲依據〔註 54〕，最後，文章又簡要介紹了社會工作的分類及其發展趨勢。社會工作的內容，顯然很容易讓人聯想到民生問題，儘管兩位學者都是把它作爲社會科學中的問題來討論的，而並沒有故意和「民生主義」扯上關係，但這種以社會科學爲指導、一點一滴地變革社會的思路，確實可能對解決民生問題提供一些幫助。當然，在內外交困的四十年代，國民政府幾乎不可能有精力來發展社會工作，言心哲、李安宅的主張並未獲得落實的機會，「社會工作」作爲一項事業在中國眞正確立並得到發展，那已經是二十世紀80 年代末以來、尤其是最近十餘年間的事情了。

在抗戰期間的「民生」問題中，物價問題可以說是焦點中的焦點，《文化先鋒》上曾多次刊登這方面的文章。比如，時爲中國文化服務社副社長的經濟學家周漢夫，就發表過一篇《論限制物價》，其中說物價問題「如同治病一樣，能預先注射血清以爲預防者爲上策，我們的盟友蘇聯，就是一個好的榜樣；次爲有病即醫，不使蔓延，我們的盟友美國，足以代表；再次爲既有病象，始而不醫，繼而緩醫，以形成垂危之局，非巴豆大黃不足以除其腐，非參桂鹿茸不足以復其原，這就使我國目前物價的現象。」〔註 55〕其對現實的指謫不可謂不嚴屬，但文章的主旨還是要對物價問題提出建設性意見，作者重點論述的，還是限制物價的各種舉措，如限制個人所得、實行公賣制度、增產搶運、穩定國營事業收費等等。當然這些紙上談兵式的建議，對於實際的經濟狀況能否產生影響，是可想而知的。

以上幾篇文章討論的問題雖然都與民生有關，但是我們看不出它們與意識形態有什麼瓜葛。不過，《文化先鋒》的官方性質決定了它是不可能只討論「問題」不談「主義」的，尤其是，當 1943 年 9 月國民黨第五屆中央執行委員會第十一次會議通過了《文化運動綱領》以後，刊物上不可能不做出配合的表示。該《綱領》聲稱：「生命爲宇宙的主宰，民生爲歷史的中心。其出發點則爲仁愛。是以民生爲宇宙大德的表現，仁愛即民生哲學的基礎，民生哲學就是中華民族文化的哲學基礎，文化與民生實爲一體。『民生之外無文化，文化之外無民生。』（引總裁語）」〔註 56〕話雖然說得空洞而莫名其妙，但卻

〔註54〕 李安宅：《論社會工作》，《文化先鋒》第 2 卷第 6 期。
〔註55〕 周漢夫：《論限制物價》，《文化先鋒》第 1 卷第 19 期。
〔註56〕 《文化運動綱領（十一中全會通過）》，《文藝先鋒》第 3 卷第 5 期。

明白無誤地把「文化」與「民生」綁在了一起，此後不久，《文化先鋒》上便出現了一篇題爲《文化、創造、民生——文化運動綱領讀後感》的捧場文章，不過該文中提到民生與文化之關係的只有結尾處的一句話：「『文化與民生實爲一體』，亦惟有實現三民主義，保障和豐富民族的生活力，才能充實民族的文化創造力，發揚我們新的中華民族的文化！」〔註57〕用「民族的生活力」這樣似通非通的說法來解釋民生，只能令人失笑，而該文前半部分關於「文化」的論述，也多半是些陳腐的套話，全無可取之處。

繼《文化運動綱領》之後出現的關於「民生」的文章裏，眞正值得注意的是出自國民黨中宣部官員羅克典之手的《民生主義之哲學的邏輯》。從題目上看，這似乎應該是一篇以正面立論爲主的文章，但實際上，作者幾乎從頭至尾都在試圖反駁馬克思的觀點。文章分爲兩部分，第一部分論述的是「民生史觀」，而重點則在於把民生史觀與唯物史觀區別開來，作者先是援引了孫中山關於人類行爲可分爲三個階段即「求生存」、「求舒適」、「求奢侈」的說法，並認爲只有第一階段才是具有決定意義的：「不管二三兩階段的生活之力和量如何地大，它的一部分只是直接間接作爲解決或提高第一階段的生活，其餘部分則在生存已得到安定之後才會發生的結果。」但是當生產技術提高后，「人類便容易把第一階段求生存的經濟生活之印象弄朦糊，而把費人類許多精力與欲念之第二三兩階段生活作爲主要的內容……遂容易被物質的客觀存在所朦混而忽略了物質只是求生存的手段。」在作者看來，馬克思的「錯誤」正在於此，因爲他把生產關係、生產方式視爲社會發展的決定性因素，而沒有認識到「客觀之物質條件的所以會影響到人類的行動，卻完全是被生理的自然要求所驅動，這是說，人類因爲必須生存，生理上便主使人類去獲取他們可能獲取的物質，所以生存之欲念是主動，物質的存在是生存之手段」〔註58〕。

從上面一段話中，我們可以看出國民黨在爲其意識形態構建哲學基礎時無法克服的致命傷：當他們勉爲其難地把「民生」這一本屬於現實政治領域的概念哲學化、普遍化的時候，總會導致概念的模糊與邏輯的矛盾，我們在戴季陶、陳立夫直至《文化先鋒》上的胡一貫、羅克典等人的文章裏，都會看到「民生」、「生」、「生存」、「生活」等有明顯差別的概念被混同起來使用，而且這些概念

〔註57〕吳顯齊：《文化、創造、民生——文化運動綱領讀後感》，《文化先鋒》第3卷第4期。

〔註58〕羅克典：《民生主義之哲學的邏輯》，《文化先鋒》第3卷第21期。

幾乎都被看做不言自明的，而很少得到最起碼的解釋。大致說來，這些作者在使用上述概念時至少賦予了它們三種意義：第一種是「生存之欲念」，但按照這種解釋，所謂民生哲學和其他主觀唯心主義哲學派別就沒有本質上的差別了，國民黨所宣揚的「超越唯物與唯心」自然就是一句空話；第二種是「生理的需求」，這種解釋與上一種的差別在於它更重視「生」（生存、生活）的物質條件，但如此一來，它與馬克思學說之間的界限便會模糊起來；第三種則是把「生」的概念神秘化、玄學化，不是援引中國古典哲學中「天地之大德曰生」之類的論述，就是從現代生物科學中附會出「宇宙一切現象都是生命的表徵」之類似是而非的結論。幾乎所有國民黨內的理論家都一致認爲，「民生」應該是他們的哲學體系的核心，然而這個核心本身就是四分五裂、面目模糊的，所以圍繞著它所建立的整個哲學體系，也必然會不堪一擊。

回到羅克典的文章，該文基本沒有在玄學的意義上使用「民生」的概念，但卻一直在前兩種意義之間遊移不定，尤其是作者在試圖批駁馬克思的觀點時，其自身的立腳點就很不穩固。而且他常常把馬克思的觀點做出令人啼笑皆非的曲解，比如他說馬克思認爲「人類之所以要求取食料自然是因爲有食料的存在，人類之所以要紡織布匹，亦是因爲有紡織機和棉花的存在」，接著就像煞有介事地批駁起這種被偷梁換柱的「唯物史觀」：「但我們不要忘記，人類因爲生活上必須食料，才去作獲取食料的行動，因爲生活上要衣穿，才去作紡織之行動……我們充其量只能說人類因爲有了客觀的物質條件，才使行動限於某一形態，但斷不能說因爲有了客觀的物質條件，就使人類必然發動某種行動，因爲物質只是人類達到行動之目的的手段，生活才是人類行動之動力」。實際上，在馬克思的哲學體系中，主客觀的統一總是被反覆強調的，按照這種觀點，人類對生活資料的需求與生活資料能夠滿足人類需要的屬性，本就是同一個硬幣的兩面，所以，羅克典這番自以爲是的批駁，其實是完全不得要領的。

羅文的第二部分討論的是社會進化的「原動力」問題，其主要觀點是推動社會進步的不是階級鬥爭而是「調和」，具體而言有四方面：第一，人們在社會中遵循分工合作的原則，只有互相調和才能增進社會生產力；第二，階級鬥爭是社會發展中的病態而非常態；第三，人類歷史上的鬥爭，並不全是階級鬥爭；第四，經濟的改良可以替代階級鬥爭。這些觀點都是孫中山本人提出的，羅克典只是對它們略加闡釋和發揮而已，基本沒有什麼創見。

　　我們雖然很容易指出該文中的種種缺陷與漏洞，但問題的關鍵並不在此，而是在於：作者要論述的本來是「民生主義之哲學的邏輯」，那麼他的論述為何要從頭到尾在與馬克思主義的對話中進行？實際上，無論他對馬克思的批駁有無道理，這種行文方式本身已經暗示了民生主義的歷史觀與馬克思主義的歷史觀之間的曖昧關係。借用《共產黨宣言》中的比喻，我們或許可以說，馬克思主義真的就像一個揮之不去的「幽靈」，不斷徘徊在「民生主義」提倡者的腦際。

第四章　救贖之道：抗戰時期的民族主義話語

第一節　從對抗到收編：三民主義文學與民族主義文學之關係史

「三民主義文學」的首次被提出，是在二十世紀 20 年代末。彼時南京國民政府由於北伐的勝利以及「東北易幟」的發生，至少在形式上完成了統一中國的大業，國民黨政權獲得了合法的中央政府的地位。爲了與政治上的一黨獨裁統治相配合，國民黨對思想文化領域也加強了干預和控制，其首要任務便是樹立三民主義學說在意識形態領域的獨尊地位，在 1928 年 3 月 9 日頒佈的《暫行反革命治罪法》中，就明確規定：「宣傳與三民主義不相容之主義及不利於國民革命之主張者」，將以反革命罪論處〔註 1〕。而文學作爲思想文化鬥爭的重要陣地，也得到了國民黨一定程度的重視。尤其是自從 1928 年初開始，創造社、太陽社等左翼文學社團相繼揭櫫「革命文學」的大旗，以極端激進的姿態全面批判五四以來的新文學，並由此而引發了激烈的論戰，雖然由於夾雜了過多的意氣之爭與門戶之見，這場「革命文學」論爭並沒有取得什麼實質性的理論建樹，但它至少在客觀上造就了無產階級文學的聲勢，並加速了馬克思主義意識形態的傳播。面對這樣的形勢，一些國民黨內的文

〔註 1〕《暫行反革命治罪法》，中國人民大學法律系法制史教研室編：《中國近代法制史資料選編》（第二分冊），第 649 頁，1980 年。

人感到不能再袖手旁觀。從 1928 年下半年起，一些由國民黨控制的刊物紛紛創辦文藝副刊，一面猛烈抨擊普羅文學，一面鼓吹「三民主義文學」，其中較有代表性的有上海《民國日報》的副刊《青白之園》和《覺悟》，以及南京《中央日報》的副刊《大道》和《青白》等。

不過這些副刊除了一些翻譯外，基本沒有刊登過什麼像樣的文學作品，充斥在它們上面的，多數是對於左翼和一些自由主義文學團體的謾罵式批評，這從一些文章的標題即可看出，如《青白之園》上競文女士的《蕪蔴龐雜的革命文學》（1929 年 2 月 24 日）、王兆麟的《浪漫的文學家滾開去吧》（1929年 4 月 7 日）等等。此外也有一些呼籲國民政府盡快制定文藝政策、建設「本黨」文學的文章，不過所要建立的「三民主義文學」究竟是什麼樣子的，它應該包含哪些內容，就連提倡者自己也不甚了了，他們反覆說的，不過是要壓制、剷除不合於三民主義思想的文學，以及用三民主義來指導文學創作而已。可以說，他們的主張基本沒有什麼具體的內涵，討論來討論去，有的提倡者竟然乾脆坦白「文藝本來是不分派別的，加上三民主義四個字，不過是一種標榜罷了」〔註2〕，對於「三民主義文學」慘淡的創作實績，他們也並不諱言，在 1930 年張帆曾這樣承認：「現在的三民主義文學……還是只在肚子痛，孩子還沒有鑽出娘肚來」〔註3〕。這時距離三民主義文學提倡之初的 1928年下半年，已經過了兩年，看來它實在是難產得厲害。而就在張帆的這篇文章發表後不足兩個月，《覺悟》副刊由政治立場不那麼鮮明的文人姚蘇鳳接編，三民主義文學失去了最後一塊陣地（《青白之園》等 1929 年即已終刊），「還沒有鑽出娘肚來」的三民主義文學，就此胎死腹中。

與短命的三民主義文學之慘淡收場形成鮮明對照的是，以 1930 年 6 月「前鋒社」在上海的成立爲標誌而興起的「民族主義文藝運動」，卻一時間頗有風生水起之勢。以「前鋒社」爲核心的民族主義文藝陣營，不僅創辦了《前鋒周報》、《前鋒月刊》、《現代文學評論》等刊物，而且團結了大批的「盟友」，像《草野周刊》、《長風》、《文藝月刊》、《開展》、《流露》等近三十個刊物，都不同程度地參與到了民族主義文藝運動當中。雖然自 1932 年以後，隨著一些主要刊物的先後停刊，民族主義文藝運動似乎漸漸銷聲匿跡，但正如張中

〔註 2〕陶愚川：《我們走那條路》，《民國日報・覺悟》1930 年 8 月 13 日。
〔註 3〕張帆：《三民主義的文學之理論的基礎（續）》，《民國日報・覺悟》1930 年 10月 29 日。

良先生所指出的：「民族主義文藝運動既非鐵板一塊的封閉營壘，亦非一成不變的僵化狀態，而是彙集了多種色調，並且在不斷地調整策略……由於『九一八』事變與『一二八』事變的相繼爆發，人們越來越感受到民族危機的巨大壓力，民族主義逐漸成為文壇乃至整個社會的公共話語」，「可以說，1930年由前鋒社倡導的民族主義文藝運動，到1932年『一二八』事變以後，隨著民族危機的加深，逐漸演進成與左翼文學、自由主義文學、民主主義文學相互碰撞、相互交織、相互促進的民族主義文藝思潮，開啟了盧溝橋事變後抗戰文學主潮之先河。」〔註4〕

　　20年代末、30年代初的「三民主義文學」與「民族主義文藝」之截然相反的命運，絕非沒有原因：「三民主義」作為一種意識形態存在著諸多的先天不足，尤其是它的含混性〔註5〕，使得以「三民主義」為號召的文學運動很難提出什麼明確的、並且有感召力的創作主張來，而「民族主義」則有著相當明確的涵義，隨著民族危機的加重，它也更加容易受到整個社會的認可，因此「民族主義文藝」才能獲得某種程度的成功。不過令人奇怪的是，如果單單從學理的角度講，「民族主義」既然是「三民主義」之一，那麼「民族主義文藝」自然應該可以與「三民主義文學」兼容，至少二者都有國民黨的官方背景，它們似乎應該同聲相應、同氣相求才是，但實際上恰恰相反，民族主義文藝的提倡者對三民主義文學簡直是深惡痛絕，經常加以嚴厲的指責〔註6〕，而三民主義文學的刊物對於民族主義文藝也是不屑一顧。這裡面的原因其實和文學本身無關，而是涉及到國民黨內部的派系鬥爭：「三民主義文學」的後臺是國民黨中宣部，不但其主要陣地即《民國日報》、《中央日報》的幾個副刊都是由中宣部所控制的，甚至連中宣部長葉楚傖也曾經親自披掛上陣，為三民主義文學搖旗吶喊〔註7〕；而「民族主義文藝」的首倡者前鋒社，則與國民黨中央組織部、尤其是以二陳為首的「CC系」關係密切。但是在三

〔註4〕張中良：《中國現代文學的「民族國家」問題》，第100頁、103頁，花木蘭文化出版社，2012年。

〔註5〕參見本書緒論，另見倪偉：《「民族」想像與國家統制》，第20～36頁。

〔註6〕《前鋒周報》第六期（1930年7月27日）上的《談鋒·六〇六》中，就將三民主義文學的重要陣地《民國日報·覺悟》副刊與一些鴛蝴派的刊物相提並論，甚至聲稱「對於這些屁，是應該不再讓它存在了，正如要掃滅梅毒，非得注射六〇六不可」（轉引自倪偉：《「民族」想像與國家統制》，第14頁）。

〔註7〕見其《三民主義的文藝底創造》，發表於《民國日報》1930年1月1日「元旦特刊」。

十年代初，國民黨中宣部和中組部之間的關係並不融洽，這樣一來，二者麾下的文藝運動便難以合流。

當然，正如倪偉所指出的，所謂中宣部和中組部之間的矛盾也不應該被誇大，這種矛盾只有在同一城市、同一級別的國民黨組織之間才會體現得比較明顯，而如果不在同一地點、且級別不同，則二者之間還是可以和睦相處的〔註8〕。一個明顯的例證是：前鋒社對於同在上海的《民國日報・覺悟》副刊簡直視若寇讎，但是1930年創刊於南京的、由國民黨中宣部直接領導的「中國文藝社」主辦的《文藝月刊》，卻與前鋒社的刊物互相吹捧。《文藝月刊》雖是中宣部系統的刊物，但卻幾乎從未正面提倡三民主義文學，其主張反倒是與民族主義文藝同調，趙偉就通過分析《文藝月刊》對一些熱點問題以及歷史事件的反映，令人信服地指出了民族主義話語在刊物上佔據的重要地位〔註9〕。

《文藝月刊》爲何與中宣部此前的刊物皆不相同，收起了三民主義文學的旗幟而改弦更張、接近民族主義文藝，這似乎不好解釋，或許是由於中宣部內的文人自己也意識到了民族主義比三民主義更有感召力，也或許是他們覺得以前的三民主義文學刊物黨派色彩過於濃厚，以致讓人感覺難以親近，所以爲了擴大影響而故意做出相對中立的姿態〔註10〕。不過無論如何，這種改變所收到的效果倒確實不錯，《文藝月刊》從1930年創刊到1941年終刊，共持續了十一年，成爲國民黨的文藝刊物中最長命的一個，就是其成功的一個證明，而且就影響力而言，《文藝月刊》也遠非其他國民黨文藝刊物可比。

1941年11月《文藝月刊》終刊，此後不到一年，《文化先鋒》、《文藝先鋒》即先後創刊。它們都屬於國民黨中宣部系統的刊物，其主要編者之一王進珊，可能也曾參與過《文藝月刊》的編輯工作，甚至有文章稱，自從1938年起王進珊已經成爲《文藝月刊》「不具名的主編」〔註11〕。另外在《文藝先

〔註8〕 倪偉：《「民族」想像與國家統制》，第68頁。

〔註9〕 趙偉：《〈文藝月刊〉（1930～1941）中的民族話語》，中國社會科學院研究生院博士論文，2012年。

〔註10〕《文藝月刊》不但幾乎不提三民主義文學，而且其民族主義立場也多是隱藏在文字中間的，刊物上基本沒有正面宣揚民族主義文學的文章，這就使得其面目顯得比較模糊。

〔註11〕 胡正強：《王進珊文藝報刊編輯故事摭拾》，《編輯學刊》1997年第5期。另外張仲謀的《王進珊先生文學生涯七十年》（《徐州師範學院學報（哲學社會科學版）》1991年第3期）中也稱王曾經「與徐仲年合編《文藝月刊》」，但二者

鋒》的創刊號上，除張道藩的發刊詞外，第一篇文章就是王平陵的《救治革命文學的貧血症》，而王平陵正是此前的《文藝月刊》的創辦者，他在兩個《先鋒》上亮相的頻率很高。就作者隊伍而言，兩個《先鋒》（尤其是《文藝先鋒》）也與《文藝月刊》有相當一部分重合。由此大致可以肯定，作為國民黨的官辦文藝刊物，《文藝先鋒》與《文藝月刊》之間具有潛在的繼承關係。然而《文藝先鋒》卻沒有像《文藝月刊》那樣，繼續打「民族主義」的牌，而是重新豎起了「三民主義文學」的大旗，這也有些出人意料：第一，「三民主義文學」早在十餘年前就有過慘痛的失敗教訓，而《文藝月刊》以民族主義為號召，則取得了相當大的成功，那麼，《文藝先鋒》為何不借鑒成功的經驗，卻偏要步失敗者的後塵呢？第二，抗戰期間國共兩黨雖然時有摩擦，但是統一戰線卻始終存在，國民黨在思想文化領域也必須顧及這一問題，然而「三民主義文學」是一個黨派色彩異常鮮明的口號，相比之下「民族主義文學」倒略為中性化一些，那麼想要團結「全國作家」和「全國讀者」的《文藝先鋒》，按照常理自然也應該選擇後者，可實際情況為何恰恰相反呢？

要想解答上述疑問，就必須回到抗戰期間特殊的時代情境中。如前所述，統一戰線的存在，是我們考察抗戰期間的思想文化領域諸問題時無法忽略的，但是「統一戰線」絕非國民黨單方面所能促成，中共為此也付出了相當大的努力，甚至一定程度上調整了立場。在盧溝橋事變後不久，中共中央就向國民黨提交了《中國共產黨為公佈國共合作宣言》，其中明確宣稱：「孫中山先生的三民主義為中國今日之必需，本黨願為其徹底的實現而奮鬥」〔註12〕，稍後毛澤東又進一步強調共產黨在抗戰期間願意奉行三民主義〔註13〕。中共和毛澤東的這一表態，使得「三民主義」獲得了極大範圍內的合法性，甚至在抗戰時期國共之間的歷次論爭中，國民黨方面的文人屢屢拿此當做撒手鐧。因此，《文藝先鋒》打出「三民主義文學」的招牌，自然會讓左翼文人不敢輕議。另外在三十年代初，左翼陣營曾與「民族主義文藝」陣營有過激烈的交鋒，而當時的「三民主義文學」由於聲勢有限，反倒沒怎麼受到左翼的關注，所以在四十年代左、右雙方需要合作時，為了避免重新攪起歷史上

均未注明此說的依據，筆者也未見到其他一手資料支持這一說法，暫且存疑。

〔註12〕《解放周刊》第 1 卷第 18 期。

〔註13〕毛澤東：《國共合作成立後的迫切任務》，《毛澤東選集》第二卷第 362～372 頁，人民出版社，1991 年。

的恩怨，選擇「三民主義文學」而非「民族主義文學」作爲口號，也是有道理的。除此二者，《文藝先鋒》主張「三民主義文學」還有一個更具體而直接的原因，那就是先於《文藝先鋒》創刊的《文化先鋒》，已經打出了「三民主義文化」的大旗，與之相應地，在文學領域自然要提倡「三民主義文學」，張道藩的長文《我們所需要的文藝政策》就發表在《文化先鋒》創刊號上，作爲其姊妹刊物的《文藝先鋒》，也不能不與其保持一致的步調。

當然，《文化先鋒》、《文藝先鋒》所提倡的「三民主義文學」，絕非十幾年前那一波「三民主義文學」的簡單回響。單從聲勢上看，由張道藩親自掛帥、並以「中央文化運動委員會」的名義創辦的大型固定文藝刊物《文藝先鋒》，再加上綜合性刊物《文化先鋒》的一部分地盤，就已經足以令二三十年代之交那幾個鼓吹「三民主義文學」的小小副刊（即反對者所謂的「報屁股」）望塵莫及；另外兩個《先鋒》尤其是《文藝先鋒》的姿態也沒有那麼激烈，不像此前《民國日報》、《中央日報》的幾個副刊那樣與一切異己的文學派別爲敵，而是展現出與《文藝月刊》類似的平和態度，甚至在某種意義上具有更大的包容性，這也使它更容易爲作者和讀者所接受。

而兩個《先鋒》上的「三民主義文學」最突出的特點，還是體現在它對於「三民主義」與「民族主義」之關係的處理上。這一波「三民主義文學」的提倡者，從來不會把「民族主義」視爲自己的對立面，而是自覺地把「民族主義」納入「三民主義文學」的理論框架中，並且總是強調和突出民族主義。比如，張道藩《文藝政策》一文提出的「五要」中，第一條就是「要創造我們的民族文藝」，後面還有一條「要以民族的立場來寫作」，而其餘三條則爲「要爲最受苦痛的平民而寫作」、「要從理智裏產作品」和「要用現實的形式」，其中除了「要爲最受苦痛的平民而寫作」可以聯繫到民生主義以外，另外兩條均屬創作方法範疇，而與三民主義並無直接關係。由此，民族主義在「三民主義文學」中所受重視的程度即可見一斑。其實，民族主義本來就是三民主義的題中應有之義，「三民主義文學」與「民族主義文藝」兩者的對抗，原本就是在特殊的歷史情境之中，由於國民黨內的派系鬥爭而造成的一種非正常狀況，兩個《先鋒》只不過是恢復了二者之間本該具有的關係而已。而且在民族危亡的時刻，「民族主義」具有不言自明的意義，這時用「民族主義」來喚起社會各界的認同是極其容易的。可以說，以兩個《先鋒》爲主要陣地的三民主義文學，正是由於成功地「收編」並盡可能地利用了民族主義

話語，才掩蓋了其自身內部的種種矛盾與裂隙，並在抗戰期間獲得了很大程度的合法性。

第二節　抗戰題材作品的湧現

抗戰期間，文學作品中最能夠直接地表現出民族主義話語的，無疑是那些抗戰題材的作品。在《文藝先鋒》、《文化先鋒》上，內容直接或間接與抗戰相關的作品所佔比例相當大，雖然其藝術水準良莠不齊，但是單就創作數量來看，尚可以稱得上繁榮。具體而言，這些抗戰題材作品又大致可以劃分為以下三類：

第一類是表現日軍及日偽當局的殘暴的。其中比較有代表性的有唐紹華的《盧難》〔註14〕、趙家璧的《聖誕節的悲哀》〔註15〕等。《盧難》中的故事發生在淪陷後的南京，一個小學教師黃隱三和妻子如蘭、六歲的女兒盧難，一起過著窮苦的生活，一天他在街上碰到昔日在學校當廚子、後來給日本人做事的趙老三，趙老三慫恿他給一個司令官當文書，並借給了他五十塊錢。迫於生活的極度貧困，黃隱三面對誘惑有些動搖，但後來妻子對他進行了勸說，他自己也想到了女兒名字的來歷——孩子出生在盧溝橋事變那一年，他為了讓孩子終生記住國難，才給她取名「盧難」——於是下定決心絕不當漢奸。但就在次日黃隱三去回絕趙老三、妻子另到別處去借錢的時候，孩子卻被流氓拐走，並送到日本人手裏，日本人向黃隱三夫婦勒索一千元，夫婦二人與綁架者發生爭執，結果妻子也被掠去，丈夫則因為給女兒取名有「抗日嫌疑」，以及「毆打大日本國民」的雙重罪名被捕。這篇小說以陰沉的筆調，把淪陷區人民的苦難生活表現得觸目驚心。

《聖誕節的悲哀》所講述的故事則非常簡單：聖誕節清晨，小女孩小玲把×叔（即敘事者「我」）叫醒，要×叔和她一起去教堂做禮拜，並聽她登臺唱歌，×叔知道教堂會給表演節目的孩子發放糖果，就打趣要她分糖果給自己吃。到教堂後，小玲的表演非常成功，但她剛下臺不久，就響起了空襲警報，×叔趕緊隨人群疏散到安全地點。等到警報過後，他才得知小玲和她的媽媽因為躲避不及，已在轟炸中喪生。最終×叔見到小玲的遺體時，發現她

〔註14〕發表於《文藝先鋒》第 1 卷第 6 期。
〔註15〕發表於《文藝先鋒》第 2 卷第 4 期。

口袋裏的一包糖果還未開封，似乎還在等著與他分享。雖然小說沒有多麼複雜的情節，但是作者對小女孩小玲的種種可愛之狀做了非常細膩的描寫，這樣其最終的悲劇命運就比較能夠打動讀者，從而成功地達到了控訴侵略者罪惡的目的。

同樣是以日軍空襲爲題材，《文化先鋒》上連載的易君左的組詩《一九四一年轟炸集》〔註16〕則顯得比較特殊。形式上，似乎是爲了貫徹其「革命的新民族詩」的主張，易君左創造了一種半新不舊的詩體，他的作品中有的看著像舊詩，但多不合格律，所用詞句也多是白話的；有的看著像新詩，但又沒有所謂「新文藝腔」，且很講究押韻，結構也相對整齊，似乎更像民間的歌謠。另外，《一九四一年轟炸集》的內容並不完全是對於日軍的控訴，也反映了大後方生活的一些其他側面。且以下面兩首詩爲例：

> 挾被攜箱入洞天，西飛荒鶩忽驚傳。全家都避蓉郊外，麈澗枯墳密竹邊。絕無怕死貪生意，但湧同仇敵愾情。悶坐渾然飛入夢，神鷹萬隊炸東京？〔註17〕

> 前天我經過，破瓦成堆，殘磚成垛，電線如亂髮婆娑，大坑小坑幾個！
> 昨天我經過，努力支架！努力釘板！努力接線！努力裝鍋！
> 今天我經過，依舊招牌，依舊酒肉，依舊燈光照耀，依舊醉顏酡。〔註18〕

前一首詩寫的是作者全家一起出城躲避空襲的情景，七字八句的形式看似律詩，但在格律方面卻處理得很隨意，而且五、六句頗似標語口號，毫無舊詩的韻味。末句「神鷹萬隊炸東京」在今天的讀者看來未免有些過火，不過在戰爭的特殊情境下，這樣的復仇心理或許也是必然而眞實的。後者則是一首歌謠式的「新詩」，寫的是某地從被炸到恢復原貌的過程，詩歌的意蘊似可以有兩種解釋：既可以理解爲讚揚後方人民的堅忍不拔、在家園遭到破壞後迅速恢復生活常態，也可以理解爲諷刺某些人在戰爭時期仍然生活奢靡、

〔註16〕連載於《文化先鋒》第1卷第13、14、17期。
〔註17〕易君左：《一九四一年轟炸集・三月十四日紀事》，《文化先鋒》第 1 卷第 13 期。
〔註18〕易君左：《一九四一年轟炸集・大轟炸後，過某地》，《文化先鋒》第 1 卷第 13 期。

醉生夢死。儘管就藝術水準而言，易君左的《一九四一年轟炸集》並沒有取得什麼令人稱道的成就，但是這組詩逐日記錄了 1941 年重慶大轟炸的整個過程，這是非常難能可貴的，甚至有研究者把它和關於重慶大轟炸的歷史文獻做了「詩史互證」式的研究〔註19〕，其史料價值由此可見一斑。

　　第二類是表現中國軍民的反抗的作品，這類作品的數量要多於前一類，但是總體質量卻要稍遜一籌，甚至可以說其中大多數都比較幼稚。這可能與一些作家未能親身參與戰爭、僅憑耳食或想像來創作，故而缺乏生活實感有關。比如，《文藝先鋒》的創刊號上面，第一篇小說是張十方的《偶發事件》，它所講述的故事就很不高明：火車司機程金泉在駕駛途中遇到緊急警報，於是停車和乘客一起在鐵路旁躲避，碰巧看到不遠處一架敵機失事、飛行員用降落傘逃生，他和幾名乘客一起走上前，隨身攜帶武器的敵機飛行員竟然毫無戒備地要求他們帶路，於是程金泉在帶路途中故意走在後面，並趁其不備在背後將其緊緊抱住，然後在乘客的幫助下成功將其俘虜。小說最後還有一段尾聲：敵機失事後，敵方又派出飛機搜尋，但毫無收穫，只好投下一個小口袋，裏面裝著命令要求飛行員去某處找一位「支那人」，而這個小口袋造成的結果則是「當天晚上，那一帶的五名大小漢奸，在睡夢中落網了」。作者把敵人描寫得如此愚蠢而麻痹，似乎有些令人難以置信，而且小說的結構也很鬆散，前半段拉拉雜雜寫了許多湖南一帶的戰況、火車司機程金泉的外貌、性格和經歷，甚至鐵路周邊的景物等等，直到後半段才開始進入真正要說的故事。作為《文藝先鋒》上的第一篇創作，這篇小說的水準實在讓人失望。

　　發表於《文藝先鋒》第 2 卷第 4 期上的蘇明的小說《盜馬記》，情節同樣非常誇張：某小村旁邊有一條河，河的對岸駐紮著日軍，村民都不敢到河邊去，只有幾個膽大的小夥子時不時來此，並和駐守在岸邊的中國軍人閒聊。一天晚上，一個綽號「麻繩」的小夥子僅僅因為和同村的一個姑娘打賭，就隻身下河，遊向河對岸，姑娘因為害怕闖禍，在岸邊喊叫要他回來，可是她的喊聲反倒驚動了對岸的日軍，他們開始朝這邊放槍，但並沒有發現水中的麻繩。接下來的情節則可謂離奇，麻繩不但安全地遊到了對岸，還從日軍那裡偷來了兩匹軍馬，直到他牽著馬下水、要遊回村子時，日軍才發現，並朝河裏射擊，這時麻繩的兩個夥伴也遊過來接應他，在河邊站崗的中國軍人洪

〔註19〕熊飛宇：《〈一九四一年轟炸集〉與〈抗戰時期重慶大轟炸日志〉的詩史互證》，《抗戰文化研究》第六輯。

班長，也開始向對岸放槍，結果追趕麻繩的兩個日本兵一個被擊斃、一個轉身逃跑。最終雖然麻繩身上負傷，一匹軍馬也被打死，但他還是在同伴的幫助和洪班長的掩護下，成功把另一匹軍馬偷了回來。這樣的故事，即使不說是天方夜譚，至少也是會讓人懷疑其眞實性的。

在兩個《先鋒》上所有表現中國軍民反抗的作品中，相對而言，由《文藝先鋒》主編王進珊親自操觚、發表在該刊創刊號上的獨幕劇《鹽的故事》，還算得上是較爲成功的一部。該劇講述的故事發生在某鎭上的一座小廟裏：一個盲眼老人和一個道人住在此處，這天先後來了一個乞丐和一個瘋婦，從瘋婦顛三倒四的敘述中人們得知：兩三年前她才和丈夫成婚，並育有一子，後來開鹽號的父親在她丈夫的勸說下，經常偷偷把鹽賣給城外山上的游擊隊，結果日本人發現了，竟然將她父親破開肚子，用一包鹽活活醃了，丈夫僥倖脫逃後便杳無音信，她自己後來又被日本人強姦、孩子也被刺死，自此便精神失常，四處流落。而盲眼老人聽了她的敘述後，也講起了自己的經歷：三年以前，他和兒子劃著船幫游擊隊偷運鹽時被發現，兒子跳進水裏得以逃脫，老人則被抓住，並被日軍拿燒紅的鐵釺子戳瞎了眼睛。這時乞丐才說明了來意：游擊隊剛剛打退了附近的日軍，並打探到日軍囤積了大量的鹽，但不知道藏在何處，就讓乞丐帶路，可乞丐只知大致方向而不知具體位置，所以才來向盲眼老人打聽。於是，乞丐問明老人後帶著游擊隊找到了藏鹽的處所，但此時日軍已經搶先到了，打算逃跑之前把鹽運走，游擊隊經過一番激戰才終於搶到了鹽，但是戰鬥中一名隊長受傷了，他被擡到眾人所在的廟裏醫治。老人通過別人對傷者外貌的描述，得知這就是自己的兒子，而瘋婦也認出這是自己的丈夫，至此眾人才知道他倆原來是翁姑。最終，瘋婦在與丈夫重逢、與公公相認的刺激下恢復了神智。

這部《鹽的故事》結構緊湊、故事集中，情節發展張弛有度，總的來說算得上是一部具有一定水準的劇作。但可惜的是，作者似乎仍然唯恐主題的表達不夠清晰，於是在劇本中塞入了許多類乎口號的套話，而且這些話大多是由瘋婦的口中說出，這就讓人覺得頗有些怪異。比如劇本中寫瘋婦由日本兵的刺刀聯想到被殺的父親和孩子：「刺刀上在滴著鮮紅的血，我爸爸的血！我兒子的血！……血，血，中國四萬萬同胞的血！」最後一句的拔高明顯是畫蛇添足。瘋婦還有一些更令人瞠目結舌的臺詞，如「咱們都是中國人，你說，咱們是不是有權利生活，有權利做人，有權利……」，「我要看看城頭上

是不是換了我們的旗！那代表自由的中國的國旗……」等等，這簡直會令讀者疑惑「發瘋」的究竟是劇中人還是劇作者。過多地插入劇本中的「抗戰八股」，嚴重影響了它的藝術水準。

第三類作品則是並不直接描寫抗戰，而是透過生活中的一些瑣事，來表現普通人的抗戰意識。不過此類作品中也基本沒有出現過什麼佳作。比如發表在《文藝先鋒》創刊號上的謝文炳的小說《「小漢奸」》，寫的是一個叫蕭漢江的小學生，因為名字諧音「小漢奸」而常被同學取笑，後來一個經常欺負別人的孩子又以此向他挑釁，結果他被惹惱後竟然掏出尖刀將對方刺傷，並因此被學校開除。作者明顯是想通過一件小事來闡發民族大義，但手法過於簡單，主題的表達便顯得很牽強。比如蕭漢江傷人後被父親責問，他的回答是：「我說，爸爸，上次媽媽不是給日本人燒死的嗎？我們學校吳先生說，日本人是非常可恨的，但漢奸比日本人更可恨。要不是他們幫助日本人，日本人是殺不到我們這兒來的。所以吳先生對我們說過，漢奸是最壞的人，我們不可隨便叫得玩。」而孩子口中的吳先生，也在學校開會討論此事時，反對將孩子開除，其理由是：「以一個十歲的孩子，居然把漢奸這一個名稱深惡痛恨到不怕拿刀子來對付他的同學，這不能不說是我們小學教育的成功。」持刀傷人無論怎麼說都是性質惡劣的事件，上述辯護總顯得似是而非，而況從一件小學生之間的日常瑣事，就升發出如此一番大道理來，未免有過分拔高之嫌。即使單就小說情節本身而論，一個十歲的小學生竟然隨身攜帶著尖刀，也簡直是匪夷所思。

蒂克的小說《南國的姑娘》〔註20〕，寫的則是一個「抗戰加戀愛」的故事：出生在泰國的混血姑娘雯蓮，因為父親怕她「渲染上異國的色彩」，而希望她「變成一個道地的中國人」，所以在她很小的時候就把她帶回中國。回國後，雯蓮在祖母身邊度過了一個快樂的童年，長大後又和青年沈庸墜入愛河，抗戰爆發後，她隨著沈庸來到漢口，在那裡，她參加了戰地服務團，並很快成為隊長，但是後來沈庸又輾轉去了昆明，並來信催她同去。雯蓮對情人的依戀壓倒了她對工作的熱情，所以她不顧服務團裏同志的熱切挽留，隻身去昆明和沈庸會合，然而到了昆明不久，她卻發現沈庸已經變心，甚至在報上登出聲明要和她解除婚約。此後，她決定告別自己以往「自私的靈魂」，不再把自己的一切都寄託在一個人的身上，而要「把愛情交給所有的善良的人們。」

〔註20〕發表於《文藝先鋒》第1卷第4期。

在小說的結尾，雯蓮參加了赴緬甸的遠征軍，在軍隊裏擔任傷兵救護工作。這篇小說在情節上並沒有太多新意，一望而知是二三十年代左翼小說中常見的「革命加戀愛」的套路，只是把階級敘事換成了抗戰而已。不過把作品放在抗戰的語境下，我們也能發現其獨特的意義：戰時的文學作品要發揮宣傳功能，其中很重要的一個方面就是動員人們參軍，抗戰期間國民革命軍人員損失慘重，盡快補充兵力的重要性不言而喻。為了挖掘具有較高素質的兵源，早在 1938 年 2 月 1 日，教育部就曾頒佈條例，鼓勵青年學生參加戰時服務；1942 年，蔣介石又通電全國，號召青年學生服役；到了戰爭後期，國民政府更是發動了轟轟烈烈的「知識青年從軍運動」〔註 21〕。因此這篇《南國的姑娘》讓女主人公拋棄個人情感而去參軍，雖然有些落入俗套，卻也有一定的現實意義。

趙清閣的《紅腰巾》〔註 22〕所寫的故事則頗耐人尋味：小說的主人公是一個老太太，她主動把兩個兒子送去參加抗戰，後來兩個兒子都在一場戰役中犧牲，因此她變得瘋瘋癲癲，整天繫著一條紅腰巾（這是她的兒子立功後政府獎勵給她的），上面掛著小銅鑼、木棒、竹板等物，然後到茶館、街頭等處「宣傳抗戰」，人們都不知道她的名字，就給她起了個外號「紅腰巾」。她經常在茶館喝茶不付帳、拿街頭小販的花生吃不給錢，別人誰也不敢管她，否則她就會摔碎杯子，或者推翻攤子，然後指責對方不知道「尊敬抗戰家屬」。一天她不知何故在茶館裏和一對青年男女發生爭執，遂對他們破口大罵，她罵女的：「我看透了你的肚子裏滿是糟糠；你的心全是黑的；你的靈魂更是醜惡的；你同妓女一樣，只知道給男人玩兒，別的，你會幹什麼？你會宣傳抗戰嗎？你會生個兒子去當兵嗎？……你在我的眼裏連豬狗都不如，你不過是一個廢物！一個禍害！」又罵男的：「你這小流氓！你這沒血性的狗！你這衣冠禽獸！你枉生為一個男子漢大丈夫，國家養你，你不去替國家從軍打仗，你怕死，只知道躲在後方要女人，多麼可惡啊！……如果你是我的兒子的話，我就非槍斃你不可。」被罵的女郎要叫警察，「紅腰巾」又搬出了自己的烈屬身份，揚言誰也管不了她，最後那一對男女只好落荒而逃。他們走後，「紅腰巾」就開始揮動木棒竹板，唱起了她自編的小調：

〔註 21〕 參見江沛、張丹：《戰時知識青年從軍運動述評》，《抗日戰爭研究》2004 年第 1 期。

〔註 22〕 發表於《文藝先鋒》第 2 卷第 3 期。

　　救中國，抗日本！復興民族，殺盡鬼子小龜孫！

　　男人們，要當兵！女人們，要做好母親！

　　兒子打勝仗，賺得紅腰巾，老娘繫著真開心！

她翻來覆去唱的只有這幾句詞，卻越來越激昂，直到大家給她喝了幾聲彩後，她才收拾起工具，心滿意足地離去，彷彿完成了什麼重大任務似的。

　　「紅腰巾」的遭遇（失去兒子而發瘋）和行為（反反覆覆向人訴說同樣的一番話），使她看起來頗像個抗戰版的祥林嫂，但是她絕不像祥林嫂那麼卑瑣，她所要求的並不僅僅是人們同情的眼淚，而是要所有人都尊重她這個英雄的母親。同時「紅腰巾」宣傳抗戰的熱情，又很容易讓人聯想到丁玲的小說《新的信念》裏的陳奶奶：她在一次日軍的掃蕩中未能及時逃脫，結果不僅親眼目睹了孫子孫女的慘死，而且自己雖然年邁，也未能逃脫被強姦的恥辱，此後她不斷地、毫不掩飾地向村子裏的人講述她目睹過的慘象和自身的屈辱經歷，家人最初以為她瘋了，後來明白她這是故意在激起人們的抗日熱情，不但理解了她，還幫著她來宣傳。最後由於她的「演講」宣傳鼓動效果極好，她還被邀請加入了婦女會，正式做起了抗戰宣傳工作。「紅腰巾」這一角色與陳奶奶有極大的相似性，但是趙清閣把握分寸的能力顯然不及丁玲，陳奶奶的行為初看似乎有些古怪，但讀者很快就能理解她的用意（就像作品中她的家人那樣）；而「紅腰巾」四處白吃白喝的行為，已經無異於真正的瘋子了，況且她罵別人時說女人不去宣傳抗戰就「同妓女一樣」，男的不當兵打仗就應該槍斃，這樣的邏輯未免太蠻橫了。所以儘管小說的敘事者「我」（一個茶館裏的旁觀者）對她做出了極高的評價，認為她「比誰都聰明，比誰都有思想，比誰都偉大」，同時指責那些嘲笑、厭惡「紅腰巾」的人是「冷血」，但讀者卻很難完全信服：畢竟，就算是再「熱血」的人，在無數次聽到那幾句翻來覆去的唱詞以後，也不大可能再被激動，更何況那些唱詞完全就是乾巴巴的口號，根本也沒有半點感染力，「紅腰巾」以這樣的方式來「宣傳抗戰」，被人看成瘋子恐怕也算不上有多冤枉。如果說丁玲筆下的陳奶奶是一個既讓人同情，更讓人尊敬的形象的話，那麼「紅腰巾」雖然同樣令人同情，但是由於她的「瘋」狀被渲染得太過分，難免使得讀者對她的敬意大打折扣。

　　不過這篇《紅腰巾》的有趣之處倒不在於它的情節本身，在筆者看來，這裡其實有一種連作者本人也未必會意識到的象徵意味：「紅腰巾」口中那翻來覆去的、略帶幾分滑稽的「抗戰小調」，恰恰可以作為某些抗戰題材文學作

品的絕妙譬喻，這些作品自身的藝術水準相當有限，甚至是千篇一律、毫無新意，然而它們的作者用筆來宣傳抗戰的誠意，卻仍然是值得尊重的，而且在抗戰的時代氛圍中，那些作品中所傳達出的民族主義情緒也確實能夠感動一部分讀者，正如「紅腰巾」雖然受到許多人的嘲笑，卻還是能遇到「我」這樣的知音一樣。進一步說，許多作家暫時犧牲了自己的創作個性，而在國家危亡之際加入到全民族的同聲合唱之中，這也和「紅腰巾」獻出自己兒子的行爲有某種相似性，如果說兒子是母親自然生命的結晶的話，那麼作品的藝術風格不也同樣是作家藝術生命的結晶嗎？所以，對於兩個《先鋒》上面那些絕大多數都很不成熟的抗戰題材作品，我們也可以在這一意義上，給予一定的理解。不過，宣傳抗戰不一定非要採取「紅腰巾」的方式，陳奶奶的「演講」就比「紅腰巾」高明許多，如果抗戰題材的文學作品能夠有陳奶奶的「演講」那樣激動人心的力量，當然是再好不過的。

　　蔣星德的《愛與仇》〔註23〕所寫的故事很特別，它無法被歸入上述三類作品中的任何一類，但卻是兩個《先鋒》上所有抗戰題材作品中，把民族主義表現得最爲徹底的一篇。故事從 1905 年冬天日俄戰爭剛剛結束的時候開始，島田大佐已經得知自己馬上就可以離開滿洲回到日本了，某天他的部下帶來了一對何姓中國夫婦和他們的孩子，由於在他們的家裏搜到了槍支，島田下令將他們處決，但關鍵時刻島田忽然發了惻隱之心，下令將年幼的孩子留下，並將其收爲養子。二十年後，已經喪偶的島田退休在家，和他的養子何太郎、女兒芳子一起生活，這一對並無血緣關係的兄妹，漸漸萌生了相互愛慕之情。後來島田病危，遂將何太郎的眞實身世告訴了兩個年輕人，並希望他們結婚，但是何太郎得知養父竟是殺害自己父母的仇人後，報仇心切，遂想趁深夜殺死養父，不過當他拿著手槍來到養父的病榻前面時，卻發現島田已氣絕身亡。此後他仍然不能接受仇人的女兒作自己的妻子，儘管芳子對他一往情深，堅持不嫁人而守在他的身邊。又過了十年，盧溝橋事變爆發，何太郎再也不能忍受，遂離開日本輾轉來到上海從軍，臨行前給芳子留下一封信，告訴她自己絕不會回來了，要她盡快嫁人。小說的結尾是這樣的：「在上海戰役，南京戰役，徐州戰役中，有一個不會說中國話的小兵，名叫何忠國。他作戰非常勇敢，深得弟兄們的信仰和長官的嘉許。自從漢口戰役以後，已不見這位勇敢的士兵了，想必他已忠烈殉國了罷……只有在敵國的深閨

〔註23〕發表於《文藝先鋒》第 1 卷第 5 期。

中，一位半老的小姐永遠在盼望著。」

　　《愛與仇》的特別之處在於，故事的主人公何太郎（何忠國）自有記憶起就一直生活在日本，他不可能有任何機會受到中國的民族主義教育，但是，僅僅因為得知了自己是中國人這一事實，就使他萌生了難以泯滅的民族情緒，正如他得知了島田是自己的殺父仇人後，就萌生了復仇的念頭一樣。在這裡，民族主義被做了一種極端本質化的處理，它被認為是一種與生俱來的、不需要任何灌輸與教育，就能在一個人身上體現出來的天性。在小說的敘述中，何太郎（何忠國）的「家仇」與「國恨」顯然具有某種同構性，如果說為父母報仇是由於血緣關係而決定的人的本性的話，那麼為國盡忠也同樣是每個人天經地義的義務，即便他實際上對自己的祖國一無所知也無妨。然而，我們在這篇小說中仍然能夠看到一些微妙的裂隙，比如，作者沒有讓何太郎親手殺死養育自己多年的養父，而是讓島田自己死去，也沒有讓辜負了芳子的主人公在中國重新得到愛情與家庭，而是讓他在戰場上犧牲，這些情節無不暗示著：儘管民族主義是這篇小說的主旋律，它似乎佔據著壓倒一切的地位，但是另一些更為個人化的情感，卻還是倔強地從某些縫隙中露出頭來。

　　整個抗戰期間，發表在《文化先鋒》、《文藝先鋒》上的文學作品至少有一半以上都是和抗戰有關的，雖然它們的內容千差萬別，但是在渲染民族主義情緒方面，卻可以說是異曲同工。毋庸諱言，就藝術水準來講，這些作品中能稱得上佳作的實在是寥寥無幾，但是戰爭的環境已經決定了這類作品所秉有的天然的合法性，無論它們有多粗糙，都能夠或多或少地得到一些讀者的共鳴，正如「紅腰巾」口中的抗戰小調儘管乏味至極，卻還是能夠得到「我」的讚美一樣。值得注意的是，兩個《先鋒》提倡的雖然是「三民主義文學」，但是三大主義在具體作品中的體現其實是非常不成比例的，表現民族主義的作品比比皆是，表現民生主義的則屈指可數，而且這些作品的內容也多半和抗戰夾纏在一起，至於表現民權的作品，就幾乎完全找不到了。不過，沒有人會因此而指責兩個《先鋒》把「三民主義文學」變成了「一民主義文學」，對於這種打著「三民主義」招牌而販賣「民族主義」貨色的做法，作者、編者和讀者實際上彼此都心照不宣，因為在抗戰期間如果對此加以指謫，無疑會冒天下之大不韙，當年梁實秋僅僅小心翼翼地說了一句「與抗戰有關的材料，我們最為歡迎，但是與抗戰無關

的材料，只要眞實流暢，也是好的」〔註24〕，就闖下了彌天大禍，這便是前車之鑒。而且，對於「民族主義」的單方面強調，其實也掩蓋了三民主義理論的內在矛盾，上一章已經提到，在同左翼陣營關於「寫作自由」等問題的論爭中，國民黨方面的文人反覆祭出的武器就是「民族至上」論，這種論調雖不能完全服人，但是在抗戰的語境中至少可以自圓其說；同樣的道理，在具體的創作中，「三民主義文學」通過突出民族主義，實際上也達到了規避民權、民生這些更爲棘手的問題之目的。

第三節　「民族史」與「革命史」的追溯

　　在民族主義話語的建構過程中，對於「民族」歷史的追溯通常是不可或缺的，安德森曾如此評價由政府主導的「官方民族主義」借用歷史來獲得合法性的策略：「領導階層很容易就開始借用舊王朝和王朝制國家推定的民族屬性（nationalnost）。透過一種驚人的回溯運動，他們把那些不知道什麼是『中國』、『南斯拉夫』、『越南』、『柬埔寨』的帝王們全都變成了民族的同胞……只要舊王朝國家歸化程度越深，它那古老的華服就越能被裹在革命家的肩上。」〔註25〕自從近代以來，「四千餘年古國古」的觀念在中國可謂深入人心，因此統治階層想要獲得安德森所謂的「古老的華服」似乎分外容易。兩個《先鋒》在建構其官方色彩濃鬱的民族主義話語的時候，自然也絕不會放棄這一方便之途。

　　《文化先鋒》的編輯徐文珊在該刊上發表的一篇文章，題目即爲《歷史與民族》，它把從「歷史」中萃取民族意識的煉金術演繹得淋漓盡致。文章共分五個部分，第一部分討論的是「歷史」，先是說「本國歷史是自己祖先活動的紀錄，現在的狀況，是歷代先祖繼續用他們心力體力創造的成績，一代接著一代，一步接著一步，經過多少年，多少人前後合力所造成」〔註26〕，接著就歷數中國的古人留下的「精神遺產」是如何的「崇高」和「富厚」，「物質遺產」又是如何的領先於世界，最後又聯繫到現在：「我們讀了歷史，知道

〔註24〕梁實秋：《編者的話》，《中央日報・平明》，1938 年 12 月 1 日。
〔註25〕本尼迪克特・安德森著、吳叡人譯：《想像的共同體──民族主義的起源與散佈》，第 156～157 頁，上海人民出版社，2011 年。
〔註26〕徐文珊：《歷史與民族──歷史教育論之一》，《文化先鋒》第 1 卷第 19 期，下文引用該文時不再注明。

了先祖們創業的光榮史跡，天良會激勵我們的志氣，事實會強固我們的信念。」第二部分則開始討論「民族」，作者由「人是群居動物」這一簡單的命題，便得出了「國家民族」之理所當然的證明：「必定要與人群隔離，與人群不合作，小之是自取滅亡，大之便是亡國滅種，國家民族的組織是客觀事實促成的天然要求，任何民族所不能免。」然後又別出心裁地由「族」字的構成開始分析，說「族」從「旗」從「矢」，因此民族便是在統一指揮之下的「武力結合」，結合的條件則是「血緣和地緣」，接著便從歷史中找出一系列的證據，從傳說中的皇帝與蚩尤之戰到東周的「尊王攘夷」，從魏晉時期的戰亂到宋明兩朝的衰亡，一直說到正在進行中的抗戰，至此終於完成了歷史與民族之「統一」的論述：「國家民族，非要不可，非強不可。要強國強種，非團結，犧牲不可，非自立自強不可……什麼是民族主義？這就是民族主義，本國歷史，便是民族主義。」第三部分又轉而談到「生命」，認為「個人生命是個體的，有限的，民族生命是群體的，無窮的」，因此只有把個人的「小我」奉獻給民族的「大我」才能獲得不朽，然後又照例聯繫到中國的歷史，從聖賢的言論到仁人志士的事跡都被拿來做例證，最後乾脆將孫中山和蔣介石的言論直接拿來同孔子的思想相比附，彷彿孔夫子才是民族主義的理論先驅一般。文章的後兩部分比較簡短，分別說明「愛國家愛民族」是一種情感，因此歷史教育「知識在其次，情感在第一」；以及今天要「復興」民族，就要知道民族在過去是怎麼「衰落」的，所以必須熟讀歷史，由此再一次確認了「歷史」對於「民族」之重要。

從事實上以及邏輯上，我們都很容易找出徐文珊文章的諸多漏洞與缺陷，但是這並無損於該文的代表性，無論是那種認為「中華民族」從遠古一直存在到今天的想像，還是將當代的統治者與古代的聖人英雄相比擬的策略，在同類文章中都是非常有典型性的。就在徐文珊的文章發表之後一個月，《文化先鋒》上刊出了吳景賢的一篇書評《偉大的建國者——讀馬元材：〈秦始皇帝傳〉》。書評首先說，秦始皇由於焚書坑儒之舉得罪了歷代讀書人，所以他雖然在歷史上有崇高的地位和豐烈的功業，卻一直沒有得到應有的評價，直至二十世紀初夏曾佑編著中國歷史教科書時，才對他有了「重新的估定」，把秦始皇和之前的孔子、之後的漢武帝並列為三大偉人，認為他們分別完成了立中國之教、行中國之政、定中國之境的偉業。但是作者對夏氏的觀點並不完全認同，他認為上述三人的功績在性質上有很大區別，故不應相提

並論，而「若就安內攘外，樹立建國規模貢獻，在秦始皇帝以前的，似乎只有一位黃帝軒轅氏，可以和他相比」。接著就詳細地論列了一番黃帝「安內攘外」的功績，然後才說到他所評論的著作之傳主秦始皇，同樣非常詳細地列舉了秦始皇「安內攘外」的種種貢獻，把他稱爲「我國歷史上建國的第二人」。作者接下來的論述則有點出人意料：「至於秦始皇帝以後，二千年來，我國有沒有第三位建國的人呢？馬君告訴我們說是『有的』。這人是誰呢？馬君又告訴我們，那便是現在正領導我們從事抗戰建國的蔣委員長。」〔註27〕至此我們才知道，原來馬元材之所以寫《秦始皇帝傳》，正是因爲 1935 年蔣介石飛巡蒙古、雲南等邊疆省份，讓他聯想到秦始皇也有七次出巡之事，「因此逐決定：蔣委員長歷年來在政治上各種設施之規模，爲剖析秦始皇帝一生事業之鎖鑰，而爲之寫作一比較詳明可靠之長篇傳記。」〔註28〕馬元材煞費苦心地將蔣介石和秦始皇的施政一一作了比附，如把蔣介石「廢田還湖」比作秦始皇「墮毀名城」、「決通川防」，把蔣介石厲行修築公路比作秦始皇大開馳道等等。吳景賢對此予以高度評價，並進一步發揮道：「馬君這部書是抗戰以前開始編著的，那時候這次神聖的抗戰尚未發動，當時所表現的，只不過國內統一的實現，和各種建設的猛進；及至馬君的大著出版以後，蔣委員長所領導的全面抗戰，已經進行了五年之久……這些事實，不是更給了馬君以新的參證嗎！」

我們不應該簡單地把吳景賢、馬元材等人當作阿諛之徒。實際上，這種把歷史上的帝王和當前的統治者相比附的做法，固然不太可能不含有向當權者獻媚的意圖，但與此同時，通過這一手段也把現代的民族國家和古老的帝國聯繫了起來，從而在歷史中爲民族話語的建構找到了資源。耐人尋味的是，蔣介石並不是二十世紀中國的統治者中唯一一個主動或被動地和秦始皇扯上關係的，安德森在論述「歷史的天使」時所舉的例子之一，就是「毛澤東對秦始皇的公開仰慕」〔註29〕。看來秦始皇這位兩千多年前的「建國者」，在中國走向現代民族國家的過程中所發揮的符碼作用是一以貫之的。

〔註27〕吳景賢：《偉大的建國者——讀馬元材：〈秦始皇帝傳〉》，《文化先鋒》第 1 卷第 22 期。

〔註28〕這本是馬元材夫人游若愚在給馬著所寫的序言中的一段話，吳景賢的書評加以引用。

〔註29〕本尼迪克特·安德森著、吳叡人譯：《想像的共同體——民族主義的起源與散佈》，第 156 頁。

除了秦始皇這樣的「建國者」以外，歷次王朝危亡之際挺身而出的忠臣義士，也常常成為追緬的對象，這是一種更加直截了當地將「救亡」的時代主題和歷史對接起來的手法。其中比較有代表性的，是蘇雪林發表在《文藝先鋒》上的兩篇歷史小說《秀峰夜話》和《黃石齋在金陵獄》〔註30〕。它們都把歷史背景選擇在了明末，前者寫的是瞿式耜死守桂林多年以後，終於兵敗被俘，張同敞因為仰慕他的忠義而前來陪伴他，二人遂被同囚。他們拒絕了清將孔有德的最後一次招降之後，自知即將被處死，臨刑前夜，他們在桂林獨秀峰旁的囚所裏進行了徹夜長談。小說除了開頭的一段背景說明以外，主要的篇幅都用來寫瞿張二人的對話，而對話中的許多議論一望而知是作者本人的觀點，所以這篇作品名為小說，實際不過是借古人之口道出的政論而已。比如，作品中瞿式耜論亡國的責任，認為文臣比武將罪過更大：「及其攝巍科取青紫以後，臨民則吮吸民脂民膏，不啻蒼鷹乳虎，立朝則趨附擁勢，攘奪利祿，又不啻趨膻之蟻，集腐之蠅。終日所營營以求者無非陞官而已，陞官之宗旨，又無非發財而已……他們的方寸之間，被身家一念塞得實騰騰地，哪裏還有絲毫地位留給社稷蒼生呢？」這很顯然是在影射抗戰期間某些國民黨官員的貪污腐化、結黨營私；另外張同敞還向瞿式耜請教他在治理桂林期間，是如何抑制戰時物價的，瞿式耜便大談統一定價、嚴懲不法商人等舉措，在物價飛漲的抗戰期間，這些話也有很鮮明的現實指向。最有趣的是，在談到中國士大夫怕吃苦、怕承擔實際事務的習氣時，瞿式耜竟然大講天主教的教義，認為這可以補儒家學說的不足。儘管在一些歷史資料中，確實可以看到瞿式耜曾受天主教影響的記載，但對於這種影響的性質和程度，史家並無一致意見〔註31〕，然而到了蘇雪林的筆下，瞿式耜則儼然一位虔誠的天主教徒，在臨終之際，竟向自己的追隨者傳播起「福音」來了。我們知道，蘇雪林本人即具有天主教徒的身份，她這麼寫其實並不奇怪，然而這篇小說畢竟是以歷史上的一位「民族英雄」為主人公的，具有鮮明的民族主義色彩，而基督教自從二十世紀 20 年代以來，在宣揚民族

〔註30〕分別發表於《文藝先鋒》第 2 卷第 2 期和第 2 卷第 5、6 期合刊。
〔註31〕瞿式耜家族確實與利瑪竇、艾儒略等天主教傳教士過從甚密，給利瑪竇提出「儒服傳教」建議的，便是瞿式耜的伯父瞿汝夔，他的父親瞿汝說也曾受洗，但是關於瞿式耜本人是否入教，則是眾說紛紜。可參看許亦嶠：《從瞿式耜看天主教影響下的明末遺民》(《安徽文學（下半月）》2013 年第 1 期)、陳垣：《從教外典籍見明末清初之天主教》(《陳垣學術論文集》第一集第 200～201 頁，中華書局 1980 年) 等。

主義的文學作品裏往往是作爲負面形象而出現的，這種情況到了 40 年代仍在延續〔註32〕，因此蘇雪林讓瞿式耜這位歷史上的英雄來宣講天主教教義，未免顯得有些另類，她似乎是想在用民族主義的「公共話語」發言的同時，順便夾帶一點個人信仰的「私貨」。

與《秀峰夜話》相比，《黃石齋在金陵獄》的色彩則要單純得多。這篇小說的主人公黃道周，遭遇與瞿式耜頗有類似之處，同樣是因抗清被俘：徽州一帶居民因反抗清廷的「薙髮令」而起兵，後爲清兵所攻，形勢危急，遂嚮明朝隆武政權求救，但掌握隆武朝兵權的鄭芝龍只顧保存自身實力，竟不發一兵一卒，此時在朝廷中屢受排擠的黃道周便自告奮勇，親自募兵前去援救。行至婺源時，被他昔日的門生、此時已經降清的許虎臣和張天祿設計俘獲，並解至南京。時任清朝七省經略的洪承疇與黃有同鄉之誼，遂屢次派人對他勸降，遭拒後又建議他削髮爲僧以保全性命，但黃道周仍不爲所動。後來洪承疇又派了一個能言善辯、且略通詩文的部下，喬裝做獄吏，對獄中的黃道周照顧備至，並故意和酷愛山水的黃道周大談各地名勝，又把自己的記遊詩拿出來請黃指點，黃果然有些被他打動了，於是他順勢勸黃全身遠禍、把後半生寄託於山水，甚至說雖然明朝已亡，但小朝廷仍據有半壁江山，天下大勢還未定，所以現在完全可以一時從權，留得此身繼續爲朝廷效命，並編造出南明已發兵數十萬、正從仙霞關和錢塘江兩路進發，不日將合圍南京的謊話。結果本來一心赴死的黃道周，被勸得猶豫起來，在「獄吏」走後開始徹夜思考，從自己在明朝爲官屢被庸君佞臣迫害的經歷，到他遍歷名山大川的夙願，再到他未竟的著書立說之抱負，原來的決心便越來越動搖了，於是提筆寫下「乾坤猶半壁，未忍踏文山」的詩句。但後來又看到了妻子之前寫給他的家信，其中有「臨難毋思苟免」等語，於是深感愧對深明大義的妻子，重新堅定了赴死的決心。黃道周就義後，洪承疇從他的遺物中找到一件絹袍，上有血書四行：綱常萬古，節義千秋，天地知我，家人無憂。

值得注意的是，蘇雪林的兩篇小說末尾，都注明了一串「本文參考資料」。本來，既然是歷史小說，有一定的歷史依據自是理所當然的，但文學作品畢竟不同於學術文章，作家也有虛構的權利，所以注明參考資料似乎顯得有些多餘。但是作者此舉也很可能另有深意：兩篇小說的主旨都有很強的現實性，

〔註32〕參見趙偉：《〈文藝月刊〉（1930～1941）中的民族話語》（中國社會科學院研究生院博士論文，2012 年）中關於 1930 年代基督教問題的探討。

即要通過追述歷史上的仁人志士來砥礪民族氣節，因此，越是讓這歷史顯得「眞實」，才越能增強作品的感染力，這樣的話，文末所列舉的那些史料，就成了一種必不可少的證明。不過我們從中也能發現某種弔詭：在眞實的歷史上，明末清初雖然出現了一大批黃道周、瞿式耜這樣的人物，但是他們終究未能力挽乾坤，作品暗含的悲劇性結局，似乎和抗戰期間高調的民族主義話語不太協調。我們或許可以這樣理解：悲劇作品往往更加具有撼人心魄、催人警醒的力量，但是如果刻意寫抗戰當中的悲劇（如中國軍隊的失敗）的話，難免會打擊士氣，因此悲劇作品便只能屬於歷史題材，這類作品既能夠以古人不屈之氣節勉勵今人，又能夠在民族危亡之際，喚起人們的憂患意識。

從遙遠的祖先那裡借來「古老的華服」的做法，雖然有效，但這仍然需要借用者採取一定的闡釋策略。對於民族主義話語的建構而言，更方便的手段是向現代民族國家的締造者那裡尋找話語資源，孫中山及其追隨者的生平事跡、思想言論，便是現成的材料，我們從「國父」這樣一個稱謂上，就能窺見一些奧妙。兩個《先鋒》上專門爲孫中山等人樹碑立傳的文字並不多，但好多文章都是要麼大段引用孫中山的「教誨」或「訓示」，來作爲其所要宣揚的民族主義之理論依據；要麼反覆敘述孫中山等人的革命經歷，通過對「革命史」的追溯來喚起今人對於民族國家的認同。

王進珊的四幕歷史劇《日月爭光》，敘述的是革命先烈陳英士（即陳其美）的事跡，從劇作前面的說明來看，它寫的是陳英士從 1915 年奉孫中山之命由日本回國、直至次年五月遇害這一段歷史，但是該劇只在《文藝先鋒》第 2 卷第 1 期上發表了序幕和第一幕，就沒有了下文，在下一期的編後記裏，編者解釋道：「進珊兄之《日月爭光》一劇，已在上期刊了一幕，近因送審尚未發還，不克續登。俟發還，當陸續刊布。盼作者與讀者原諒！」〔註33〕這樣的解釋顯然非常不可信，因爲如此契合主旋律的一部作品竟會被審查機構扣押，這簡直是難以想像的，更何況《文藝先鋒》是中宣部的機關刊物，如果國民黨的書報審查機構連它都不放過，那也太說不過去了。考慮到恰恰是從第 2 卷第 2 期起，《文藝先鋒》主編易人，李辰冬、徐霞村接替了王進珊，而且此間可能還發生了一些不愉快，王進珊甚至寫了一篇題爲《談編輯才能》的雜文，對張道藩等人進行了辛辣的諷刺〔註34〕，可以推斷王進珊的劇作被

〔註33〕李辰冬：《編後記》，《文藝先鋒》第 2 卷第 2 期。
〔註34〕參見張仲謀：《王進珊先生文學生涯七十年》，《徐州師範學院學報（哲學社會

「腰斬」，很有可能是李辰冬等人有意爲之。

　　儘管由於編輯人員之間的糾葛，使得我們無法看到這部劇作的全貌，但是已經發表的部分也非常值得關注。序幕部分是在陳英士銅像的揭幕儀式上，一隊少女的合唱和吟誦，其內容主要是歌頌陳英士爲了「國家民族與大眾的幸福」而奮鬥、獻身的精神。而第一幕則圍繞陳英士自日本返滬這一中心事件而展開，先是寫眾多革命同志一邊翹首企盼陳英士的到來，一邊談論著他的種種事跡，而後陳英士在眾星捧月般的氛圍中出現，並告訴眾人，孫中山總理此次派他回國，是要他去西南諸省組織討袁，只是暫時經過上海，但眾人竭力挽留他，並給孫中山拍去電報，請求准許陳留在上海。於是陳英士向眾人講解服從總理的重要性：「總理認爲二次革命失敗不是本黨力量不足，只緣於內部不能統一……回想這兩年來經過的事實，許多地方總理都能事先見到想到說到，可惜同志們的見識學力都不夠瞭解，以致於常常牽側總理的主張，不肯服從黨的命令」，「我所以服從總理的緣故，決不是盲從，因爲我已認識清楚，現在中國有世界眼光，有建設計劃，有堅忍精神的，除了總理以外再沒有第二個人，所以今後要達到革命的目的，必須遵照總理的主張去做。」眾人解釋說他們沒有不服從總理的意思，現在都在等總理的指示，這時有人送來了孫中山從日本發來的電報，他准許了眾人的請求，同意陳留在上海，於是第一幕便在皆大歡喜中結束。

　　這一幕戲劇所流露出來的個人崇拜色彩分外強烈，無論是上海的革命同志對於陳英士，還是陳英士對於孫中山，都幾乎是奉若神明。儘管劇中人物反覆強調只有保證革命黨內部的團結、統一才能成事，但所謂「統一」的眞正含義，其實不過是「服從」而已。在抗戰時期宣揚這樣的論調，其用意似乎頗耐人尋味：抗戰開始以後，蔣介石的個人威信逐步攀升，就連中共也因爲要與國民黨在民族主義的大旗下共事，而公開宣佈承認蔣介石的領導。當然，國內的團結一致對於抗戰而言確實是必要的，但是獨裁的傾向也非常有可能在團結、統一之類合法的幌子之下暗暗滋長。就在《日月爭光》發表之後的兩個月，蔣介石的《中國之命運》（實由陶希聖執筆）便出爐了，這部著作由中華民族的歷史談起，一直談到當下的抗戰，並涉及到當時剛剛簽訂的「平等新約」以及此後的「革命建國」等問題，看起來這似乎是一個民族主

科學版）》1991 年第 3 期；胡正強：《王進珊文藝報刊編輯故事掇拾》，《編輯學刊》1997 年第 5 期。

義話語的典型文本，但實際上其中反覆宣揚的中心不過是「一個主義一個黨」（或許還該加上未便明言的「一個領袖」），這無異於是爲國民黨、乃至於蔣介石個人的獨裁統治張目。而《日月爭光》中關於「服從」的那段話，只要換掉幾個字，如把「總理」換成「總裁」、把「革命」換成「抗戰」，就可以成爲稍後問世的《中國之命運》的一個極好注解。由此，我們或許可以看出「官方民族主義」與專制主義之間的曖昧關係。

更加有趣的追溯「革命史」的例子，是《文化先鋒》上一個很小卻頗引人注意的欄目，即「建國曆詳解」。它由徐貢眞（即刊物編者徐文珊）執筆，內容是介紹刊物發表的當天或臨近幾天，分別爲哪些歷史大事的紀念日，這有些類似現在某些媒體上常見的「歷史上的今天」，但正如「建國曆」這個名稱所昭示的，其獨特之處在於所介紹的紀念日多與中華民國的建立有關。從第 1 卷第 3 期起，至第 2 卷第 13 期止，這個欄目共出現了近三十次，一般每次介紹一個紀念日，有時也會一次介紹兩個或三個，介紹時先敘述「事實」，再講「紀念辦法」，有時還會附上一段「重要文獻」。這些紀念日包羅甚廣，有的是關於孫中山的生平的，如「十月十一日國父倫敦蒙難紀念日」、「十一月十二日國父誕辰紀念日」、「三月十二日總理逝世紀念日」、「六月十六日國父廣州蒙難紀念」；有的是關於其他革命先烈的生平及其領導的革命運動的，如「九月二十一日革命先烈朱執信先生殉國紀念日」、「十月三十一日先烈黃克強先生殉國紀念日」、「十二月五日肇和兵艦起義紀念日」、「十二月二十五日雲南起義紀念日」、「三月二十三日先烈鄧仲元先生（鏗）殉國紀念日」、「五月十二日先烈胡展堂先生逝世紀念日」、「五月十八日先烈陳英士先生殉國紀念日」、「六月六日秋瑾女俠殉國紀念日」；有的是關於抗戰期間的大事的，如「十一月二十一日防空節」、「一月二十八日淞滬抗敵紀念日」、「三月十二日國民精神總動員紀念日」；有的則是直接取自國際上的紀念日，如「十一月十七日世界學生日」、「三月八日國際婦女節」、「五月一日國際勞動節」、「六月一日國際兒童節」、「國際合作節」；另外還有對「國恥」之類的負面事件的紀念，如「九月十八日國恥紀念日」、「十二月三十一日袁世凱叛國稱帝」等。

「紀念日」的設置，是一件很奇妙的事情，它的本質可以被理解爲意在喚起某種集體記憶的招魂術。在單向的、線性的時間之流逝過程中，歷史上的某一時刻一旦過去，就再也不可能復返，無論在這一時刻發生過如何驚天動地的大事件。「今天」的紀念日與實際的歷史之間僅有的聯繫，不過是日曆

上的一個數字而已，但是這種毫無驚人之處的數字上的「巧合」，卻能被賦予無窮的意義。一年裏的每一個日子，在歷史的長河中都可能找到與之對應的日期裏發生過的無數大小事件，對於這些事件，任何人都不可能一一記清，至於哪些事件是「應該」記住的，哪些事件是可以忘卻的，則是因人而異，而且帶有極大的偶然性。不過通過「紀念日」的設置，則可以強化對於某些事件的記憶，同時淡化另外的一些記憶，並以此服務於當下人們的某種需要。可以說，「紀念日」以及與之相關的紀念活動，是克羅齊的名言「一切歷史都是當代史」的一個絕妙注解。

對於現代民族國家而言，「紀念日」的意義尤其重大，因爲民族問題的核心便是「認同」問題，而要達至對民族國家的認同，便需要不斷喚醒並強化人們的集體記憶。《文化先鋒》上的「建國曆詳解」欄目，發揮的恰恰是這樣一種功能，縱觀這個欄目先後介紹的四十餘個紀念日，其中大部分都與中華民國的建立和發展有著直接或間接的關係，儘管這些紀念日裏曾發生過的歷史事件未必有多麼「重大」〔註35〕，但是它們一旦被挑選出來，就被賦予了神聖的使命：它們共同組成了一個意義的鏈條，用以說明那些「建國者」的種種行動都是爲了同一個共同體，而且今天的每一個國民都和那些先烈同屬於這個民族共同體。因此，這一抗戰版的「歷史上的今天」所發揮的作用，就絕不僅僅是介紹歷史知識，而更主要的是向讀者灌輸民族國家的觀念。

值得注意的是，除那些和「建國」有明顯關係的紀念日外，「建國曆詳解」還介紹了幾個比較特殊的節日，即「十月十日戲劇節」（它和中華民國的國慶日是同一天）、「三月三日美術節」和「陰曆五月五日詩歌節」。表面看來，這些節日都是關乎文藝方面的，混在其他紀念日裏面似乎有些奇怪，但是只要看看刊物編者對它們的說明，就可以明白它們和整個欄目的主旨並無相悖之處。比如「戲劇節」的「事實」和「紀念辦法」分別是：「民國二十七年十月，中國（原文如此，應爲「中華」之誤）全國戲劇界抗敵協會在陪都重慶公同規定，每年雙十節爲戲劇節」，「此爲人民團體自行規定之節日，中央無明令規定。全國戲劇界多自行集會紀念，或並公演戲劇，宣傳抗戰建國之要義，

〔註35〕比如孫中山的兩次「蒙難」，其實只不過是有驚無險，他最終都得到解救，如果離開民國時期的語境，讀者恐怕很難理解這有什麼值得大張旗鼓地紀念的；另外在如此之多的「先烈殉國紀念日」中，許多先烈的名字對於如今的非專業讀者而言，恐怕都是相當生疏的。

以喚起民眾。」〔註36〕而關於「詩人節」的說法則是：

> 抗戰以來，國內詩人咸感屈原詩風人格，兩俱不朽。於愛國詩
> 人中最早最著，丁茲大敵當前，國勢砥危之際，允宜秚式前賢，用
> 勵來者。因於民國二十八年七月，由陪都文學家舒舍予等召集在渝
> 文藝作家開會，公議以每年的陰曆五月五日，愛國詩人屈原殉國紀
> 念日爲詩人節，藉以紀念前賢，並資策勵云云。〔註37〕

徐貢真對這些節日的「事實」敘述未必準確〔註 38〕，但是關於設立這些
節日的目的，他的說法還是可信的，即文藝界人士在抗戰期間，爲了讓文藝
更好地發揮宣傳作用，爲「抗戰建國」的目標服務，才倡設了種種節日。一
個明顯的例證是，新文學的四種主要體裁裏面，只有詩歌和戲劇有自己的節
日，而小說和散文則沒有，這可能在很大程度上是因爲詩歌可以朗誦、戲劇
可以演出，它們都能夠直接面向大眾而進行宣傳，而小說和散文的宣傳功能
則不能發揮得那樣直接。所以這些和文藝有關的節日，其著眼點基本不是在
藝術方面，而是帶有極強的現實功利目的。不過無論如何，這幾個文藝節日
廁身於那些「革命史」上的「重大事件」之中，還是在一定程度上顯示了文
藝在「抗戰建國」的過程中所得到的重視。

第四節　「平等新約」與邊疆問題

在四十年代前期，除了抗戰這一整個社會的中心事件外，其他一些內政
外交上的焦點事件也時常會激起人們的民族主義情緒，比如 1943 年中國與英
美兩國簽訂的「平等新約」，以及戰爭時期此起彼伏的邊疆問題等等，都受到
了整個社會的普遍關注。《文化先鋒》在這些事件中，也都發出了自己的聲音，
而且有時其視角還頗爲獨特。

1943 年 1 月 11 日，國民政府與英美兩國同時簽訂了新的條約，以代替自
晚清以來強加在中國人民身上的不平等條約。這是抗戰時期、乃至整個民國
期間中國在外交方面取得的最重大勝利之一，不過其過程頗費周折：早在抗

〔註36〕徐貢真：《建國曆詳解》，《文化先鋒》第 1 卷第 6 期。
〔註37〕徐貢真：《建國曆詳解》，《文化先鋒》第 2 卷第 7 期。
〔註38〕王家康在《四十年代的詩人節及其爭論》（《中國現代文學研究叢刊》2003 年
　　　　第 1 期）中就指出，詩人節的設立時間應該是在 1940 年的 6 月 10 日，而不
　　　　是徐貢真所說的 1939 年。

戰爆發之初，國民政府就曾多次與英美兩國交涉，提出修改不平等條約，但直到 1941 年 5 月，美國才通過與國民政府換文的方式，同意進行關於廢除治外法權、交還租界等事宜的談判，換文公開發表後不久，英國政府也做了同樣的表態，但兩國均要求等到遠東恢復和平以後才能開始談判。蔣介石對美英提出的「戰後廢約」非常不滿，因爲抗戰以來中國對於日本的奮力抵抗已經獲得了國際上的認可，中國戰場已成爲世界反法西斯戰線的一個重要組成部分，因此他認爲不平等條約的存在與中國當時的國際地位極不相符，希望實現「戰時廢約」。另一方面，太平洋戰爭爆發後，中國各地租界以及香港、九龍等地均爲日軍佔領，英美兩國在華特權實際上已喪失殆盡，所以美國也樂得做一個順水人情，英國雖仍然有些不情願，但他們畢竟與中美兩國是盟友，在兩國的堅持下，也不得不同意盡快廢約。〔註39〕

　　1942 年 10 月 10 日，美英政府發表聲明，宣稱將立即與國民政府展開談判，以盡快締結一個廢除治外法權等特權的條約〔註40〕。此後的談判雖然困難重重，但最終還是在中美英三方均作出了一定的妥協與讓步之後，於 1943 年初締結了新約。儘管對於國民政府而言，新的條約中還是存在種種遺憾，比如英國拒不交還香港、九龍，就令中方十分不快，但這畢竟是一個非常值得慶賀的成果，一系列曾經嚴重傷害國人自尊心的特權從此被廢止，包括領事裁判權、使館界及駐兵區域、租界、特別法庭、外籍引水人（即領航員）、軍艦行駛特權等等〔註41〕。當然，簽訂平等新約的眞正影響，在精神層面遠遠大於事實層面，誠如史家所言：「由於美英在日占區利益已完全消失，放棄治外法權的實際效果很小，但它在心理上產生的影響卻十分重大。不平等條約的廢除對激勵中國人民抗日的鬥志有極大的作用。同時，在中國對外關係歷史上也是一件劃時代的大事。但是，由於中國落後的科技與經濟，低下的國際地位，還不能完全取消不平等條約所帶來的影響和後遺症。」〔註42〕

　　對於此次事件，《文化先鋒》從頭至尾都表現出了密切的關注。該刊第 1 卷第 2 期的頭一篇文章，就是潘公展的《中國的國際地位》，這一期出版於 1942

〔註39〕張憲文等著：《中華民國史》，第三卷第 172 頁。

〔註40〕秦孝儀主編：《中華民國重要史料初編・對日抗戰時期・第三編：戰時外交》第三冊，第 713 頁，中國國民黨中央委員會黨史委員會編印，1981 年 9 月。

〔註41〕秦孝儀主編：《中華民國重要史料初編・對日抗戰時期・第三編：戰時外交》第三冊，第 695～698 頁。

〔註42〕張憲文等著：《中華民國史》，第三卷第 175 頁。

年 9 月 8 日，此時距離廢約談判正式開始還有一個月，所以這篇文章中並沒有正面提到「平等新約」，但是從其字裏行間明顯可以看到爲此次談判造勢的意圖。文中先是引用蔣介石的講話，說中國的抗戰是一次「道德與罪惡」、「公理與強權」的競爭，其成敗關係著「人類幸福的再造」和「世界正義的確立」，次則回顧抗戰初期，中國是如何作爲「世界上反侵略的唯一國家」而孤軍奮戰的，並說如今世界性的反法西斯戰爭之局面的形成，是在我們的預期中的，在五年的抗戰中，是中國人憑藉自己的「節操與志氣」，才一步步實現了這一預期，由此強調「中國對全世界的民主制度，全人類的自由幸福貢獻的偉大」。文章還引用了美國媒體上的文章以及美國國務卿的言論等，來證明中國對於世界的重要性。接著，文章回顧了抗戰的進展過程，並展望今後戰爭的走勢，結尾處則著重強調「中、英、美密切團結一致」的重要性。這篇文章所反覆申說的，就是中國的抗戰對整個世界的重要意義，而這也正是中國政府向英美提出廢約請求之合法性所在，因此它的現實指向非常明顯，而且結尾強調中、英、美之間的團結，也帶有強烈的暗示意味。

　　如果說潘公展的文章只是爲締結新約這一事件的到來做了一些鋪墊的話，那麼杜若君在談判正在進行之時發表的《條約上的「互惠」與「平等」──條約交涉中一個技術問題的研究》〔註 43〕，則是直接在爲締約談判出謀劃策。正如文章的副標題所顯示的，該文討論的是一個很具體的技術問題，即外交條約中的「互惠」條款。作者的核心觀點是：「平等」的國際條約固然應該是「互惠」的，但「互惠」的條約未必「平等」，因爲實現互惠的方式有兩種，一是比照對第三國人民待遇之標準，即「締約國應以待遇第三國人民的最優辦法，互相優待」，這就是「最惠國待遇」條款；一是比照對本國人民待遇之標準，即「締約國雙方人民，在對方國境內應納稅捐租賦，不得超過所在國本國人民所納之數」，這就是「國民平等待遇」條款。但是這兩種條款對中國而言都是極爲不利的，一方面，因爲中國與許多國家簽訂過不平等條約，主權已不完整，而美英等國的主權則是完整的，所以如果中國與其互享「最惠國待遇」，那麼他們仍然可以享受其他國家在中國所有的特權，而中國在彼國則無法享受同等特權；另一方面，「國民平等待遇」對於中國而言也不過是一紙空文，因爲外人在中國投資經商者遠遠多於在海外投資的中國華僑，所以這樣的條款只能讓中國吃虧，更何況一旦給予他國「國民平等待遇」，

───────────────

〔註43〕發表於《文化先鋒》第 1 卷第 12 期。

政府便喪失了一部分保護本國公民的手段，這對於政府行使其對內職能的能力是一個很大的考驗，而中國政府這方面的能力顯然不如英美等國。因此，作者對這次新約的簽訂能否達成真正的「平等」，表示了一定程度的憂慮。

從後來中國與英美兩國簽訂的條約上看，所謂「互惠」條款並未明確出現，因此杜若君的擔心似乎變成了杞人之憂。但是這篇文章所反映的心態卻是相當真實的：近代以來中國積貧積弱的事實，已經讓作者很難樂觀起來，即使面對簽訂「平等新約」這樣的好事，他也保持著相當的謹慎。而且從條約簽訂後的實際效果看，它也確實沒能從根本上改變中國的國際地位，蔣介石後來甚至向美國抱怨：中國雖通過種種條約和會議而得以躋身「世界四強」，但是「名義上提高其國際地位之外，究竟得何益處？」〔註44〕由此可見，杜若君的擔心也並非毫無道理。

新約簽訂以後不到一個月，《文化先鋒》便策劃在第一卷第22期推出「平等新約特輯」，只是時間過於倉促、未能及時集齊稿件，所以才推遲到了第24期刊出〔註45〕。該特輯的第一篇文章仍然出自杜若君之手，不過與之前的文章相比，作者這一次的態度明顯變得樂觀了一些，這主要是因為在美英兩國與中國締結新約以後，比、荷、挪、巴等國也紛紛宣佈放棄在華特權，與中國之間仍有不平等條約的國家中，只有瑞士、瑞典等少數幾個國家尚未表態，但這些國家在中國本來就沒有什麼重大的利益，「所以我國廢除不平等條約的希望，現在可謂已經實現」〔註46〕，作者此前擔心的由於只和個別國家簽訂平等條約、而其他國家仍然享有特權所造成的麻煩，已經不復存在。不過該文主要的篇幅還是用來討論新約中的一個具體問題，即「內地開放」，因為這是普通民眾最為關心、也最為擔憂的一個問題，所以作者對此做了詳細的解釋，他認為國人對此是不必過分憂懼的，其理由是：第一，內地開放與國民平等待遇，現在已成為國際關係中的一種慣例；第二，內地開放只是一種原則，並非有了這一條款就可以消除國界限制，國家仍可對外國人的活動加以干預和限制；第三，國民平等待遇並未完全剝奪政府保護人民的權利，而且外國人所享受的平等待遇主要體現在法律保障及租稅徵收方面，其他待遇如

〔註44〕秦孝儀主編：《中華民國重要史料初編·對日抗戰時期·第三編：戰時外交》第三冊，第700頁。

〔註45〕見第1卷第22期的《編後記》。

〔註46〕杜若君：《平等新約訂立以後——並論內地開放問題》，《文化先鋒》第1卷第24期。

政治權利等，仍只有本國公民能夠享有；第四，以往中國雖未開放內地，但外人實際上已獲得在內地的居住權，條約不過是承認了一個既成事實而已；第五，內地開放是利用外資的一個重要步驟；第六，國民平等待遇是相互的，這使得我國千百萬僑胞的利益得到了保障。

對比杜若君發表於新約簽訂前後的兩篇文章，我們不但能發現態度上的不同，就連具體的觀點也變化很大（這主要體現在對「國民平等待遇」的評價上），如此鮮明的對比頗耐人尋味：未簽約時，作者雖然明知這是好事，但仍顯得憂心忡忡，這背後其實是一百年來的屈辱經驗帶給整個民族的心理陰影；一旦新約簽訂，作者心中的陰霾頓時煙消雲散，即使對於之前意識到的問題，此刻也會更加關注其積極的一面，由此可見平等新約對於國人心理的影響之一斑。另外，和其他關注新約問題的文章之大唱高調不同，杜君若總是在最重要的細節上著眼，所以編者在編後記中稱讚他的文章「是就目前事實討論實際問題，是極切實而有用的文章」〔註47〕，這也並非過譽。

「平等新約特輯」中另一篇值得關注的文章，是胡一貫的《平等新約與民族文化》，這篇文章並沒有把平等新約的簽訂僅僅當做一次外交事件，而是試圖探索其背後的文化意義。文章分三部分，第一部分為「條約與文化的關係」，作者認為條約屬於制度範疇，而文化則屬於思想範疇，制度和思想是互相影響、互相制約的，他舉例說：當初的條約之所以劃定租界，就是因為清末的士大夫抱著「鳥獸不可與同群」的陳腐思想，主張「用夷法，制夷人」，所以才寧可把某地劃給洋人，也不願意與他們雜居；租界形成以後，裏面的居民又形成了一種洋涇浜的思想，和洋涇浜的生活方式，由此可見條約和文化之間的密切關係。第二部分為「不平等條約與文化低落」，主要觀點是：不平等條約是民族自信心喪失的罪魁禍首，因為戰爭的失敗只是一時的打擊，國人還能以「勝敗乃兵家常事」自慰，但條約則是一種常態化、持續性的束縛，它逐漸造成了國人的自卑心理，於是大多數人失去了對民族文化的自信力，轉而盲目模仿外國；而究竟應該模仿哪一國的文化又是眾說紛紜，因此又造成了文化的混亂；由文化的混亂造成諸多社會問題，由社會問題進而導致持續的內亂，最終又反過來致使文化自身也漸漸低落。第三部分為「平等新約與民族文化」，主要講的是平等新約對於民族文化復興的重要意義：第一，可以恢復民族文化的的自信力，第二，可以糾正我們對於其他民族文化

〔註47〕《編後記》，《文化先鋒》第 1 卷第 24 期。

的鄙視心，第三，可以提高我們對世界文化的義務感〔註48〕。最後作者又論述了一番「如何建設民族文化」，不過這一部分除了重彈《文化先鋒》創刊之初那些關於「三民主義文化」的舊調以外，並沒有說出什麼新東西。

從學理的角度看，胡一貫的文章裏有好多觀點都是站不住腳的，比如他把不平等條約的廢除歸功於「文化鬥爭」，就有些令人莫名其妙；他還說中國的軍閥混戰之根源也在文化上，「數不清的武人，固各有其文化思想，而不得不混戰一場」，這就簡直是信口開河了；另外在講新約對民族文化的影響時說「因為這條約既是完全根據民族自由平等的精神，則民族間底文化，也當然是自由平等的」，所以我們既不該對本民族的文化妄自菲薄，也不該輕視他民族的文化。儘管他的結論不能說沒有道理，但是從條約的「平等」直接推論出民族文化的「平等」，在邏輯上卻顯得十分拙劣。最後作者還講到戰爭和文化的關係，「這一次的世界大戰，其起因還是由於文化底矛盾或失調，是由於侵略國家黷武主義與仇恨恐懼的哲學……我們不應當以中國愛好和平的文化，去補救黷武主義的文化嗎？」這又顯然是「文化萬能」的淺薄論調。不過儘管如此，該文作為《文化先鋒》上唯一一篇專門探討平等新約與民族文化之關係的文章，還是有其獨特的價值，畢竟這次外交事件對於整個民族的文化心理，有著難以估量的影響，而且胡一貫對這種影響的分析，也有一部分是準確的，只是其深度有限而已。

在推出「平等新約特輯」以後的數月內，《文化先鋒》上又陸陸續續刊發了一些與此次事件有關的文章，直到1943年5月，還出現了陳盛清的《中美新約生效以後美國對待華僑問題》。此時距離條約生效已經四個月，但是美國限制、歧視華人的種種規定仍未廢止，為此，作者首先歷數了自1880年的《中美續修條約》簽訂以來美國先後頒佈的針對華工的歧視政策，接著列舉了至今仍然存在的美國對華僑民的不平等待遇，最後呼籲中國政府與美國就此展開進一步的談判，並且說：「至於華工的遠涉重洋，到太平洋彼岸去謀一己生活的解決，在這一次戰爭結束以後，事實上恐怕也就未必再會是一個值得美人重視的問題了。何以故？因為戰後的中國失土盡復，有廣大的幅員，期待於國人去開發……所以今後華人不再有大舉向美移殖的可能，當可不容置辯。我們願意美國朝野，三復斯言。」〔註49〕最後這一段對於「美國朝野」

〔註48〕胡一貫：《平等新約與民族文化》，《文化先鋒》第1卷第24期。
〔註49〕陳盛清：《中美新約生效以後美國對待華僑問題》，《文化先鋒》第2卷第6期。

的告誡，似乎充滿了民族自豪感，但是我們也能從中隱隱讀出某種「弱國子民」的無奈。這篇文章爲《文化先鋒》對「平等新約」的關注畫上了一個句號，但這個句號顯然並不讓人愉快。

回顧《文化先鋒》關注「平等新約」的整個過程，從 1942 年 9 月發表潘公展的文章起，至 1943 年 5 月發表陳盛清的文章止，前後歷時大半年，相關文章不下十篇，內容涉及中國的國際地位、條約的具體細節、新約對民族文化的影響乃至條約簽訂後的落實情況等等，涵括了此次事件的方方面面，而各位作者的態度，也從談判前的期待、談判中的疑慮、條約甫一簽訂時的興奮直到幾個月後的失望與不滿，變化的軌跡非常耐人尋味。可以說，國人的民族情緒被「平等新約」充分地調動了起來，這情緒中既有解除束縛的輕鬆感、國家地位提高的自豪感，也有由於認識到國家實力仍舊孱弱而帶來的危機感，乃至看到條約未能完全落實的失落感。在抗戰的背景下，沒有人會認爲平等新約是英美等國對於中國的「恩賜」，而是把它當作中國爲世界反法西斯戰爭所做出的貢獻之應有回報，但是在簽約的前前後後出現的一些不和諧音符，卻也不時刺激著人們的神經，讓他們既意識到這次事件意義的重大，也意識到了這種意義的限度。

如果說不平等條約的廢除，去掉了一百多年來籠罩在國人心頭的一團烏雲的話，那麼同樣是長期存在、且在四十年代不時激起波瀾的邊疆問題，卻仍是一塊巨大的陰影。

首先是新疆問題。早在 1933 至 1934 年，盛世才就請求蘇聯紅軍進入伊犁和迪化（即今烏魯木齊），幫助他建立了親蘇的地方政權，後來蘇聯又多次幫助盛世才整編軍隊、提供貸款等等，甚至曾出兵替他平定叛亂。抗戰爆發後，蘇聯爲中國提供了巨大的軍事援助，而援華物資中的絕大部分都要假道新疆，所以盛世才便以保護公路爲藉口，邀請蘇聯紅軍一支機械化部隊開入新疆，而國民政府由於要仰賴蘇聯的援助，對此只能默許。直到蘇德戰爭爆發後，善於見風使舵的盛世才覺得蘇聯靠不住了，遂決定投靠蔣介石，宣佈「放棄馬克思主義，信仰三民主義」。蔣介石認爲這是收復新疆主權的天賜良機，但是蘇聯方面卻於 1942 年 7 月 9 日將蘇聯外長莫洛托夫致盛世才的一封信抄送給蔣介石，信中歷數盛世才的多次反蔣歷史，並稱蘇聯每次都堅拒了盛的要求，並勸他服從中央政府。蔣介石看出這是蘇聯的挑撥離間之計，於是一方面召見蘇聯駐華大使，要求蘇聯以後不要與新疆當局交涉，凡是涉及

到新疆的問題都要與中央政府直接商議，另一方面多次安撫盛世才，並要求他趕走蘇聯的軍隊和專家顧問，同時在新疆境內「清共」。盛世才果然遵照蔣介石的指示，對蘇軍下了逐客令，從 1943 年 4 月中旬起，蘇聯的軍隊和專家顧問陸續撤離新疆〔註 50〕。自此新疆問題雖然暫時平息，但盛世才統治新疆期間橫征暴斂，終於激起了少數民族牧民的反抗，1944 年 8 月爆發了伊寧、塔山、阿勒泰三區暴動，並一直持續到抗戰勝利後〔註51〕。

其次是西藏問題。抗戰爆發後，英國利用國民政府忙於抗戰、無暇顧及西藏事務的時機，加強了對西藏的控制和領土擴張，不時策動西藏「獨立」活動，尤其是圍繞中印交通問題實施了一系列動作，使得漢藏關係頻頻出現危機。1940年夏中國曾計劃修築一條從西康經由雲南、西藏通往印度的公路，以運送國際援助物資，但是英國唯恐此舉使得國民政府加強對西藏的控制，於是唆使西藏當局出面反對。而中央政府修路的決心是堅定的，遂屢次下令要求藏方遵辦，而西藏噶廈倚仗英國撐腰，依然堅持反對立場，導致雙方僵持不下。到了 1942年，英國又主動提出美國援華物資從印度經西藏運往中國的問題，同時藉口安撫西藏，要求中英兩國共同發表「公開尊重西藏自治權」的聲明，對此國民政府斷然拒絕，並表示這條路線必須由中國政府派員管理。而西藏當局則於 1943年 1 月宣稱只有在西藏、中國、英印達成協定的情況下，他們才同意開闢通道，這就無異於把西藏與中英等國平等地並列為「獨立國家」，因此國民政府再次拒絕。於是同年 4 月，西藏當局下令在同中央政府和英國達成協議前，停止運輸所有從印度運往中國內部的貨物。西藏局勢的演變，使得蔣介石覺得單靠政治手段已經不足以解決問題，遂於 1942 年 10 月批准了軍令部擬定的對藏用兵計劃，並於 1943 年 4 月命令西康等地的軍隊開赴西藏，計劃先武力奪取昌都，再進行政治談判。英國政府對此進行了態度強硬的干涉，而國民政府的回應也同樣強硬，堅稱中國在國內調遣軍隊與他國無關。最終西藏噶廈在中央政府和英國的雙重壓力下（英國也嫌其「停運」舉措太過分），不得不做出讓步，而中央政府也順勢對其改取安撫策略，這一次危機才得到化解。與中印交通問題同時，還發生了西藏設立「外交局」、英國向西藏輸送武器彈藥等事件，凡此種種，都讓西藏的局勢在整個抗戰後期顯得錯綜複雜〔註 52〕。

〔註 50〕 張憲文等著：《中華民國史》，第三卷第 197～200 頁。
〔註 51〕 張憲文等著：《中華民國史》，第四卷第 183～185 頁。
〔註 52〕 陳謙平：《抗戰前後之中英西藏交涉（1935～1947）》，第 144～184 頁，三聯

　　《文化先鋒》創刊於 1942 年下半年，在其創刊後的一兩年內，恰恰是新疆、西藏問題愈益激化的一段時期，刊物上也出現了大量有關邊疆問題的文章。不過，這些文章中的絕大多數都不會正面提及正在發生的政治、軍事事件，而主要是從邊疆地理、歷史、文化等角度來討論，並且往往以學術文章的面貌出現。其原因可能有二：一是邊疆問題涉及到民族、宗教、歷史等諸多敏感話題，其複雜程度是可以想像的，如果正面討論當時的熱點事件，恐怕難免有許多顧忌；二是邊疆問題和英、蘇等國有密不可分的關係，而中國和這些國家在戰爭中又是盟友，所以在刊物上抨擊他們也很難掌握分寸。這樣，《文化先鋒》就採取了一面關注邊疆問題，一面又和時事熱點保持一定距離的話語姿態。這種姿態並非《文化先鋒》所獨有，在四十年代曾有過一個專門關注邊疆問題的刊物《邊政公論》，它於 1941 年創刊於四川巴縣，一直延續到 1948 年。該刊雖然以「邊政」爲名，卻同樣極少涉及時政，而基本是以學術刊物的面目出現的。在《文化先鋒》上探討邊疆問題的作者，也幾乎全部在《邊政公論》發表過文章，因此兩個刊物上關於邊疆問題的文章內容、風格都很接近。

　　丁實存的《新疆書目提要》，最初就是在《邊政公論》上面連載的，自 1943 年 1 月起，才改由《文化先鋒》續載，直至 1944 年 4 月方才續完，是所有在《文化先鋒》上連載的著作中持續時間最長的一部。這份書目提要介紹了從明初一直到現代的關於新疆（西域）的著作，總計近 200 部（包括《邊政公論》上連載的部分），涉及內容十分廣泛。按照作者在凡例中的說法，「本書編輯之主旨，專爲讀者之便利；故提要文字，偏重介紹其書之內容，評論頗少。」〔註 53〕但是不做評論並不代表作者沒有態度，實際上這種將自古至今有關新疆的文獻匯總起來的做法，本身就是在傳達一種信息，即新疆一直以來都是中國的領土。另外在對那些著作的簡要介紹中，也不乏「微言大義」，比如在介紹清末的一部《新疆國界圖志》（王樹枏著）時，作者就大段引用了原書關於新疆自清朝中後期以來疆域變化的說明，其中歷數俄國是如何對清朝領土蠶食鯨吞的，從「咸豐以來，海內多故，俄人乘釁，誘我藩屬」等語中，我們可以明顯看出作者的痛惜之情。再聯繫到該書目連載之時，恰逢盛世才投靠國民政府、蘇聯軍隊有望撤離之際，因此讀者很容易將這些歷史文

書店，2003 年。
〔註53〕丁實存：《新疆書目提要》，《文化先鋒》第 1 卷第 19 期。

獻與現實聯繫起來。正如《文化先鋒》編者在初次刊載該書目時介紹的：「目錄之學爲治學要端，而有關邊疆書目，尤爲目前所急切需要者。作者此稿，賅博精審，頗便應用……」既強調「治學」，又說「目前所急切需要」，這正是對該著集學術價值和現實關懷於一身的特點之最好概括。

除此之外，《文化先鋒》上和新疆有關的文章還有多篇，如王維屏的《新疆地位價值之復活》（第 1 卷第 7 期）、胡煥庸的《新疆地理》（第 1 卷第 22 期）、梁寒操的《新疆之文化》（第 2 卷第 8、9 期連載）等等。這些文章的作者中既有各個領域的專家，也有國民黨的官員，但是他們的文章無一是爲學術而學術的，而都有鮮明的現實指向。如胡煥庸的《新疆地理》一上來就追溯開發新疆的歷史：「新疆的『新』，是因了新疆省成立來不過六十年歷史，好像是新的邊疆，其實倒不然，開闢新疆還在二千年以前的通西域，要說到和新疆的關係，那麼也許得更推前數千年。」在介紹新疆在交通方面的重要性時則說：「從古以來，新疆便是東西交通大道……自從抗戰以來，國際交通最初是取道廣州香港；廣州淪陷，便是安南；安南陷落，便是緬甸；緬甸失守，現在唯一的只有新疆這條路了。」〔註 54〕抗戰期間蘇聯出兵新疆，正是以保護公路爲藉口，此時作者強調新疆交通的重大意義，言外之意似乎就是我們應該把它控制在自己手裏。梁寒操的《新疆之文化》除講宗教文化外，還用很大篇幅談「馬列主義文化」，但是作者認爲，這種文化在新疆雖被廣泛宣傳，卻不可能落地生根，因爲「社會主義是高級工業社會所產生的政治理論，主張階級鬥爭，沒收資本及生產工具，這種事實，絕不會發生於游牧社會或半農業社會」〔註 55〕。這顯然是針對蘇聯說的，作者在探討邊疆問題的時候，也順便摻進了點意識形態鬥爭的成分。

關於西藏的文章也經常出現在《文化先鋒》上，但和新疆問題比較起來，西藏問題在抗戰後期顯得更加尖銳，所以涉及到西藏問題的文章也往往寫得更加謹慎。比如田榮的書評《讀〈西藏民族政教史〉》，評論的是一部歷史著作，該著作者法尊法師梳理了西藏從古至今政教合一的歷史。從書評中的介紹來看，該著似乎包含了一些敏感內容，比如一些歷史問題，以及一直延續到當時的教派分裂和教派鬥爭等等，但書評作者對於這些內容除了簡要的介紹外，幾乎完全不做評論，他所反覆強調的只是這本書在「溝通漢藏文化」

〔註 54〕胡煥庸：《新疆地理》，《文化先鋒》第 1 卷第 22 期。
〔註 55〕梁寒操：《新疆之文化》，《文化先鋒》第 2 卷第 9 期。

方面的意義，認爲它可以「供研究邊疆文化的同志們參考」〔註 56〕，這大概是評價一部有關西藏的著作所能採取的最「安全」視角。

相對而言，田榮另一篇關於西藏的文章《鞏固康藏邊區的基本工作》筆鋒還算比較犀利，這篇文章一上來就說：「康藏邊區，是我國西陲一塊廣大肥沃的土地。只因自滿清政府施用分化政策後，一班帝國主義者，乘機而入，大作其政治活動，致使康藏邊區的同胞漸漸和內地由生疏而隔離了，甚至幾乎成了獨立的狀態。」因此，作者提出了四點鞏固康藏邊區應採取的措施：替康藏同胞解除痛苦；制止侵略者潛勢力的活動；尊重康藏同胞的宗教信仰；從事文化的溝通。這四點建議中，第一、三、四點平淡無奇，是大多數討論邊疆問題的文章都會提到的，但是作者的第二點建議，卻直接將矛頭指向了外國侵略者：「在康藏各地，只要稍微一注意，侵略者潛勢力的活動便到處可以看見。這除了我們的敵人——日本派遣有一班爪牙在那裡活動外，其他帝國主義者的暗中活動亦大有人在。」〔註 57〕雖然作者還是沒有點出英國的名字，但在當時恐怕沒有讀者不明白文章的矛頭所指。看來英國這個「盟友」在西藏的所作所爲，確實已經讓人忍無可忍了。

太虛法師的《西藏問題之適當解決》，是《文化先鋒》上關於邊疆問題的文章裏唯一一篇正面討論時政的。儘管作者解釋說所謂西藏問題「非西藏之地域及藏民本身有何種之問題，乃如何能融合爲大中華民族而共建成新中華民國之問題也」，但他還是正面提到了「滇緬公路被斷之後，需以西藏爲國際之道路者尤亟，乃西藏之梗阻反固而益甚，致中樞不得不另謀解決之方法，而漢藏之隔膜逐愈形複雜」的事實。而他給出的解決方案則是從文化教育方面著手，在他看來，西藏的亂源在於一般民眾「無安穩的經濟，無系統的教育，無組織的政治」，但在西藏的僧侶中不乏一些高僧大德，他們代表著一種可貴的文化，「設因鹵莽滅裂而破壞之，豈惟國族之不幸，抑亦人類文明之損失！」文中主要論述的，便是如何尊重並利用「藏族原有之佛教文化」的問題，作者的建議是先由中樞主管機構、西藏地方政府和優秀藏族僧人聯合組織一個藏民福利委員會，再由有聲望有學識且「傾誠內向」的喇嘛、明達藏事的漢僧和「學貫中西信解佛學」的教育家共同組建一所師範學校，既教授佛學，也傳授人文社會及自然科學知識，這樣「浸習既久，然後漢藏人民乃

〔註 56〕田榮：《讀〈西藏民族政教史〉》，《文化先鋒》第 2 卷第 1 期。
〔註 57〕田榮：《鞏固康藏邊區的基本工作》，《文化先鋒》第 2 卷第 15 期。

眞能水乳交融而化成大中華民族矣。」〔註58〕

實際上，造成西藏問題的最重要原因是上層統治者（在政教合一的體制下，這些統治者也基本都是高僧）受到外國勢力的操縱與控制，而在西藏的普通民眾中間則未必有多麼嚴重的離心傾向，所以太虛的觀點似乎與事實南轅北轍，但是他爲漢藏文化融合所提出的具體設想仍然有一定的積極意義。另外可以看得出來，在國民政府向西藏大兵壓境之際，身爲佛教徒的太虛在這裡表達了一種隱憂，他擔心的其實是西藏獨特的佛教文化，會因爲捲入戰火而遭到毀滅。因此，太虛的文章也爲邊疆問題的討論提供了一個獨特的視角。

雖然《文化先鋒》上發表了大量討論邊疆問題的文章，但是邊疆題材的文學作品卻比較少見，因此顧一樵的組詩《南疆雜詠》就顯得彌足珍貴。這些詩作發表於1944年3月，寫的是作者遊歷南疆的見聞，此時新疆正處於從蘇軍撤離到三區暴動發生之間的一段短暫安穩期內，所以作者能夠以一種相對輕鬆的心態欣賞新疆的自然美景和人文古跡。這些詩裏用典頗多，有的是化用古代邊塞詩中的句子，如《塞外江南》：「未夢江南尋塞外，已隨明月到南疆。故人爲說陽關道，此去陽關路也長。」有的則會提到一些史實，如《阿克蘇》：「阿克蘇城縈白水，古州溫宿最豐收。稻粱盡足三年食，更有瓊漿日夜流。」溫宿是秦漢時期西域的一個小國，阿克蘇古時即爲其屬地，但直至光緒八年（1882年）清政府才置溫宿州，此前該地雖也受中央政府的管轄，但一直未置州縣。此處作者不說「古國」卻說「古州」，顯然是在強調此地自古以來都屬於中國。另如《香娘娘墓》：「不事君王思故土，飛泉疏勒是家鄉。香風十里安魂處，千載琵琶骨自香。」〔註59〕「香娘娘」即香妃，關於她的身世有種種傳說，甚至位於疏勒的「香娘娘墓」究竟是否眞爲她的墓地也眾說紛紜，唯一能夠確定的只是她是乾隆的一個維吾爾族妃子。但她被冊立爲妃，畢竟是代表著民族交流、民族融合的事件，因此作者吟詠她的故事，也頗有深意。

在《文化先鋒》討論邊疆問題的過程中，《文藝先鋒》並沒有明顯地與之配合，只是到了1945年7月，《文藝先鋒》上才發表了一首新詩《給星星》，它吟詠的是一個來自新疆的青年歌手尼亞茲（這個名字意爲「星星」），他有

〔註58〕 太虛：《西藏問題之適當解決》，《文化先鋒》第2卷第15期。
〔註59〕 顧一樵：《南疆雜詠》，《文化先鋒》第3卷第10期。

著迷人的歌喉，但是由於故鄉的戰亂，他被迫流落到了內地，用歌聲來抒發
自己的鄉愁。詩歌的結尾處寫道：

> 聽説你愛上了一位
> 用「月亮」作爲名字的
> 蒙古的少女，
> 願你們把這愛擴大吧！
> 到了所有不同名字的
> 中華民族的兄弟，
> ——漢，滿，蒙，回，藏……
> 全都像「星星」和「月亮」般
> 相愛的年代，你就可以回去了，
> 你就可以回去了啊！〔註60〕

詩人通過新疆歌手和蒙古少女的愛情、尤其是他們名字的寓意，表達了渴望
民族團結的主題，構思比較巧妙，儘管有些詩句似有過於直白之嫌。這首詩
作，可以看成是以文學的方式對於邊疆問題討論的一種呼應。

　　邊疆問題既是領土問題，也涉及到民族問題；既屬中國內政，又與外國
勢力的影響密切相關，對於這一問題的討論，自然會構成整個時代的民族主
義話語之一部分。而且在抗戰期間，「外患」迫在眉睫，國民政府也無法分出
足夠的精力來處理這此起彼伏的「內憂」，這就更讓邊疆問題顯得十分嚴峻。
在《文化先鋒》對此問題予以持續關注的過程中，各位作者從多方面提出了
不同的意見，雖然這些意見未必有助於問題的實際解決，但這樣的討論至少
能夠喚起民眾的注意，同時也讓刊物藉以獲得合法性的民族主義話語具有了
更加豐富的內涵。

〔註60〕張徹：《給星星》，《文藝先鋒》第 7 卷第 1 期。

第五章 救贖的失敗：戰後三民主義
意識形態的合法性危機

第一節 「建國」夢想的破滅

　　1945 年 8 月 15 日，日本天皇頒佈《停戰詔書》，歷時八年的抗戰終於以勝利告終。不過對於國民政府而言，緊跟著軍事上的勝利而來的，卻是意識形態方面空前嚴重的合法性危機。這是因為：一方面，抗戰期間國民黨的宣傳策略一直是圍繞著「民族主義」這一中心的，而抗戰勝利後，最主要的民族矛盾已不復存在，「民族主義」不再具有不言自明的合法性，所以官方的意識形態宣傳也必須調整策略，但國民政府在這方面卻沒能拿出有效的手段。另一方面，勝利之後國民黨內部的貪腐之風愈演愈烈，尤其是在接收敵偽資產的過程中，大大小小的接收官員之種種貪污受賄、敲詐勒索行為，已達到令人髮指的程度，結果導致廣大民眾對於政府的信心逐漸動搖乃至喪失，政府的威望幾乎降至冰點。後人曾經這樣評價此次接收：「國民政府在接收了大量資金、物資的同時，卻失去了比物資和資金更為重要的人民的支持」〔註1〕，蔣介石自己也在 1948 年承認：「我們的失敗，就是失敗於接收。」〔註2〕國民黨由於自身的所作所為而失去的民心，是任何紙面上或口頭上的宣傳所無法挽回的。

〔註 1〕孫宅巍：《國民政府經濟接收述略》，《民國檔案》1989 年第 3 期。
〔註 2〕宋希濂：《回憶一九四八年蔣介石在南京召集的最後一次重要軍事會議實況》，《文史資料選輯》第 13 輯，轉引自張憲文等：《中華民國史》，第四卷第 27～28 頁。

　　不過國民黨的宣傳部門自然不會甘心在意識形態的鬥爭中束手就擒，面對著戰後極端不利的現實，他們仍然試圖維持其主流意識形態岌岌可危的地位，而他們緊緊抓住的救命稻草，則還是民族主義，只不過其側重點由民族危機的拯救轉向了現代民族國家的建設而已。早在抗戰剛剛開始不久的 1938 年，國民黨臨時代表大會就通過了《抗戰建國綱領》，該《綱領》共分 7 個方面 32 條，主要內容涵蓋了外交、軍事、政治、經濟、民眾運動、教育等方方面面，是一份既能有效針對當時的戰爭需求、也兼具建設現代民族國家之長遠眼光的綱領，它的積極意義在當時得到了共產黨和國內其他政治勢力的肯定〔註 3〕。在整個抗戰期間，國民黨的宣傳也一直是「抗戰」「建國」並舉，因此在抗戰的任務完成以後，至少在理論上「建國」應該理所當然地成爲新的時代中心話題。抗戰結束後的一段時期內，國民黨的各種報刊正是圍繞著這一話題來展開宣傳的。

　　《文藝先鋒》和《文化先鋒》在戰後所採取的策略，也同樣是拿「建國」做文章。戰爭剛剛結束，1945 年 8 月底出版的一期《文藝先鋒》上，就出現了一篇題爲《別忘了八年的艱苦》的短論，其中說：「是的，我們勝利了。然而，勝利卻同時帶來了更艱巨的建國任務，文藝部門和其他部門一樣，壓在作家雙肩上的擔子，不但沒有減輕，反而加重」，具體來說，這擔子就是：

> 戰爭給我們無數寶貴的經驗和資料，卻需要和平和安定的生活來咀嚼，消化，才能發揮光彩。今後的問題，是我們怎樣把抗戰八年來全國軍民在最高領袖領導之下艱苦支撐的實錄，製成不朽的偉著，讓世界人類更深切地瞭解中國的勝利不是僥倖得來；讓後代子孫更警惕地記起祖先的遺烈，如何在這一代作了轟轟烈烈的犧牲與奮鬥。〔註 4〕

很顯然，該文關注的重點是如何將整個民族在戰爭期間的經歷，轉化爲建國過程中的精神資源。它的出現，是兩個《先鋒》在戰時與戰後言說策略轉變的一個標誌。

　　緊接著的一期《文藝先鋒》上又發表了題爲《文藝作家以什麼迎接勝利》的短論，它也強調文藝作家要以「把三民主義的新中國建設起來」爲任務，但與上一篇短論不同的是，該文提出在抗戰勝利、民族問題得以解決後，「在迅速

〔註 3〕　張憲文等：《中華民國史》，第三卷第 231～232 頁。
〔註 4〕　名：《別忘了八年的艱苦》，《文藝先鋒》第 7 卷第 2 期。

建設三民主義新中國的這一個課題下，急於要完成的自然是民權普遍民生發展的大目標」，而「民權」與「民生」目標的達成不僅是政治、經濟問題，也是一個「教育」問題，文藝作家的工作也是教育的一種，因此作家應該自覺宣揚民權主義和民生主義〔註 5〕。這種說法在理論上是能站得住腳的，因為如果承認「建國」是時代的中心任務的話，那麼「民權」與「民生」自然是建設現代民族國家的題中應有之義，由此「三民主義」中的「民權」、「民生」與「民族」便可以統一起來，並獲得新的合法性基礎。但實際上如何用文學作品來反映「民權」與「民生」，是三民主義文學自提倡以來都沒能解決的一個難題，這一難題不解決，該文對作家發出的呼籲便只能是空話。而隨著國內局勢的日趨惡化，該文所設想的「民權」與「民生」文學更不可能有生長的土壤。

　　如何肅清日偽統治期間的奴化教育所造成的思想文化上的毒害，進而建設新的、服務於「建國」的文化，是戰後兩個《先鋒》關注的焦點之一。1945年 9 月 1 日出版的《文化先鋒》刊出了一篇題為《關於懲奸》的短論，同月出版的《文藝先鋒》上也有一篇題為《談懲奸》的短論，二者談的是懲治文化漢奸的問題，前者認為：「一般為非作歹的漢奸不可恕，文化漢奸尤不可不嚴予追究，因為有許多漢奸的罪行，其毒害所及，也許只限於一地或短暫的一時，而文化漢奸對於淪陷地方之同胞在思想上的毒害，往往在時間上是比較久遠的，在空間上也是比較廣闊的，故更不能讓此輩不肖份子逍遙法外。」〔註 6〕後者也大聲疾呼懲治那些「為敵偽毒害我同胞思想的文藝界敗類」〔註7〕。「懲奸」是戰後的一個公共議題，兩個《先鋒》獨獨把「文化／文藝漢奸」問題提出來討論，固然顯出了刊物的特色，同時從二者對「文化／文藝漢奸」在思想方面負面影響之長久與深遠的強調中，也可看出作者已經把著眼點落在戰後的文化重建上面。

　　稍後發表在《文藝先鋒》上的短論《文藝復員》，則從正面探討了文化重建問題，該文中說：「八年以來敵人佔領著我們廣大的土地，實施著他們的奴化教育，貫注著他們的含有毒素的思想。所有從中學一年級到大學畢業的學生和一般因戰爭失學的青年，那個思想上不受他們的剝奪？不受他們的束縛？他們的報紙刊物文藝作品那一種不含蓄著暗隱著奴化麻醉甚至毀滅中國

〔註 5〕朔：《文藝作家以什麼迎接勝利》，《文藝先鋒》第 7 卷第 3 期。
〔註 6〕盟：《關於懲奸》，《文化先鋒》第 5 卷第 8 期。
〔註 7〕明：《談懲奸》，《文藝先鋒》第 7 卷第 3 期。

青年的陰謀？」所以必須「普遍剗除蕩滌收復區被敵人毒化的青年的思想」，並「貫注給這般青年一種勝利後建國的精神意識」。爲此作者還提出了幾點具體的意見，比如迅速設法使留在大後方的「思想健全」的文藝作家提前復員，早日回到收復區；凡有關抗戰建國八年來在大後方出版的文藝作品，火速設法運往收復區，低價出售，解決一般青年精神食糧的饑荒；已經在大後方售罄的，或過於笨重，無法運送的，可將其紙型攜往收復區，大量翻印，以廣收效；政府對有關印刷出版事業的私人經營團體加以協助，以利文化文藝工作的進展；政府對收復區忠貞不屈的文藝作家，應予以具體之協助或組織等等〔註8〕，作者對於文化重建工作的急迫心情，已經溢於言表。

　　與《關於懲奸》同時發表在《文化先鋒》上的還有一篇短論《建國與轉移風氣》，它關注的是社會風氣對於建國的影響：「建國的工作頭緒萬端，而社會風氣的轉移也應列爲重要的課題之一。理由很簡單：老舊的甚至是惡劣的風俗習慣如果任其保留，則中國之現代化從何談起，政治經濟等方面的進步，絕不可能『梅花獨秀』，有良好的風氣爲助，其他方面的建設，才可以『相得益彰』。」〔註9〕從文中的敘述可知，該文的產生有一個背景，即當時國民政府行政院發佈了「轉移社會風氣改良風俗習慣」的通令，以及相應的貫徹辦法，涉及到民眾的婚喪嫁娶以及日常生活的一些細節。這很容易讓人聯想到蔣介石在三十年代發起的「新生活運動」，因爲它們都試圖通過改良普通民眾的日常生活習慣來讓整個社會改頭換面，最終達至民族復興的目的。但是曾經轟轟烈烈的「新生活運動」，最終留在歷史上的也不過是一串足令提倡者尷尬的笑話而已，這次所謂「轉移社會風氣改良風俗習慣」的一紙公文，能起到多大的實際作用也是可想而知的。

　　《文藝先鋒》和《文化先鋒》不但連續發文，從文學與文化角度討論「建國」問題，還召開過以此爲主題的座談會。1945 年 10 月，兩個《先鋒》迎來了戰後第一次週年紀念日，在例行的紀念座談會上，討論的主題便被設定爲「中國戰後文化建設問題」。《文藝先鋒》上刊登了關於此次座談會的報導〔註10〕，不過不知是由於報導中的記述過於簡略，還是座談會本來就所請非人，從報導中看這次會議完全就是東拉西扯、言不及義，根本沒有爲「文化建設」

〔註 8〕鈞：《文藝復員》，《文藝先鋒》第 7 卷第 5 期。
〔註 9〕余：《建國與轉移風氣》，《文化先鋒》第 5 卷第 8 期。
〔註10〕《文化文藝兩先鋒三週年紀念座談會誌盛》，《文藝先鋒》第 7 卷第 4 期。

提出什麼實質性的意見。不過舉辦這樣的座談會，本身仍然表現出了兩個《先鋒》的編者試圖以刊物爲陣地，從文化方面爲「建國」提供助力的意願。

不過戰後國共兩黨之間脆弱而微妙的關係，卻讓「建國」理想從一開始就蒙上了濃重的陰影，這在兩個《先鋒》上也有所體現。1946 年 1 月，張道藩等人集結了一批政治傾向上靠近國民黨的作家，成立了「中華全國文藝作家協會」，對於此次事件，《文藝先鋒》給予了密切關注，在 1945 年 11 月該協會尚處於籌備階段時，刊物上就登出了短論《建立中國文藝界的健全組織》（第 7 卷第 5 期），協會成立後又發表了《祝中華全國文藝作家協會成立》（第 8 卷第 1 期）。前一篇短論中寫道：

> 中國文藝界已往並非沒有組織，然而，在抗日以前文藝界的組織，大都自樹集團遠棄異己，而沒有包括全體的，其目的在促進文藝作家團結，圖謀文藝作家福利的組織。及至抗戰初期，這樣的文藝界共同一致的組織，在所謂『抗敵協會』的名義下出現了，不幸時光侵蝕了它的僅僅一現的光彩，它從『自樹集團遠棄異己』的圈子跳出來，轉來轉去，重複又套進那個勞什子裏。〔註11〕

這段話的鋒芒顯然指向了左翼文人：抗戰初期成立的「中華全國文藝界抗敵協會」，是一個包括了各派作家的文藝團體，而且它與國民政府及其官方機構聯繫頗爲密切，但是經過左翼文人的一系列運作，到了抗戰後期「文協」已經變成了一個以左翼進步文人爲主體的文化團體，其性質也由「一般意義上的文學組織」轉變爲「以民眾政治鬥爭爲主要活動目標的新型民眾團體」〔註12〕。抗戰結束後，「文協」更名爲「中華全國文藝界協會」，更是標誌著這一本來帶有「統一戰線」性質的團體徹底「向左轉」，因此，張道藩等人才組織「中華全國文藝作家協會」與之對抗。短論中的「自樹集團遠棄異己」云云，實際便是對於左翼文人的不點名批評。對於「中華全國文藝作家協會」提出的目標——「建國文藝」，上述短論也不厭其煩地做了引述：

> 現在是建國的時代，那麼，我們的文藝如何才能配合建國，而有貢獻於國家民族呢？我們建國的最高原則是三民主義……不平等是三民主義的起源，同時也是三民主義文藝的起源，物不得其平則鳴，

〔註11〕群：《建立中國文藝界的健全組織》，《文藝先鋒》第 7 卷第 5 期。
〔註12〕段從學：《論文協在抗戰時期的歷史形象變遷——以歷屆常務理事爲中心》，《重慶師範大學學報（哲學社會科學版）》2009 年第 4 期。

> 三民主義是鳴民族上政治上與社會上的不平等，這正是三民主義文藝
> 的目的，也就是他的使命……建國的文藝，是針對現實，是富有戰鬥
> 性的文藝，熱情、進取、打不平是他的特徵，我們的政治家，我們的
> 實業家，是三民主義的實行者，我們的三民主義的理論家與文藝家，
> 是心理上的組織者，二者工作不同而目標一致，文藝工作者只有在這
> 種分工合作的情形下，才能完成自己的建國使命。〔註13〕

這裡雖然仍是以「建國」爲號召，但是從該文對三民主義之「最高原則」的
重申，以及對所謂「自樹集團遠棄異己」者的撻伐中，我們已能隱隱嗅出意
識形態鬥爭的火藥味。

　　1946 年 2 月，文藝界迎來了戰後第一個「戲劇節」，《文藝先鋒》又以紀
念爲名，向左翼文學界射出了幾支冷箭。有一篇題爲《迎三十五年的戲劇節》
的短論，首先承認在當時大家的確普遍感受到一種沉重的苦悶，但緊接著就
警告道：

> 感慨與苦悶確是人同此心的，但絕不可因此而走上兩條錯誤的
> 路：一條是因此而消沉，另一條則是意氣用事增加國家的紛亂與困
> 難……處於今日這種可怕局勢中，需要把眼光放遠，不要爲一些小
> 問題，遮住自己的視線。是的，那些問題也許不小，但比起國家民
> 族的獨立、安全與生存，以及比起世界和平來，孰輕孰重，是人人
> 能判別的。〔註14〕

頗有趣的是作者接下來的一段解釋，他說自己之所以把話說得這麼含蓄，乃
是「客觀的局勢」使然，他希望戲劇界人士能夠有所警惕，仍本著「國家至
上民族至上」的觀念，爲「國家之安定」而努力工作。這裡所謂「客觀的局
勢」，自然是指國共雙方邊打邊談、國運前途未卜的狀況。儘管到了 1946 年
初國共間的衝突已經此起彼伏，但至少在表面上雙方都沒有徹底放棄和談，
所以此時國民黨的刊物也不好撕破臉皮，對對方文人進行正面的攻擊，而只
能以「含蓄」的方式對某些可能左傾的人士發出一點告誡。

　　然而與戰後國內日趨嚴峻的政治軍事局勢相比，上述文藝圈內的矛盾不
過是小事一椿。戰爭剛剛結束，《文化先鋒》上的一篇《論東北在中國地理上
之重要性》，就透出了一絲令人不安的信息。從題目上看，這似乎只不過是一

〔註13〕群：《建立中國文藝界的健全組織》，《文藝先鋒》第 7 卷第 5 期。
〔註14〕明：《迎三十五年的戲劇節》，《文藝先鋒》第 8 卷第 2 期。

篇普通的學術文章，但是且看作者在文章的第一部分即「前言」中是怎麼說的：

> 方今抗戰勝利，即將來臨，戰後收復東北失地，絕無疑問，亦為我八年血戰全國民（原文如此，疑有缺文——引者）一致的呼聲，然⋯⋯其居於強鄰之間，夙為列強逐鹿之所，戰後欲保障東北不再失去，如何應付敵國，如何建設國防和發展經濟，確為刻不容緩的急務，關於此點，我政府已於去年在中央設計局成立一東北經濟調查設計委員會，網羅有各項專門人才，草擬計劃，即為戰後未雨綢繆的籌劃，筆者撰述此文，對戰後東北經濟和國防建設，不敢有所幫助，不過乃在喚醒一般人的注意。〔註15〕

自抗戰末期起，東北問題就一直是國民政府的一塊心病。根據《雅爾塔協定》，歐戰結束後蘇聯將出兵東北，蔣介石唯恐中共會在蘇聯的支持下搶先進入東北，因此就在蘇聯對日宣戰的同時，國民政府與蘇聯簽訂了《中蘇友好同盟條約》，試圖憑藉此條約阻止中共部隊進入東北。但其實蘇聯在該條約中並未明確承諾阻止中共，只是在附件中有「一俟收復區域任何地方停止為直接軍事行動之地帶時，中華民國國民政府即擔負管理公務之全權」的規定，而「國民政府將接收東北的希望完全寄託在《中蘇友好同盟條約》上，對各種可能發生的情況考慮不夠周全，也未能採取得力措施⋯⋯當得知蘇軍在接收東北問題上採取不合作態度時，國民政府完全陷入被動。」〔註16〕與此同時，中共對於戰後爭奪東北卻做了周密的部署，最遲在1945年4月間，就作出了向東北發展的決定，毛澤東在1945年4至6月召開的中共七大上也強調爭奪東北的重要性：「在淪陷區中，東北四省淪陷最久，又是日本侵略者的產業中心和屯兵要地，我們應當加緊那裡的地下工作⋯⋯準備收復失地。」〔註17〕8月8日蘇聯對日宣戰後，中共立即作出配合蘇軍佔領和控制東北的決策，而蘇聯也正如中共所預料的那樣，採取了放任態度。結果到了9月初，中共在蘇軍的幫助下，已經攻克了張家口、山海關等通往東北的咽喉要道，並佔

〔註15〕 趙廷鑒：《論東北在中國地理上之重要性》，《文化先鋒》第5卷第8期。按該期刊物出版於1945年9月1日，而從此文中「抗戰勝利即將來臨」等語來看，其寫作時間尚在抗戰結束之前。

〔註16〕 張憲文等：《中華民國史》，第四卷第13～14頁。

〔註17〕 毛澤東：《論聯合政府》，《毛澤東選集》第三卷第1089頁，人民出版社，1991年。

領了東北多個重要城市，進入東北的軍隊包括原東北抗日聯軍、冀熱遼軍區的八路軍主力李運昌部，以及利用收繳的日偽武器迅速發展起來的新的地方武裝等等，到了 10 月末，總人數已達到 274000 餘人〔註18〕。

以上便是《論東北在中國地理上之重要性》一文發表前後的歷史背景。因此，該文雖然只是提醒人們注意「強鄰」和「敵國」的威脅，但是誰都明白，對於國民政府而言真正的威脅來自何處。從日後國內形勢的發展上看，東北問題也確實成為了國共關係走向破裂的直接誘因，而這篇文章的發表，僅僅是拉開了《文化先鋒》關注東北問題的一個序幕，四五個月後，隨著震驚中外的張莘夫遇刺事件的發生，以及此後反蘇大遊行的爆發，《文化先鋒》才對東北問題進行了持續而集中的關注，並以此為反蘇反共的口實。

張莘夫是著名的礦業工程師，抗戰勝利後出任國民政府東北行營經濟委員會代理工礦處長，並兼任經濟部接收工礦特派員。1946 年 1 月 14 日，根據國民政府與蘇方達成的關於撫順煤礦歸屬的協議，張莘夫及隨員抵達撫順執行接收任務。但他們此行並不順利，撫順的中共人員對接收進行抵制，甚至將隨行警衛繳械，蘇方對接收工作也不予配合。無奈之下，16 日晚，張莘夫一行只得乘坐專列撤離撫順，返回瀋陽。列車行至李石寨車站時，一夥不明身份的武裝人員登上列車，持槍將張莘夫及隨員押至車站附近，全部殺害。事件發生後，相關方面各執一詞，國民黨方面認為是蘇軍和中共方面所為；而蘇聯駐華大使彼得羅夫就此事答覆重慶國民政府外交部時則說張莘夫被害係當地土匪所為；中共中央則稱國民黨「勾結日本人製造張莘夫慘案，以為反蘇反共的藉口。」〔註19〕

張莘夫遇刺事件發生以後，《中央日報》等國民政府的官方媒體均對此作出了強烈反應，《文化先鋒》也在事發當月刊出了一篇《中國人是有良心的——並以此文痛悼張莘夫先生》。據傳張莘夫臨終前曾高呼「中國人是有良心的」，該文便抓住這句話大做文章：

> 這呼聲，多悲壯，多沉痛，是多麼有力地震憾（撼）了中國人的。張先生等在什麼陰謀和背景下被害的，雖然還是一個令人悲痛的謎，但從張先生這句慘呼聲裏不難窺出下毒手者必在外貌上與名義上是他的同胞無疑。張先生真像一個偉大的殉道者，臨難時不以

〔註18〕張憲文等：《中華民國史》，第四卷第 11～13 頁。
〔註19〕參見朱戎：《張莘夫遇害事件真相考》，《炎黃春秋》2013 年第 3 期。

惡言加諸兇手之身，反而從內心迸出這一聲呼喊來冀圖把兇手已失的靈魂呼喊回來，這是如何崇高的一種精神。雖然這種精神不能把這類民族敗類人類蟊賊的良心感動得復活，但這一聲呼喊，是會把許多被催眠者的良心呼喚醒來的。許多被假民主運動者施放的煙幕所障礙了的視線，畢竟他為這一聲呼喊注視到我們東北的土地上來了：許多狐狸的尾巴，也因這呼聲的振（震）撼，而拖垂下來露了真身……〔註20〕

　　一面承認事件真相「還是一個令人悲痛的謎」，一面卻又暗暗把矛頭指向中共，這似乎有自相矛盾之嫌。而對於事件的另一相關方——蘇聯，文中雖也提出了抗議，但是口氣卻客氣得多：「既然在友邦大軍未撤退期中發生此等不幸事件，足證不幸事件為友邦尚未撤兵之果，故應請友邦尊重諾言從速撤兵……這不僅是維護我們的國格，也是為了早日建立這方與友邦比鄰的土地之秩序，免使友邦蒙不榮譽的批評。」且不論這段話的邏輯有多麼拙劣，即就蘇聯撤兵這件事本身而言，指責蘇方不「尊重諾言」也有些不講道理，因為按照雙方最初的約定，蘇聯應於 1945 年 11 月 15 日撤兵，但到了 11 月初，國民黨的軍隊主力尚無法運到東北，國民政府覺得此時如果蘇聯如期撤出，東北無疑會落入中共之手，所以才主動要求蘇軍延期撤兵，並得到了其同意〔註21〕。當然當時的民眾不太可能知道這些內幕，所以以撤兵問題為反蘇反共的口實，也不失為一種聰明的手段。

　　在張莘夫事件發生後的一個月內，又發生了一系列足以刺激中國民眾的民族情感之事件，比如 2 月 1 日蘇聯在最後撤兵期限到來之後仍未撤兵、2 月11 日含有嚴重損害中國主權之條款的雅爾塔密約被美英蘇三國同時公佈等等，再加上蘇軍將東北的工礦設備作為「戰利品」拆運回國、提出超過《中蘇友好同盟條約》範圍的經濟合作要求等行為，使得民眾的反蘇情緒愈演愈烈，最終導致了 2 月 22 日在重慶爆發的學生反蘇大遊行。在遊行發生之前，國民政府早已得知消息，但國民黨內對於這件事的態度卻分歧很大，以外交部長王世杰為代表的一部分人，因為擔心中蘇關係惡化、政協會議以來的一系列工作被推翻，力諫蔣介石讓有關方面加以勸阻。王世杰的擔心絕非沒有

〔註20〕明：《中國人是有良心的——並以此文痛悼張莘夫先生》，《文化先鋒》第 5 卷第 17 期。

〔註21〕張憲文等：《中華民國史》，第四卷第 17 頁。

道理，當時蘇聯在東北問題上儘管更傾向於中共，但表面上還要做出不偏不倚的姿態，而如果國民政府惹怒蘇聯，將很可能使他們完全倒向中共，從而徹底失去爭奪東北的機會。不過另一部分國民黨內人士則認為學生的反蘇情緒中也夾雜了反共成分，可以為我所用，所以不但不加勸阻，反而大加煽動，終使遊行爆發，並迅速波及全國〔註22〕。

繼學生遊行之後，一大批文化名人也捲入此事件。2月23日，西南聯大110位教授聯名發表關於東北問題的宣言，要求蘇聯盡速撤退在東北駐軍；2月24日，《大公報》發表傅斯年、王雲五、宗白華、儲安平等20人署名的《我們對雅爾達秘密協定的抗議》，稱該協議「實為近代外交史上最失道義的一個記錄」，認為「蘇聯在雅爾達會議的要求，完全違反對侵略的法西斯國家共同作戰的目的，違反列寧先生與中山先生共同建設的中蘇友愛新基礎。」並質問：「蘇聯所標揭的是打倒帝國主義，然則今日蘇聯要求恢復其俄羅斯帝國之權利，又何以自解？」在輿論正向著於國民政府有利的方向發展之時，國民黨的官方媒體自然也不會放過這難得的機會，《中央日報》連續發表社論為學生吶喊助威，而《文化先鋒》則在遊行爆發後推出了「二・二二學生愛國大遊行特輯」，對此次事件進行了非常詳細的報導。

不過如果把學生的訴求、文化名人的宣言以及《文化先鋒》等報刊上的文章對比起來看，卻很容易發現其間的裂隙：學生遊行的基調是反蘇，雖然在他們中間也或多或少存在著反共情緒，但這種情緒並不強烈。從遊行中提出的口號就可看出這一點，《文化先鋒》搜集匯總了33條遊行口號，主要有：蘇軍必須立即退出東北，徹查張莘夫慘案，中共應該愛護祖國，我們不能再蒙受第二次「九一八」的恥辱，所謂「民主聯軍」不容存在，蘇聯應尊重中國領土主權之完整，擁護政府採取強硬外交，打倒新帝國主義等等〔註23〕，其中針對蘇聯的有十之七八，而針對中共的則不過十之二三，況且遊行隊伍中可能混進了一些國民黨特務〔註24〕，也無法排除某些口號實為他們所炮製的可能。至於各界名流的宣言，則純粹是在向蘇聯抗議，反共的因素被大大淡化，甚至已經完全消失。而《文化先鋒》在報導、評論此事時則剛好相反，

〔註22〕關於二・二二反蘇反共遊行的詳情，參見鄧野：《聯合政府與一黨訓政：1944～1946年間國共政爭》，第339～343頁，社會科學文獻出版社，2003年。
〔註23〕《愛國遊行口號》，《文化先鋒》第5卷第18、19期合刊。
〔註24〕張憲文等：《中華民國史》，第4卷第55頁。

它只在反共上面大做文章，卻有意淡化遊行的反蘇色彩。

《文化先鋒》上的「二・二二學生愛國大遊行特輯」主要由三部分構成，一是原創的評論文章，即卷首的短論《「中國共產黨應該愛護祖國」》，其題目徑取自遊行口號之一，而這是所有口號中最直接針對中共的一條，短論作者獨獨把它挑出來，用意顯而易見。文中說：

> 這次大遊行，起因於東北問題的嚴重，而東北問題之所以嚴重，固然蘇聯延不撤兵是一原因，同時中國共產黨在特殊情形之下，進據東北，增加東北問題的複雜性，使得解決更其困難爲另一大原因。中國共產黨爲什麼要違背國家民族的利益，甘心做異族的鷹犬呢，這是當前每一個中國人都要發生的疑問，我們可敬可親的青年同學們，自然更痛心這種支解祖國的勾當，因此在遊行當中，發出了「中國共產黨應該愛護祖國！」的警告。〔註25〕

按照該文的表述，似乎蘇聯不撤兵才是東北問題的根本原因，而中共的進軍東北只是使問題更複雜、更不易解決的附加因素。但若是如此，文章對於蘇聯僅僅虛晃一槍、卻對中共大加撻伐，就顯得沒有道理。實際上國民政府不會不明白，在戰後的國際輿論壓力之下，蘇聯不太可能一直不撤兵，眞正讓他們頭痛的還是共產黨，但是出於策略上的考慮，國民政府又不得不把東北問題說成外交問題〔註26〕。然而在當時的局勢下，國民政府又不敢過於得罪蘇聯。如此錯綜複雜的局面，使得站在官方立場上的《文化先鋒》只能以一種百般糾結、矛盾重重的姿態發言：一面說東北問題的主因在蘇聯，一面卻主要把矛頭對準中共。

特輯的第二部分是對遊行中相關文獻的選登，主要是以「重慶市學生愛國運動遊行大會」名義發佈的一些宣言、口號等等。雖然只是實錄，但刊物對這些文獻的處理方式仍然顯出了某種微妙的態度，比如排在最前面的是遊行的總宣言《告全國同胞書》，緊接下來的一篇就是《質中共》，而本是遊行

〔註25〕群：《「中國共產黨應該愛護祖國」》，《文化先鋒》第5卷第18、19期合刊。

〔註26〕由於中蘇條約的存在，東北問題有外交性質的一面，而根據這個條約，國民黨具有接收東北的惟一合法地位，因此堅持把東北問題說成外交問題，就是堅持國民黨的惟一合法地位。而一旦承認東北問題也具有內政性質的一面，中共就可以在此間佔據一席之地，那樣蘇軍便可以從中蘇條約的束縛中解脫出來，合法地向國共兩軍交防。參見鄧野：《聯合政府與一黨訓政：1944～1946年間國共政爭》，第335～336頁。

中最重要文獻之一的《對蘇聯抗議書》，卻被排在了一系列宣言的最末。更有趣的是《告東北同胞書》中的一段：「你們剛離開日寇鐵蹄的蹂躪……由於××的××條約，中共的爲虎作倀，使你們又遭受××××××，中共的凌辱役使，你們的呼聲，傳到祖國各地，傳到世界各國。我們憤恨，我們××××的食言，中共的無恥。」很顯然，原文是將蘇聯和中共並舉的，但是轉載者卻把所有和蘇聯有關的文字用××代替（《對蘇聯抗議書》中的個別文字，也被做了同樣的處理），而攻擊中共的文字則全部保留。從這一細節上，可以最清楚地看到官方對於遊行學生既想利用、又要防範的複雜心理。

第三部分則是轉載各報的評論，包括《中央日報》《益世報》《和平日報》《時事新報》《世界日報》等等。這些評論的側重點各不相同，大體上看，越是有國民黨背景的報紙，越是突出反共，而相對中立一些的報紙，則更傾向於突出學生遊行的「反帝」意義。但是二者之間也有一個共同點，就是都把東北問題看成國際問題、民族問題，而不是內政問題。《中央日報》等官方媒體持此論調，其原因前文已有分析；而比較中立的報紙也這樣發言，除了或許是出於避免介入國共兩黨之爭端的考慮外，也的確反映了當時的學生、乃至普通民眾中間民族主義情緒高漲的現實。學生宣言把東北的局勢比作「第二次『九一八』」，而各報評論也屢屢把二·二二遊行和五四運動相提並論，這都是非常典型的民族話語。

對於國民政府而言，二·二二遊行的利用價值是雙重的：既可以利用它來對蘇聯施壓，以求達到具體的外交目的，也可以把它當成意識形態鬥爭中的一枚重要棋子。但是前一個目的是相對容易達到的，反蘇示威運動爆發後在短時間內即波及全國，英、美等國也紛紛對蘇聯在東北的行徑提出抗議，最終在強大的輿論壓力下，斯大林不得不下令蘇軍撤兵，3 月 10 日夜間，蘇軍秘密撤出瀋陽，至 5 月 3 日，蘇軍全部撤出東北〔註27〕。而後一方面則要複雜得多，因爲在蘇聯撤兵之前，國民黨盡可以借用民族主義來維護自身意識形態的合法性，他們對中共的攻擊，如「違背國家民族的利益，甘心做異族的鷹犬」，「爲虎作倀」，「赤色漢奸」等等，無不是把中共和蘇聯綁在一起的，而蘇軍和中共在東北相配合的事實，也讓這種論調能夠在一小部分民眾中間獲得市場。但是蘇軍一旦撤出東北，國共之爭就變成了內政問題，國民黨雖仍然繼續指責中共「賣國」，卻越來越顯得難以自圓其說。1946 年 5 月 4

〔註27〕劉向上：《「張莘夫事件」與蘇軍撤出東北》，《環球軍事》2009 年第 4 期。

日，五四運動 27 週年之際（頗具諷刺意味的是，這也恰好是蘇軍全部撤出中國後的第一天），《中央日報》發表社論《「五四」精神之發揚》，回顧了二·二二遊行並將其與五四運動相提並論，而指中共爲曹、陸、章，但這樣的文章基本是自說自話，已經根本無法再像兩個多月以前那樣，引起一部分人的共鳴了。

另外在蘇軍撤出東北後，國共雙方立即在東北發生大規模的軍事衝突，以此爲導火索，重慶談判以來初現曙光的國共關係逐漸無可挽回地走向破裂，6 月 26 日蔣介石下令大舉進攻中共中原部隊，內戰全面爆發〔註28〕。「和平建國」的夢想，終於化爲泡影。這樣一來，在戰後一直被國民黨的宣傳部門當作三民主義意識形態之救命稻草的民族主義，就遭遇了雙重危機：在消極方面，指責中共爲「民族罪人」的策略既已失效，在積極方面，「建國」理想又被現實擊得粉碎，因而，官方意識形態便陷入了一種極其尷尬的境地之中。

對於《文化先鋒》《文藝先鋒》兩個刊物來說，從反蘇遊行到蘇軍撤兵的 1946 年 2、3 月間，也是一個明顯的分界點，在此之前，「建國」一直是它們的主旋律，但自此之後，「建國」的聲浪漸趨微弱，直至完全銷聲匿跡。一年多以後，它們才又開始爲國民政府所謂的「戡亂建國」鼓吹，但那時的「建國」已經完全是自欺欺人的空喊了。

第二節　主流意識形態的「失語」

自 1946 年 3、4 月起，國共之間的衝突愈演愈烈，雖然談判仍然在時斷時續的進行，但雙方其實都已漸漸失去了興趣，只不過由於國內外輿論的壓力，誰也不願意背上「發動內戰」的罪名，所以雙方一直都處在不宣而戰的狀態之中。直到 1947 年 7 月，戰場上的形勢已經完全發生逆轉，中共已由戰略防禦轉爲戰略進攻，國民政府這才徹底摘掉「和平民主」的面具，而頒佈了「戡亂總動員」令。這中間的一年多時間裏，面對國內微妙的局勢，國民黨會採取怎樣的宣傳策略，便是個耐人尋味的問題。然而頗令人吃驚的是，在這段時間內，兩個《先鋒》上卻不同程度地先後出現過主流意識形態暫時「失語」的現象，此現象在《文藝先鋒》上持續了將近一年，在《文化先鋒》

〔註28〕張憲文等：《中華民國史》，第四卷第 56～57 頁。

上的持續時間則較短，而且也不如《文藝先鋒》那樣顯著。

從 1946 年 4 月直至 1947 年初，《文藝先鋒》簡直變成了一份「純文藝」刊物，上面既沒有正面宣揚「三民主義」、「建國」的論著或作品，也沒有明顯針對中共的攻擊文字，所有的文章基本都屬於以下幾類：一是翻譯，包括莫泊桑、德萊塞等外國作家的作品，以及一些作家傳記，如泰戈爾傳、歐亨利傳等等。雖然自《文藝先鋒》創刊起差不多每期都會登載一兩篇翻譯，但是這段時間內翻譯所佔分量卻有明顯的增加，有時幾乎占到了當期總篇幅的一半。二是對國外文藝思潮或流派的介紹，比如法國象徵派詩人、日本明治維新時期的詩歌創作、自然主義戲劇等等。三是文藝理論（尤其是戲劇表演理論）的探討，如郭銀田的《論田園山水詩之分野》（第 8 卷第 4 期）、丁伯驤的《論戲劇的效果》、張其春的《國文之形態美》（第 8 卷第 5、6 期合刊）、劉念渠的《演技三論》（第 9 卷第 2 期）、閻哲吾的《演員「人事模擬」基本訓練法》（第 9 卷第 4 期）等等。雖然「論著」也是《文藝先鋒》上一直就有的欄目，但是此前這一欄裏經常會討論「文藝政策」、「民族文藝」之類多少帶有意識形態色彩的話題，而在這一時期此類文章則完全絕跡，幾乎所有論著都更偏重於學術性。

除了上述三類文章外，剩下的便是原創的文學作品了。其中的詩歌和散文，大多數都是「文藝腔」比較濃厚的、偏重於抒發個人化情感的作品，但藝術水準較高者並不多。而小說和戲劇類作品也基本不帶什麼「主旋律」色彩，主要表現的都是普通人日常生活中的悲歡。比如尹雪曼的長篇小說《靈魂的花朵》，雖然不知何故僅僅連載了兩章〔註29〕，但這兩章也可看做一個單獨的故事，它寫的是一個知識女性的不幸遭遇：畢業於高級師範的羅曼萍，在戰後卻連個教書的機會都找不到，她的丈夫是一個收入微薄的小公務員，又頗爲清高，不屑於去謀「勝利接收」的肥差，所以二人的生活非常清苦。羅曼萍想託人幫忙謀個職位，卻四處碰壁，最終只找到了一份「導舞員」的工作——說穿了其實就是舞女。雖然收入頗爲豐厚，但是她一方面要想方設法瞞著丈夫，一方面又在舞場目睹或經歷了一樁樁不堪忍受的事情：嬌小瘦弱的舞女黃鶯兒，被養母和兄嫂當成了搖錢樹，她瞞著家人偷偷存了一大筆錢，卻被一個自稱銀行職員的客人騙走，養母知道後將她一頓毒打；剛剛經

〔註29〕連載於《文藝先鋒》第 8 卷第 5、6 期合刊和第 10 卷第 1 期，題目分別爲《淪落》和《婚變》。

歷了這番身心雙重打擊以後，第二天黃鶯兒在舞場偏偏又遇到一群喝醉了的美國大兵，他們拖著她瘋狂地旋轉，直到累得她暈倒，周圍的人不但毫不同情，還因爲她忍不住傷心哭了起來而斥責她；教跳舞的王利達，是一個庸俗、淺薄又極度崇洋媚外的角色，他雖與另一個舞女劉萍影保持著曖昧關係，卻又對羅曼萍糾纏不休，讓羅曼萍不勝其煩……更糟的是，她做導舞員的事情最終被丈夫趙德輝發現，他對妻子沒有一絲同情和理解，而只是百般羞辱，後來他到舞場大鬧，偶然間發現了王利達寫給羅曼萍的情書，於是更加不依不饒，最終羅曼萍只得和他離婚。

趙清閣的《人獄》〔註30〕寫的也是一幕普通人的悲劇：寶鈴是一個中藥店的夥計，他剛做學徒時被老闆娘視作眼中釘，後來因爲精明能幹，逐漸得到老闆夫婦的信任和器重，但老闆娘又對年輕健壯的寶鈴產生了淫欲。老闆家的少爺廖棟即將高中畢業，和寶鈴是好朋友，他在學校接受了一些新思想，遂對父母替他娶的童養媳小紅十分不滿，從來也不搭理她。而老闆娘引誘寶鈴不成，便以爲寶鈴喜歡小紅，於是對小紅百般虐待，一天她把小紅支使得團團轉，寶鈴實在不忍，就替小紅伺候她，卻在房間裏被袒胸露臂的老闆娘一把抓住，而小紅此時剛好端著一盆熱水進來，寶鈴狼狽逃出，老闆娘惱羞成怒，竟將開水潑到小紅臉上。小紅不堪忍受，遂找到廖棟「求救」，但廖棟說他自己也一心想著從家裏出逃，現在連自己都顧不了，更不可能「管」小紅，至此小紅完全絕望，遂上吊身亡。老闆娘又污蔑寶鈴誘姦小紅未果，導致小紅自殺，而將寶鈴送進監獄。

韋曉萍的《年關》〔註31〕同樣是表現底層人物之不幸的作品，但其筆鋒更加尖銳，看起來簡直像左翼小說：年關將近，農民漆老四家裏卻連火都生不起，得了肺癆的妻子已病入膏肓，仍一直嘮叨著過年應該添這添那，還讓漆老四去買一隻雞，好讓孩子過一個「肥年」。但是他們當年的莊稼完全讓兵馬糟蹋了，爲了度日甚至把耕牛也宰殺了，所以此時聽著妻子的絮聒，他分外煩躁，這時候財主黃大滿又來討債，一家人生活的希望在債主的逼迫下完全破滅。債主走後，漆老四將怒氣發泄在孩子身上，妻子試圖勸阻，他又發瘋般地撲向妻子，最終妻子的病體沒能耐住他的毒打，在這年關裏悲慘的死去。這篇小說可以說是《文藝先鋒》上所有作品裏「普羅」氣味最濃的一篇，

〔註30〕《文藝先鋒》第 9 卷第 2 期。
〔註31〕《文藝先鋒》第 10 卷第 1 期。

但由於作品的時代背景比較模糊，小說中毀壞了莊稼的「兵馬」究竟何指，似乎不易捉摸，既可以理解爲內戰，也可以理解爲之前的抗戰，甚至更早的軍閥混戰。不過即便認爲這裡的「兵馬」是在暗示內戰，作者畢竟只是虛寫，更沒有說到戰爭的責任問題，所以也很難說這篇作品有什麼官方立場。

這一時期的《文藝先鋒》上也出現了一些以抗戰爲時代背景的作品，但著眼點並不在國家民族的大敘事上，它們關注的仍是普通人的痛苦、掙扎或墮落。如何日剛的《浮沉》〔註32〕，寫的是一個出身底層的青年，本在某銀行做出納，抗戰期間投機倒把、大發國難財，後來因爲挪用銀行款項被捕，但他在獄中仍毫無悔意，還對來看他的同鄉長輩說，自己本來就是窮光蛋，在抗戰中「浮起來」是意外，這回沉下去也不過是還原罷了，而且出獄後還有再浮起來的希望。而陶在湄的《傍晚》〔註33〕寫的則是一個浮華女性的懺悔，她年少時曾與一位表哥相戀，抗戰剛開始時她四處尋訪，終於在大後方見到了表哥，並不顧他已有妻兒，開始和他同居。表哥爲了滿足她享樂的欲望，不惜節衣縮食，她甚至逼著表哥把妻兒送回淪陷區的老家。但是做小公務員的表哥畢竟收入有限，她的欲望又不斷膨脹，於是離開表哥，結交了一個「有勢力的人」，後來卻發現那人也根本不是什麼有錢人，因此感到了恥辱。幸而表哥重新接納了她，但從此卻對她嚴加看管，使她失去了自由。她不堪忍受，便再次逃了出來，又在一個傍晚來到教堂，想對著上帝懺悔，而那裡的老修女則勸她說，上帝就在人的心靈上，只有自己才能支配自己，所以不必非要到聖地來懺悔，最後讓她回去。這兩篇小說均有明顯的批判性，但這種批判指向的是人性的弱點，而基本與政治無涉。

只有丁伯騮的三幕劇《亂世忠良》〔註34〕是個例外，它以抗戰初期淪陷前後的南京爲背景，寫一個軍人陳伯雄，在戰前將母親安置在鄉下、他的戰友黃光炯之父黃友文家裏，自己則到前方拼殺。兵敗之後，陳伯雄僥倖逃脫，因爲黃光炯犧牲前讓他把一個筆記本轉交給父親，所以輾轉來到鄉下，見到了黃友文和自己的母親。但本打算立即歸隊的陳伯雄，卻被當地的漢奸盯上，而黃友文也因爲帶領鄉民反抗日軍，成了僞鄉長二癩子的眼中釘。最後在二癩子帶兵包圍了黃家的危急時刻，陪陳母一起來鄉下避難的陳家的僕人戴清

〔註32〕《文藝先鋒》第9卷第1期。
〔註33〕《文藝先鋒》第9卷第2期。
〔註34〕《文藝先鋒》第9卷第1期。

突顯身手，趁二癩子不備奪下了他的槍，並逼迫他讓手下人走開，最終掩護眾人安全逃離，並殺死了二癩子。像這樣表現民族話語的作品，在這一時期的《文藝先鋒》上是比較少見的，但該劇雖有主旋律色彩，卻也只是對已經結束的抗戰所進行的追述，而看不出直接爲當時的意識形態鬥爭服務的跡象。

在這段主流意識形態的「失語」期內，《文藝先鋒》上唯一略帶反共意味的文字，是一篇散文《魯迅，拖鼻涕的時候》。該文對左翼文化界的旗幟性人物魯迅的童年，做了一番刻薄的、漫畫式的描寫，作者自稱和魯迅家有親戚，但是文中所述的魯迅家世，與我們今天所知的魯迅生平資料完全不符，比如魯迅故家的具體位置是紹興的東昌坊口新臺門，而該文卻說成了團基巷；再如該文主要敘述的一件事，是魯迅的父親中舉以後，一群人敲鑼打鼓前來報喜，並討要賞錢，魯迅的母親不知所以，嚇得驚慌失措，魯迅此時從外面回來，便大喊「強盜」，經那夥人解釋以後，母子倆方才明白。文章末尾還像煞有介事地寫道：「原來這指報子爲『強盜』的孩子，就是老死以後被人譽爲『東方高爾基』的『魯迅翁』。現在，團基巷及其四周地區，已被劃爲魯迅鎮了，強盜們則墓木拱之又拱矣。」但實際上魯迅的父親周伯宜在考中秀才後，屢赴鄉試不第，後來又因爲魯迅祖父周福清的科場舞弊案，連秀才功名也被革除，更從無中舉之事，所以這篇文章完全是杜撰。但是該文作者對魯迅的諷刺性刻畫，顯然是醉翁之意不在酒，比如文中有這樣一段話：

> 團基巷周家，算是我們的表親——且慢，時髦的人物看了這「團
> 基巷」三字，一定感到異樣的興趣，「團基巷」，可以解釋爲「奠定
> 團結基礎的一條巷」，然而，可惜魯迅早死了，不然，或者肯站在「社
> 會賢達」的地位，替有黨有派的人拉攏拉攏，減少些黨爭。〔註35〕

其中諷刺中共以及接近中共的民主黨派的意味非常明顯。然而魯迅並非共產黨內人士，只是一個政治上接近中共的左翼作家，況且這時已經去世整整十年，所以要攻擊中共而拿魯迅開刀，這手段實在是有些過於「曲折」。

上述幾篇作品，基本能夠代表《文藝先鋒》從 1946 年到 1947 年初的總體風貌。作爲國民黨中宣部文化運動委員會的機關刊物之一，《文藝先鋒》在如此敏感的一段時期內，表現得卻這麼「超然」，實在有些不同尋常。這裡可能有一個客觀原因：1946 年 5 月 5 日，國民政府還都南京，此前分散在後方各地的國民黨派的刊物，紛紛隨同遷往南京，再加上一些新創辦的刊物，一

〔註35〕魯莽：《魯迅，拖鼻涕的時候》，《文藝先鋒》第 9 卷第 1 期。

時間形成了相當浩大的聲勢。當 1946 年 11 月「國民代表大會」召開之際，所謂「首都刊物聯誼會」發表宣言表示擁護，署名的刊物（包括兩個《先鋒》在內）竟然達到了 37 個，其中包括《中國青年》《三民主義》《青年前鋒》《建國青年半月刊》《建國青年月刊》《中央周刊》《政治嚮導》《時代周刊》等官方色彩相當濃厚的刊物〔註 36〕。既然已經有如此之多的刊物為政府充當喉舌，那麼以文藝刊物面目出現的《文藝先鋒》，在意識形態宣傳方面自然不必太賣力。另外，這種「失語」也可能是一種以退為進的策略，在這段「失語」期結束、「戡亂」開始以後，《文藝先鋒》刊出了一則短論《為什麼寬恕民族罪人》，其中說：「為什麼在今天以前，多數作家在沉默，在容忍，在以極度的寬大，對付極度的殘酷？那就是：希望匪徒徹底的反省與覺悟，停止破壞國家出賣民族的罪行！」〔註 37〕這其實從反面透露了刊物此前的表現之原委：自抗戰結束以後，國民政府便漸漸失去了民眾的支持，此起彼伏的反內戰運動紛紛把矛頭指向國民政府，雖然也有二·二二反蘇反共大遊行這樣由官方策動的、針對中共的學生運動，但「這在國民黨執政以來是第一次，也是惟一一次」〔註 38〕，其餘的大多數時候，國民政府在民眾眼裏的形象，都基本是負面的。在這樣的情況下，官方的宣傳自然要盡量避免「發動內戰」的嫌疑，而努力做出「容忍」、「寬大」的姿態。在「戡亂總動員」令頒佈以前，除《文藝先鋒》外的其他官方刊物上，雖然常有攻擊中共的文字，但基本都是以「勸誡」或「警告」的口吻，也很少出現「共匪」之類刺激性特別強烈的字眼。作為文藝刊物，《文藝先鋒》只不過是把這種姿態做得更加徹底而已。

與《文藝先鋒》略有不同，《文化先鋒》的「失語」現象沒有那麼明顯。二·二二反蘇反共大遊行以後，國民政府曾試圖順勢扭轉人心，而將民眾導入反共陣營，《文化先鋒》對此也曾予以配合。但是由於上文所述的原因，其反共姿態也並不激烈，至多不過在「論壇」欄目〔註 39〕裏放一兩隻冷箭而已。比如刊物遷往南京後的第一期上，就出現了一篇《安定第一》，其中強調只有社會安定，文化生活才能走上正軌，文化水準才能提高，而造成當前社會不

〔註 36〕首都刊物聯誼會：《我們的國是觀》，《文化先鋒》第 6 卷第 8 期。

〔註 37〕《為什麼寬恕民族罪人》（未署作者），《文藝先鋒》第 11 卷第 1 期。

〔註 38〕鄧野：《聯合政府與一黨訓政：1944～1946 年間國共政爭》，第 347 頁。

〔註 39〕該欄目自 1945 年 7 月刊物遷往南京後設立，實際上相當於之前的「短論」欄目。

安定的原因則是「共產黨存心爲亂」〔註 40〕。而緊接下來的一期又刊出了一篇針對「安平事件」的評論，安平是河北省香河縣一小鎮，位於平津公路旁，屬冀東解放區與國民黨佔據地區交界地帶，1946 年 7 月 29 日，在該地發生了一起美軍運輸車隊遇襲、并造成十餘名美國海軍陸戰隊官兵死傷的嚴重事件。事發後中共立即承認是自己的地方武裝所爲，但同時宣稱事件的起因是美軍「侵入冀東八路軍防地，並向當地守軍攻擊，守軍被迫自衛」。據今天的歷史學者考證，這其實是一起中共基層官兵出於反美情緒，而故意預設埋伏、襲擊美軍的事件〔註 41〕，但事發當時，新華社卻按照中共中央的指示，宣稱該事件起因於美軍與國民黨軍的武裝挑釁，《解放日報》也發表社論，強硬主張美國駐華一切陸海空軍必須立即撤離中國，不得干涉中國內政〔註 42〕。當時大概有其他報紙也和《解放日報》持相同態度，對此《文化先鋒》評論道：

> 然而在安平事件之後竟有標榜中立的報紙，把這件事情歸咎於美軍留駐中國之不該，認爲這只不過是一種內在情緒不滿的表示，是一種抗議，一種洩憤，希望由此激動美國輿論，迫使美軍離去。這幾位美國友人不死於敵人的炮火，而死於盟邦第二大黨的伏兵，已夠冤枉，而死後的殊榮是一小部分中國報紙不感激他們完成使命的辛勞，不悼念他們喪身的不幸，反而怪他們何不早點歸去，避免這些令人「遺憾」的事件，這種不明恩怨不問是非的態度真叫人起今日何世之感。〔註 43〕

儘管安平事件的責任確在中共一方，但《文化先鋒》卻沒有藉此機會對中共大加攻擊，而只是把「標榜中立的報紙」批駁了一番。與此同時，《中央日報》也在持續關注此事，並在相關報導中指責中共，如說該事件的本質「是共產黨與美國的衝突，也是共產黨已經決定不尊重馬歇爾的調處發動全面叛變的象徵」、「共軍在平津路上對美國海軍陸戰隊之突襲，在此和平商談聲中不異爲（原文如此）一嚴重之挑釁」、「共軍襲擊美陸戰隊含有險惡政治陰謀」〔註

〔註40〕柳：《安定第一》，《文化先鋒》第 5 卷第 24 期。

〔註41〕楊奎松：《1946 年安平事件真相與中共對美交涉》，《史學月刊》2011 年第 4 期。

〔註42〕《論安平鎮事件》，《解放日報》1946 年 8 月 3 日。

〔註43〕《安平事件》，《文化先鋒》第 5 卷第 25 期。

〔註44〕分別見《中央日報》之如下報導：《小沙河事件的本質》（1946 年 7 月 31 日）、《平郊美軍被襲事件中美雙方均極重視》（8 月 2 日）、《共軍襲擊美陸戰隊含有險惡政治陰謀》（8 月 3 日）。

44〕等等，雖然措辭頗爲嚴厲，但從字裏行間仍可看出尚未完全絕望於「馬歇爾的調處」以及「和平商談」的意味。從此事的後續進展來看，它也被「大事化小」了，按照研究者的分析，這次衝突正值馬歇爾來華調處國共關係遭遇困難之際，必須求得國共雙方配合的馬歇爾，被迫對這一嚴重事件採取克制態度，而國民政府也在馬歇爾的要求下，並未利用此案大肆宣傳〔註 45〕。從國民政府及其官方媒體對「安平事件」的態度上，可以再次看出內戰初期國民政府在宣傳時不得不做出的「容忍」姿態。

在此後的幾個月內，《文化先鋒》上仍會零星出現一些攻擊中共的文字。如第 6 卷第 1、2 期合刊上的短論《理想與現實》，稱國民黨領導的革命與抗戰，一直是秉持「理想主義」的，而在戰後「又流行著一種卑鄙的現實主義的觀念」，即「或欲以武力爲政治資本，強迫國家承認他違法亂紀的既成事實；或欲以國際干涉相恫嚇，在那裡危言聳聽作武裝政黨的應聲蟲」；第 6 卷第 1、2 期合刊上的《禮讓與姑息》，則裝模作樣地討論起「禮讓」的傳統美德之含義，說只有合乎「禮」的「讓」才是禮讓，否則就是姑息，爲了不姑息養奸，就要「當仁不讓」，並搬出「弔民伐罪」、「大義滅親」之類的典故來。雖然這些文字都沒有正面提到中共，但其言外之意非常明顯。

《文化先鋒》真正進入主流意識形態「失語」的狀態，是在國民大會召開之後。1946 年 11 月 15 日，由國民黨操縱的國民大會開幕〔註 46〕，這次國大的召開未經各方代表同意，而純屬國民政府的單方面行爲，在全體國大代表中，國民黨員佔據了壓倒性優勢，他們完全可以決定所通過的憲法之性質，所以中共和民盟都堅決反對，並未派代表出席。而國民黨和蔣介石之所以不顧中共和民盟的反對而召開國大、制定憲法，其目的也正在於從政治上孤立中共，同時改善政府形象，做出「憲政」的姿態來爭取美國更大的援助〔註 47〕。對於這次大會，《文化先鋒》給予了密切配合，在國大開幕前夕，《文化先鋒》就連發兩則短論《國民大會獻辭》和《慶祝國民大會》〔註 48〕，前者大談國民大會的「深刻含義」：「國民大會是國民黨建國步驟的預定計劃，是步入憲政時期的新頁……國民黨的訓政從此結束，還政於民的願望從此達到」，並對

〔註45〕楊奎松：《1946 年安平事件真相與中共對美交涉》，《史學月刊》2011 年第 4 期。

〔註46〕由於在這次國民大會上制定通過了《中華民國憲法》，史稱「制憲國大」。

〔註47〕張憲文等：《中華民國史》，第四卷第 131～138 頁。

〔註48〕署名分別為「塵」和「貫」，均載於《文化先鋒》第 6 卷第 7 期。

大會提出了三點希望，即制定出「一部人民所需要的三民主義的憲法」；實現「安定」與「統一」以挽救文化的衰頹；政黨不要「假公濟私，違背國家民族的利益，形成永久分裂割據的局面」。而後者除了照例講一遍「和平安定」的重要性以外，還裝模作樣地對中共表現出某種「友好」態度：

> 這一次的國民大會代表，或選自區域，或選自職業，甚或選自黨派。他們既能代表任何部門的人民而無所漏遺，亦必能宣達全民的公意而然（無）所漏忽。我們雖於執筆之時，尚不知共產黨等是否拒絕參加；但即令其終於拒絕，其意旨仍可由憲草審議會的憲草修正案以表明之，國民大會代表盡可充分考慮其意旨，以便抉擇……在國民大會召開之前，有些人總在疑慮，深怕國民大會之召開，有加強分裂與戰爭的危險。然而蔣主席已在國民大會開幕的前夕，頒發停戰的通令了，這是政府在軍事上又一次重大的讓步，我們竭誠希望共產黨立即參加三人小組，繼續商談軍隊之整編與統編，恢復交通，劃分駐地。從此，糾紛永息，內亂永絕，這真是國家民族的一大生機。

實際上，國民黨明知中共不可能參加由他們一手操控的國大，所以上述表態不過是一種把戲罷了。國大開幕後，《文化先鋒》上又刊發了《中華民國應為三民主義共和國》和《展開新時代的第一頁》〔註49〕，前者針對的是關於憲法的爭論，國民大會通過的憲法之第一條，就是對國體的規定，而關於要不要把「三民主義共和國」寫入憲法，當時產生了爭論，反對者認為三民主義屬於國民黨黨義，列入憲法有「一黨立法」之嫌。而該文則對此種觀點加以反駁，說三民主義「已為全國國民所信奉」，並舉歐美各國將「自由」「民主」「社會主義」寫入憲法為例，說明三民主義入憲並無不妥。且不論三民主義「已為全國國民所信奉」的說法是如何的自欺欺人，單是把三民主義與「自由」「民主」相提並論，就糊塗得可以，因為三民主義只是一黨黨義，和自由民主之類的普世價值當然不是一碼事，作者此處故意製造混淆，其意圖不過是為一黨專制辯護而已。後一篇文章則以浮誇的筆調，吹噓國民大會「展開了新時代的第一頁」，而且同樣著重提到了將要通過的憲法：「制憲期間必須要留意到行憲的貫徹，國民代表濟濟一堂，責無旁貸，人民所需要的憲法，是三民主義的憲法，是適合國情的憲法，慎始全終，行憲之能否貫徹，胥視制憲的開端。」這些文章連篇累牘地強調憲法，不僅因為制憲是國民大會的

〔註49〕署名分別為「貫」和「麾」，均載於《文化先鋒》第 6 卷第 8 期。

中心議題，更是暗含著這樣的潛臺詞：憲法一旦制定，國家就走上了憲政、法治的軌道，今後一切問題都要依照憲法解決，因此中共以軍事對抗政府的行爲就是要不得的。這恰恰與國民黨召開國大的主要目的——從政治上孤立中共，是一脈相承的。

同一期《文化先鋒》上還刊發了兩篇宣言，分別是署名「全國性文化社團聯誼會」的《我們對於時局的態度》和署名「首都刊物聯誼會」的《我們的國是觀》。前者首先歷數抗戰勝利以來建設未開展、經濟仍困難、政治無改進的困境，並歸因於「共產黨之據地稱兵」，然後說國民大會既已召開，「政治民主化已不成問題」，剩下的便是軍隊國家化問題，然而中共「總是打打停停，停停打打。不生不死，僵持敷衍」，所以主張「迅速解決，徹底解決。究竟採用何種方法，我們沒有成見，總以確實有效能夠解決問題爲好」，但接著又說：「希望共產黨尊重統一，了然於民主注重討論注重選舉及反對武裝政黨反對武力奪取政權之意義，並由年來軍事失敗覺悟到武力不可恃之教訓，以睿智勇決的態度，放下武器，變武裝暴動的政黨爲和平合法的政黨。」既已明目張膽到了要求中共「放下武器」的程度，卻還敢自詡「沒有成見」，這樣的「對於時局的態度」只能讓人失笑。另一份宣言《我們的國是觀》也基本是同一路數，先是痛陳抗戰以來「千載一時的建國良機」正面臨著「逐漸的幻滅」，然後提出兩點希望，即「完成統一促進建國大業」和「制定憲法奠立民治基礎」，最後則對中共發出敦促：「我們盼望共產黨體認民族國家的需要，審慎客觀的環境，勿恃武力，勿囿私見，顧念國家締造的艱難，憫懷民族沉淪的危險，敢掬忠忱，爲民請命。」《文化先鋒》顯然是想借國大召開之機，對中共展開一波集中的輿論攻勢。

不過自此之後，《文化先鋒》上的反共聲浪卻迅速落潮，從 1946 年 11 月下旬到 1947 年 2 月下旬這三個月，是《文化先鋒》在戰後表現得最像「學術刊物」的一段時期。雖然這段時間裏也發表了胡一貫的《文化與民生》（第 6 卷第 9、10 期合刊）、張道藩的《三民主義與儒家學說》（第 6 卷第 11 期）、華仲麐的《文化建設與國家建設》（第 6 卷第 15 期）等官方色彩頗濃的文章，但這些討論都不同程度地是在「學理」面目下進行的，至少其中沒有出現對中共的正面攻擊。就連轉載的陳立夫的《當前文化工作者的任務》〔註 50〕，也只是對文化工作者提出了「闡明統一之眞諦，強調建設之需要，培養民主

〔註 50〕　《文化先鋒》第 6 卷第 9、10 期合刊。

之作風，發揚創造之精神」四點要求，雖然其中也有「任何假借外來的主義，藉以勾引外力以圖達到割據的目的，就是分裂國家土地主權的統一性，也就是跡近漢奸賣國的行為」等語，但反共並非這篇文章的重點所在。或許在《文化先鋒》的編者看來，刊物借國民大會所展開的宣傳已經取得了不錯的效果，所以此後暫時地略微淡化一下官方色彩，而增強一些學術性，方能更符合刊物的「文化」定位，同時繼續吸引讀者。

　　然而在波譎雲詭的政治形勢下，無論是《文藝先鋒》還是《文化先鋒》，都不可能長久地保持「超然」態度。1947 年 2 月，國統區爆發「黃金風潮」，物價如脫韁的野馬一般直線上昇，致使社會動盪加劇，各地學生與民眾的遊行示威活動此起彼伏。面對即將失控的國統區社會形勢，兩個《先鋒》幾乎同時結束了「失語」狀態，而迅速表現出激烈的反共姿態，試圖將民眾的憤怒情緒轉移到共產黨身上。首先是《文化先鋒》於二‧二二反蘇大遊行一週年之際，推出了紀念特輯，同時刊登了華仲麐、陶希聖、胡一貫、葉青等七人的文章，企圖通過回顧二‧二二這場所謂「愛國運動」，來重新挑起人們對於中共的惡感。如華仲麐的文中稱：

> 我們所要質之於愛國青年者，歸納言之也即是對「二二二」的檢討，兩個主要問題第一個是東北的主權接收問題今日怎麼樣？第二個是中共的祖國愛今日又怎麼樣？其次的問題是誰有分化中國的企圖？誰在以錦繡河山媚外而作奪取政權的勾當？誰在「民主」的帽子下做分割祖國的工作？……你們所呼號恐怖的問題，不但沒有取消，反而變本加屬的嚴重，國家的情形已到了岌岌可危的地步，我們紀念「二二二」，質之於愛國青年們，請你們繼續「二二二」的熱忱，搶救中華民族的生命！〔註51〕

　　更有文章直接將二‧二二和當前的群眾運動相對比，陶希聖就稱二‧二二「和五四運動一樣，沒有政黨的操縱，沒有派系的偏見，簡單明瞭以爭取領土主權的完整為目標」，同時指責中共領導的群眾運動是「反美運動」，說「這是純粹的黨派運動。那些參加的人，不是自發，毫無自信。中國人何肯替一個外國做火中取栗的貓腳爪？」〔註52〕這樣的說辭將國民政府紀念二‧二二的真實目的暴露無遺，即試圖抓住這絕無僅有的一次有利於己的「群眾

〔註51〕華仲麐：《勿忘「二二二」》，《文化先鋒》第 6 卷第 18 期。
〔註52〕陶希聖：《愛國運動與亡國運動》，《文化先鋒》第 6 卷第 18 期。

運動」，來和當時已令政府焦頭爛額的各種遊行示威相抗衡。

緊接著，《文藝先鋒》上面也同時刊登了《從文藝看青年》《牡丹·野百合花》《一幅窮兇極惡的畫像》等「文話」〔註53〕，集中火力攻擊中共。其中《從文藝看青年》一文大半篇幅談的都是文藝問題，指責中共「壟斷」文藝，並把幾年前毛澤東在《講話》中提出的「藝術服從政治」拿來說事，但是接近結尾處卻忽然一轉：

> 中國青年一向是愛國的，五四運動，是最先的一個例；以後五卅，九一八……那一種轟轟烈烈的運動，不是爲了維護國家領土與主權的完整？不意在勝利之後，居然還有一部分青年被奴性的共產黨所利用，做種種「反愛國運動」的勾當，但是卻戴起「愛國運動」的面具……失掉國家的人民，是奴隸，不要國家的政黨，更是天生的奴隸。我們青年如果不睜開自己的眼睛，盲從共產黨，就是做奴隸的奴隸！〔註54〕

很顯然，討論文藝問題只是一個幌子，眞正讓作者耿耿於懷的還是當時的學生運動。另一篇文話《牡丹·野百合花》又一次重提王實味事件，並號召作家去「天日重光」的延安：「到延安去，到自由的延安，這是作家最好的時候了。那裡留下斑斑的血跡，待我們寫出人間最慘酷的黑暗面。」〔註55〕該文的歷史背景是：1947年2月底，蔣介石調動25萬大軍，並親抵西安督戰陝北戰事，中共根據敵強我弱的形勢，決定暫時放棄延安，3月18日晚中共黨政機關已安全轉移，次日胡宗南部攻佔延安。對於國民黨而言，這其實只是一場「華而不實的勝利」，因爲自此以後胡部十萬大軍陷入了毛澤東設計的「蘑菇陣」，進又不能進，退又不能退〔註56〕。但這並不妨礙國統區的官方媒體大加吹噓，《文藝先鋒》也加入了這一行列，只不過後來戰局的發展使得這種宣傳簡直變成了一場笑話。《一幅窮兇極惡的畫像》則批評中共之主張國際干涉，不過該文完全是老調重彈，毫無新意。

然而兩個《先鋒》如此賣力的宣傳並未起到絲毫作用，兩三個月後，學生運動不但沒有平息，反而漸趨高潮。1947年5月20日前後，南京、上

〔註53〕「文話」欄目自第10卷第3期開始設立，作用相當於此前一度中斷的短論。
〔註54〕《從文藝看青年》，《文藝先鋒》第10卷第3期。
〔註55〕《牡丹·野百合花》，《文藝先鋒》第10卷第3期。
〔註56〕張憲文等：《中華民國史》，第四卷第97～99頁。

海、平津等地的學生相繼罷課、遊行，並宣佈 6 月 2 日為反內戰日，準備到時舉行全國性的示威活動。為了對付學生，從 5 月下旬開始各地軍警頻繁出動，大規模逮捕學生領袖和進步人士〔註 57〕。在此期間兩個《先鋒》也沒有沉默，《文藝先鋒》在學潮當月這一期的卷首，就登載了中華全國文藝作家協會、中國國學社、完人哲學研究會等 25 個文化社團聯合發表的針對學潮的宣言《珍重吧！青年！》，這份宣言的題目下還有用醒目的大字印刷的兩行副標題：「不要以大學為政爭的戰場　不要以青年為政爭的工具」，而宣言的內容不過是一味指責中共是學生運動的「導演」：「這次學潮的起因，本是單純的，而演變則日趨於複雜，大多數的青年是純潔的，而幕後的導演人則使之日趨於惡化，青年無罪，導演可誅……」〔註 58〕同期的另一篇文章《「沒有演好的戲」和「準備上演的戲」》也是同一副腔調，該文以諷刺的語氣說中共「導演這個戲的手法，是很高明的」，只是作為演員的學生共產黨員沒有演好，遊行中提出的口號與中共及民盟過於相似，所以露了馬腳，並展望 6 月 2 日的「第二個戲」，預言它「即使不流產也不會演得怎樣轟轟烈烈」〔註 59〕。作者的這個預言倒是沒錯，6 月 2 日的遊行確實是流產了，但其原因卻不像他所說的，是由於「戲」已被「觀眾」識破，而是國民政府對學生進行了血腥的鎮壓。

《文化先鋒》對於學潮的反應也同樣及時，學潮發生後，在連續兩期的卷首都刊發了相關評論，一為《五四精神的骨幹》，稱「五四的尊嚴，因其是自動的愛國運動，完全站在一脈相承的民族意識上發揮」，而當下的學生運動則「是共產黨假託五四之名，以製造利用學生運動，操縱慫恿，引誘麻醉純潔的青年走上武裝叛亂國際間諜的途徑」〔註 60〕；一為《為平息學潮貢獻於愛國學生的話》，先是稱讚青年大學生是國家的「基幹」「中堅」，再則對其被「利用」表示「痛心」，最後又對學生提出兩點「希望」：「第一希望你們保持學生運動的純潔和真正價值」，「第二希望你們尊重國家的法紀，洞察操縱者的陰謀」〔註 61〕。種種論調，重複的不過是同一個意思，即共產黨是學生運

〔註 57〕張憲文等：《中華民國史》，第四卷第 143～149 頁。

〔註 58〕《珍重吧！青年！》，《文藝先鋒》第 10 卷第 5 期。

〔註 59〕李健勤：《「沒有演好的戲」和「準備上演的戲」》，《文藝先鋒》第 10 卷第 5 期。

〔註 60〕廖：《五四精神的骨幹》，《文化先鋒》第 6 卷第 23 期。

〔註 61〕《為平息學潮貢獻於愛國學生的話》，《文化先鋒》第 6 卷第 24 期。

動的幕後主使。雖然有資料證明在此次學潮中，中共地下黨員確實發揮了一定作用，但大多數學生還是出於對國民黨統治的不滿，而自發地參與遊行的。國民政府對此視而不見，絕口不提自身施政過程中的諸多嚴重缺陷，只是一味指責中共，結果只會進一步將青年學生和更廣大的民眾推向自己的對立面。

值得注意的是，在《為平息學潮貢獻於愛國學生的話》一文中，第一次出現了「政府……不得已的戡亂用兵」字樣，這預示著國民政府的反共宣傳即將進入一個新的階段。就在五·二○學生運動爆發的當天，第四屆第三次國民參政會召開，要求政府明令「戡平中共內亂」即已成為討論主題，一個多月後，隨著「戡亂總動員令」的正式頒佈，國民黨終於撕去了最後一點「和平」偽裝，而兩個《先鋒》也隨之再一次調整言說策略。

第三節　最後的掙扎：「戡亂」時期的文化與文學

五·二○學生運動的爆發，使得國民政府威信掃地，面對持續的社會動蕩，他們幾乎失去了控制能力。與此同時，在內戰戰場上，國民黨的軍隊也節節敗退，隨著 1947 年中共在東北發動春季攻勢以及六月下旬劉鄧大軍的南下，國民黨的軍隊已經被迫由戰略進攻轉向戰略防禦。而在經濟方面，1947年 2 月爆發的「黃金風潮」也讓國統區經濟走上了不可挽救的崩潰之路。面對如此嚴重的政治、軍事與經濟危機，國民政府不得不商討扭轉時局的辦法，就在這樣的背景下，6 月 30 日召開的國民黨中常會與中政會聯席會議上作出了「中國共產黨武裝叛亂，割據地方，破壞統一和平，危害國家民族……為保衛國家基礎，掃除建國障礙，拯救匪區同胞，亟應明令剿辦」的決議，7 月4 日的國務會議又一致通過了蔣介石所提的「厲行全國總動員，以戡平共匪叛亂，掃除民主障礙，如期實施憲政，貫徹和平建國方針案」，次日，「戡亂總動員令」便以國民政府訓令的形式頒發全國〔註62〕。

隨著「戡亂總動員令」頒佈，國共內戰從形式到內容都徹底公開化，因此，國民黨控制下的報刊在反共宣傳中便不再有任何顧忌。在總動員令頒佈前夕，就有嗅覺靈敏的作者在《文藝先鋒》上發表了小說《戲劇法庭》，雖然它有一個副標題「松北解放區記實之一」，小說的內容或許不無現實依據，但也難免有幾分誇張。它寫的是松北解放區某縣組織民眾審判該縣商會會長、自衛隊長的情

〔註62〕張憲文等：《中華民國史》，第四卷第 138～140 頁。

形，在作者的筆下，王會長、李隊長都是民眾心目中的「好人」，但共產黨的幹部卻找來一群烏合之眾，以種種可笑的罪名對他們進行控告，而審判的過程又如同演戲，最後不容分辯地將他們處決。在小說的前面還有作者給刊物編者的一封信，其中說：「我以爲『描寫匪區』這個運動，文藝先鋒應該爲首發動，我則願以這一篇作爲引玉之磚，相信這個建議是會有結果的。因爲古人既描寫歷代亂臣賊子，我們爲甚麼要躲避現實，寬恕民族罪人？」〔註63〕

《戲劇法庭》這篇小說及其作者柏樟那封信的出現，可謂恰逢其時，它配合了《文藝先鋒》宣傳「戡亂」的需要，因而受到了編者的格外青睞。在下一期刊物上，就出現了題爲《爲什麼寬恕民族罪人》的文話，評價「描寫匪區」的提法「是一個緊急的建議，我們相信凡是有正義感的作家，有民族意識和國家觀念的作家，誰都會響應這個建議」，並說「現在不是寬恕的時候了，誰寬恕了罪人，誰就是助長了罪人的驕焰，誰就對不起國家，對不起民族」〔註64〕。同期還刊出了另一篇文話《忠奸不兩立》，則宣稱藝術家在當前的時代「無法中立」，並直接要求作家「在享受著『生命有保障，自由有保障』的國土上」，寫反對中共的作品〔註65〕。此後柏樟又親自操刀寫出了一篇《描寫匪區》，先是洋洋自得地宣稱他的提議已經得到了《太平洋》《北方雜誌》《救國日報》《文藝先鋒》等眾多報刊的響應，接著近乎肉麻地自我標榜道：「我提出『描寫匪區』，不是爲了出風頭，我知道個人英雄主義時代已經過去了，純粹受了良心的驅使和正義的指示，我才毅然提出這個發自深心的『口號』！」〔註66〕然後便大談「描寫匪區」有如何重大的意義。其御用文人的可笑嘴臉，在此文中暴露無遺。

不過柏樟只能算是一個嘍囉，在他鳴鑼開道以後，《文藝先鋒》的主帥張道藩方才粉墨登場，他的《文藝作家對於當前大時代應有的認識和努力》，是刊物在「戡亂」之初推出的一篇重磅文章。然而不同於柏樟之流的叫囂跳踉，張道藩的表現更沈穩些，他沒有一上來就擺出一副激烈的反共姿態，而是先大談文藝作家在社會上的地位以及應負的責任、文藝在社會生活中的重要地位、文藝和人生的關係、文藝的時代性、民族性與地域性等屬於「對於文藝應有的認識」的問題，然後才轉而談到「當前的時代」，共談了五點「認識」，

〔註63〕柏樟：《戲劇法庭》，《文藝先鋒》第 10 卷第 6 期。

〔註64〕《爲什麼寬恕民族罪人》，《文藝先鋒》第 11 卷第 1 期。

〔註65〕《忠奸不兩立》，《文藝先鋒》第 11 卷第 1 期。

〔註66〕柏樟：《描寫匪區》，《文藝先鋒》第 11 卷第 2 期。

即「新的帝國主義」趁火打劫、共產黨發動叛亂、共產黨勾結外國、共產黨反對民主憲政、共產黨企圖消滅中國文化。其中前四條完全是為「戡亂總動員令」做腳註，而最後一條則意在把「戡亂」和「文化」扯上關係，由此再進一步，便可以成為更嚴厲地控制文藝的藉口。文章接下來就對作家提出了三點「勉勵」，即「要把握住國家至上，民族至上的原則」，「要培養真正的民主制度」，「要努力使人民的生活改進」，並進一步總結道：

> 能夠把握住國家至上，民族至上的原則，來創造我們的新文化，就是民族主義。能夠培養真正的民主制度，也就是實現民權主義。能夠增進人民的生活，當然就是實現民生主義。本著這種原則建立起來的文化，也就是三民主義的文化。這種文化，既不是共匪硬要搬到中國的共產主義文化，也不是完全模仿資本主義的文化，而是本著我們中國需要自己成就的一種新文化。文藝既是文化最主要的一部份，我們就應該盡我們所能，來謀三民主義文藝的建設。我們以後一切的寫作，也就要為此而寫作。〔註67〕

在這裡「三民主義文藝」又一次被搬了出來，但是此時重申民族、民權和民生的「原則」，只不過是為反共的現實目的尋找幌子而已，且看張道藩是如何規定所謂「三民主義文藝」的具體內容的：

> 像共匪那樣，替人家做第五縱隊，出賣國家利益，消滅民族文化，殘殺同胞，慘絕人寰，認賊作父，為虎作倀，其不忠不孝不仁不義寡廉鮮恥，無以復加，我們文藝作家為什麼不把他們一切揭露描寫呢？又如我們要實行憲政民主，我們文藝作家為什麼不描寫真正自由平等的民主應該是怎樣的？應該怎樣才得到它？共黨匪徒邪說的民主，何以是假的？這種假民主於人民有何害處？寫作資料可說無處沒有，只看我們會不會採取應用，如果會的話，那真是取之不盡，用之不竭。

他在繞了一個大圈子以後，至此才終於圖窮匕見。顯然，這一回張道藩所謂的「三民主義文藝」，說來說去也不過是「反共」二字而已。在張道藩的鼓吹以及柏樟等人的配合下，《文藝先鋒》上反共題材的作品漸漸形成了一個浪潮，並差不多一直持續到終刊。柏樟本人除了《戲劇法庭》外，還在《文

〔註67〕 張道藩：《文藝作家對於當前大時代應有的認識和努力》，《文藝先鋒》第 11 卷第 2 期。

藝先鋒》上發表了《第一章》《李寡婦》〔註68〕等小說，前者寫共產黨在某縣建立的民主政權，召集民眾代表到縣政府開會，要求他們每家出十六尺布、五百塊大洋，並要他們「作人民模範」，以後開會時站在前排鼓掌。民眾中德高望重的鄭老頭提出抗議，結果被槍斃，另一個人低聲說了一句打抱不平的話，也被士兵用槍把子打死。後者的主人公是一個寡婦，她的丈夫本是人民自衛隊長，在內戰中被國民黨捉住弄死，是區政府的有功之臣，但是由於李寡婦家裏比較富裕，最終還是難逃被鬥爭的命運，在鬥爭她的時候，一群進步分子（他們在小說中被寫成了無賴和不要臉的女人）又要求她「再開張」（即改嫁），李寡婦不從，便被指爲「頑固」而遭到了百般羞辱，最終她忍辱答應了嫁給區指導員，卻在再婚之夜殺死了指導員並上弔自殺。

　　帶頭「描寫匪區」的柏樟無疑是一個反共急先鋒，但他醜化中共的手法卻實在不高明。他的三篇小說，情節的眞實性究竟有幾何暫且不論，即就藝術方面而言，作品中的人物形象也是毫無光彩，完全是爲了表達作者的政治理念而憑空臆造的。比如他筆下的共產黨幹部都是一個模樣：獐頭鼠目、流裏流氣，滿口山東土話，從來不講道理，而且他們說出的話簡直就是對自己「罪行」的「招供」，像「共產黨和毛主席賞你們民主，你們怎麼不要」、「在民主政府下的人民不得優裕，乃是斯大林和毛主席告訴我們的原則」、「民主政府之下個人沒自由」等等，這樣的描寫只能令人失笑。至於他筆下的群眾，則除了一些地痞無賴以外全都對共產黨恨之入骨，甚至不惜以死抗爭，同時卻對國民政府忠心耿耿。比如《第一章》裏的鄭老頭，竟然當著縣長的面說：「我們不懂什麼叫解放，日本鬼子早就降了！我們不知道毛主席是何許人，我們只知道蔣主席！我們不知道什麼叫共產黨，我們只知道國民黨！」且不說讓一個普通百姓喊出這樣的政治口號有多麼荒謬，單純就史實而言，柏樟的小說均以東北爲背景，而東北在 1928 年末「易幟」以前是奉系軍閥的天下，1931 年之後又落入日本人之手，抗戰勝利後則迅速被中共控制了大部分地區，因此國民政府實際控制東北的時間少之又少，再加上國民政府在戰後接收過程中的所作所爲，完全無法想像東北民眾竟會對國民黨和蔣介石有如此深厚的「感情」。小說中那樣的描寫，除了把作者自身的黨派立場暴露得更徹底以外，恐怕很難起到什麼宣傳效果。

　　除柏樟外，在《文藝先鋒》上炮製反共文學比較賣力的還有王柏柱、秋

〔註68〕分別載於《文藝先鋒》第 11 卷第 5 期、第 11 卷第 6 期。

萍、韋曉萍等人。王柏柱的《在遼河平原上》〔註 69〕寫的是一個畢業於西南聯大的青年呂德明，懷著共產主義理想投奔延安，在「抗大」進修過以後，被分配到八路軍駐東北的一個連做指導員，卻因爲連長劉大奎縱容下級殺戮、劫掠、姦淫，而與其發生嚴重衝突。後來有一次哨兵抓到了兩男一女三個企圖逃往國統區的農民，劉大奎不由分說就要把他們交由「人民審判」，呂德明試圖勸阻，不料劉大奎又對女囚起了色心，編造出兩個男的是「國特」、女的是被「拐帶」的謊言，企圖救下並佔有女囚，呂德明權衡再三，向他提出了「要殺殺三個，要救救三個」的要求，作爲替他向上級隱瞞的條件，但劉大奎還是將兩個男囚交由「人民審判」後處決，而女的則不知去向。此後呂德明便不斷受到各種刁難和陷害，還被營指導員找去談話，營指導員不問事實就對他提出許多無理的批評，像「小布爾喬亞的軟弱病」「公子哥兒出身」「在資產階級的大學裏念過書，中了他們的毒」等等，最後要求他向「鬥爭經驗豐富」的劉大奎「學習」，而呂德明只能屈辱地忍受。應該說這篇小說裏並非沒有一點現實的影子，畢竟在共產黨內部，知識分子出身的幹部和農民出身的幹部之間存在矛盾是事實，但是這種矛盾卻被作者無限誇大，而關於八路軍毫無紀律、燒殺搶掠的描寫，則更是近乎污蔑。

王柏柱的另一篇小說《「民主」的烙印》〔註 70〕則是對中共領導的學生運動的醜化，主要描寫了一個叫易天麟的學生，他和「我」從高中起就是同學，喜歡裝飾、抽煙、打牌，並和校內外的女人鬼混，「我」和其他同學雖明知他的這些缺點，但是因爲他強壯的體格、超人的口才以及活動能力等優點，大家還是對他寄予很大希望。但是來到上海進入大學後，易天麟愈發變本加厲，不但穿著面料昂貴的西裝，而且一面出入於上海的秘密賭窟、結交著各色人等，一面仍對周圍的女同學無恥妄爲，後來又因爲追求一個女同學失敗而遷怒於「我」，和「我」斷絕了友誼。在「反內戰、反飢餓」罷課遊行運動中，易天麟投入了學生中的一個女共產黨員錢紅的懷抱，從此受她擺佈，成了煽動罷課遊行的干將，在一次集會中，由於大多數同學反對罷課，易天麟等人大打出手，「我」的額角被一塊尖利的石頭擊中，留下一塊傷疤，被人戲稱爲「民主的烙印」，而易天麟則被捕入獄。很顯然，這篇小說對學生運動的描寫，和國民政府聲稱學生運動爲中共所策動的口徑完全一致，更爲惡劣的是，小說末尾處關

〔註69〕《文藝先鋒》第 11 卷第 1 期。
〔註70〕《文藝先鋒》第 11 卷第 3、4 期合刊。

於易天麟入獄的描寫，幾乎是直接爲國民政府鎮壓學生運動辯護了。

秋萍的兩篇小說《蠶豆花又開了》和《叛徒》〔註71〕，情節都比較簡單。前者寫王三夫婦本過著美滿的生活，後來在一個蠶豆花開的時節，解放軍來到村裏動員參軍，但名爲「動員」實爲強迫，王三被拉走後，他的母親承受不住悲哀而去世，只剩下王三媳婦帶著孤兒，夢想著王三能夠回來，一年後王三的死訊傳來，王三媳婦經不起打擊而發瘋，最終在又一次蠶豆花開的時候，她投河自盡，留下五歲的孩子獨自在屋裏啼哭。後者寫一個青年何平參加了共產黨的培訓後，當上了本地的基幹隊長，一次縣裏的王政委把他叫去談話，讓他「肅清」三個頑固分子和「國特」，其中一個竟是何平的父親，何平想要求情，王政委卻說「在工作上，只有敵人與同志，沒有其他任何關係存在的」，最終何平在經歷了反覆的心靈掙扎後，開槍打死了王政委。這兩篇小說也代表了反共文學的套路之一，即把共產黨描寫成傳統生活方式和倫理道德的破壞者。

韋曉萍是在《文藝先鋒》上發表反共作品最多的一人，包括小說《堤》、《浮泛的沉渣》、《咆哮篇》、《石榴花紅的時候》、詩歌《捕蟹者言》、散文《獨顧懷兮此都》等。其中分四次連載的中篇小說《堤》〔註72〕是他的代表作，寫的是共產黨爲了軍事上的便利，企圖炸毀黃河沿岸某地的大堤，因此當地農民在「長官」的帶領下，一面搶修堤壞，一面還要不斷巡邏，以防「共匪」的破壞，但大堤還是被鄰村的白有貴夫婦等幾個「共匪」炸開了缺口。勇敢的青年小虎子試圖阻止他們炸堤不成，反被周圍的同伴誤解，甚至險些被拋到水裏淹死，由於他愛上了白有貴的妹妹白元妞，又加重了人們的誤解。元妞本來是與兄嫂一起來炸堤的，但是在與善良勇敢的小虎子相愛、又看到決堤的慘象之後，開始懺悔，並決定回到劉莊和「共匪」鬥爭以將功贖罪，小虎子也最終在與「共匪」的激戰中向眾鄉親證明了自己。在這篇小說裏，共產黨照例被描寫成爲了自身利益不顧民眾死活的惡魔，但是小說中的故事發生的時間、地點都比較模糊，它應該沒有什麼現實中的原型。而實際上現代中國最臭名昭著的一次決堤事件，卻是國民政府在抗戰初期炸毀花園口黃河大堤，1984 年，作家李準以花園口決堤事件爲題材，寫出了長篇小說《黃河

〔註71〕分別載於《文藝先鋒》第 11 卷第 1 期、第 12 卷第 2 期。

〔註72〕連載於《文藝先鋒》第 11 卷第 2 期、第 3、4 期合刊、第 5 期、第 6 期，各章題目分別爲《堤畔》《決堤》《堤的兒女》和《大堤之聲》。

東流去》，而韋曉萍的小說《堤》在出版單行本的時候，也改名爲《黃河之水天上來》，二者的題目竟是如此的相似！兩相對照，讓人不由感歎歷史是多麼富於「黑色幽默」色彩。

　　不過如果拋開小說的內容不談，單就藝術手法而言，《堤》倒稱得上是《文藝先鋒》上所有的反共作品中最「像」小說的一部，它的情節跌宕曲折，尤其是戀愛故事的穿插，使得其反共宣傳並不像其他作品那麼生硬；小說在人物塑造上也頗見功力，像勇敢而又多情、魯莽卻不失善良的小虎子，渾身散發著清新的山野氣息、美麗而又潑辣的元妞，都令讀者印象深刻。難怪單行本出版以後，張道藩親自爲它作序，稱它「寫出共產黨的殘忍、毒辣、卑鄙、陰險的罪惡，他的主旨是值得稱道的」，而且「文筆優美」，「是一本具有它本身評價的優秀作品。」〔註 73〕這樣的評價倒是從反面提醒了讀者：小說在藝術上的一點可取之處，終究改變不了其作爲政治宣傳品的性質。

　　儘管有上述作者在《文藝先鋒》上跳踉，一時間陣勢頗爲熱鬧，但是單憑一個刊物的力量，是不可能左右文壇的。在「戡亂」進行了近半年之後，《文藝先鋒》上的一篇文章就坦承：「大多數的讀者，都被糜爛的黃色文字和麻醉的赤色文字所逼害得透不過氣來，這黃色文字和赤色文字在日漸的彌漫下去」，並聲嘶力竭地呼喊「中國文藝再革命！再革命！再革命！」〔註74〕作者的邏輯很奇怪，似乎讀者接受什麼樣的文字，不是出於他們自己的選擇，而是被迫的，但他畢竟道出了一個事實，即以《文藝先鋒》爲代表的國民黨官方文學在面對左翼文學、自由主義文學時的無力。此後《文藝先鋒》還像煞有介事地推出了一篇《文學再革命綱領（草案）》〔註75〕，從目的、內容、形式三個方面，條分縷析地規定了「文學再革命」的方向；另外還有人呼籲「我們需要戡亂文學」，聲稱當前的文藝「未必已經全部配合著現實或爲反映現實解救現實作成它的貢獻」，要求文藝作家進一步配合「戡亂剿匪的工作」〔註76〕，但這時距離《文藝先鋒》的壽終正寢已經只有幾個月了，所以那些叫囂只能像泡沫一樣，產生不久即隨風消散。

　　《文化先鋒》對於「戡亂」的配合也毫不落後。約出版於 1947 年 7、8

〔註73〕 張道藩：《序〈黃河之水天上來〉》，《文藝先鋒》第 12 卷第 5 期。
〔註74〕 紅蘋：《簡談中國文藝再革命》，《文藝先鋒》第 11 卷第 5 期。
〔註75〕 《文藝先鋒》第 12 卷第 1 期。
〔註76〕 余公敢：《我們需要戡亂文學》，《文藝先鋒》第 12 卷第 3、4 期合刊。

月間的第 7 卷第 2、3 期合刊〔註77〕，就成了「反共專號」，為首的文章是張道藩的《對剿匪戡亂應有的認識》，其副標題為「在中國文化界戡亂救國總動員會成立大會演講」，這篇演講主要說了三點「認識」，一是「國家需要和平建設，共匪則擾亂和平，阻礙建設，而且勾結外力企圖消滅我們民族……對於這種認賊作父為虎作倀的叛逆，自應予以痛剿」，二是「（共產黨）是一個叛國的組織，我們之所以要剿滅他，根本不是國民黨與共產黨之爭，而是整個國家民族對於叛徒的討伐」，三是美國和歐洲已經認識到「共產主義的威脅」，因此「我們對共產黨的作戰，並不是單獨戰爭，將來自會有很多同情的人和我們站在一條戰線上來剿滅這人類的公敵」〔註78〕。在國共內戰已經完全公開化的時候，張道藩仍然緊緊抓住「國家民族」這根救命稻草，這未免有些可笑，因為他的聲稱內戰「根本不是國民黨與共產黨之爭」，背後其實有這樣的潛臺詞：國民政府是「國家民族」的唯一合法代表，因此共產黨武裝反對國民政府便是「叛亂」。但實際上國民政府在戰後的所作所為，已經使它的這種「代表」資格在民眾中變得十分可疑，所以國民黨「綁架」國家民族的企圖很難得逞。至於說中共「勾結外力」，儘管共產黨在內戰中確實多多少少得到了蘇聯的支持，但是國民黨從美國方面得到的援助卻更多。頗富諷刺意味的是，蔣介石在頒佈「戡亂總動員令」之前，還特地徵詢了美國方面的意見，在得到同意後，方才下定了決心〔註79〕，所以以「勾結外力」為口實誣稱中共「叛國」，實在有自抽嘴巴之嫌。即使就張道藩的文章本身來說，他講的第三點「認識」，雖然是為了吹噓他們的「戡亂」對於「整個世界整個人類」的意義，卻也無意中透露出國民政府自身也有「後臺」。

張道藩的這番演講，矛盾重重、漏洞百出，完全無法自圓其說，但這並不能歸咎於張道藩個人，它只是國民黨的官方意識形態在內戰後期逐漸喪失合法性的一個縮影而已。值得注意的是，在前面分析過的《文藝作家對於當前大時代應有的認識和努力》一文中，張道藩還再次提到了「三民主義文藝」，可是此處的《對剿匪戡亂應有的認識》雖然是在「中國文化界戡亂救國總動員會」成立之際的講演，卻根本沒提「三民主義文化」，或許連張道藩本人也

〔註77〕該期及前後幾期刊物均未標明出版日期（至第 7 卷第 8 期始恢復），只能大致推測。

〔註78〕張道藩：《對剿匪戡亂應有的認識》，《文化先鋒》第 7 卷第 2、3 期合刊。

〔註79〕張憲文等：《中華民國史》，第四卷第 139 頁。

意識到了，把他和他手下的一干嘍囉所炮製的那些謾罵式的反共文字和「三民主義」這個神聖的字眼拉扯在一起，難免有失體統吧？

「主將」的文章尚且如此，《文化先鋒》上其他文章的面目也是可想而知的。即以這期「反共專號」為例，除了張道藩的講演以外，還有于斌的《論社會動員》、褚柏思的《文化界怎樣動員》、胡一貫的《文化與物化》、唐際清的《集中意志戡亂救國》、趙友培的《文藝作家的昨天和今天》等文章，從不同方面為「戡亂」敲邊鼓。其論調大同小異，但也有個別值得關注之處，比如褚柏思的《文化界怎樣動員》，一半篇幅談的都是「以整肅運動充實動員」，而其援引的例子就是蘇聯的文化整肅運動，在不厭其煩的對這場運動做過介紹之後，作者說道：「蘇聯，今天自詡是自由的，民主的國家，不依然有著文化上的清算，文化界的整肅嗎？後進的國家，可以學英美，為什麼不能學蘇聯呢？……這一文化整肅運動的學樣，絲毫沒有諷刺的意味，這是要附帶說及的。因為作者自承也是前進分子啊！」雖然從作者的語氣中可以看出他所謂「沒有諷刺的意味」是句假話，但是他對蘇聯那一套做法的歆羨卻是真實的，因為緊接著他就回顧蘇聯是如何在一戰之後，不顧列強的反對而關起門來一心搞社會主義建設，並拿中國的情況來對比：「三民主義，是中國的遺產，也是全世界人類的理想，但是，中國沒有關起門來實現它，更沒有宏揚於世界，看看人家，想想自己，其不禁無限的感觸！」〔註80〕這種對蘇聯的推崇在兩個《先鋒》上絕非個例，當年張道藩在關於「文藝政策」的論爭中，就曾把蘇聯當做正面典型。看來意識形態的鴻溝，並不阻礙國民黨對對方施政方式的欣賞，而由此我們也可以知道，國民政府所許諾的、「戡亂」成功以後將要實現的「真正的憲政民主」，究竟是怎麼一回事了。

更有趣的是曾問吾的《陝北匪區見聞實錄》，雖然從文章的標題即可看出作者的反共態度，但作者自稱他「於延安光復後十天，得一機會參加陝北考察團，前往作實際的考察」，然後本著「博采資料，虛心比較，詳加研究，既不歪曲事實，蓄意污蔑；也不誇張其詞，替人廣播」的態度寫了這篇文章。儘管這樣的表態並不可信，但是與《文化先鋒》上其他的反共文字比較起來，該文確實還保留了幾分「客觀性」，尤其是對於解放區的一些優點，作者並沒有諱言，比如：「平心而論，特務統治調查既密手段又辣，故人人恐怖，在社會上也能收相當的效果，就是官吏不敢貪污人民不敢違令豪劣不敢橫行敵間

〔註80〕褚柏思：《文化界怎樣動員》，《文化先鋒》第 7 卷第 2、3 期合刊。

不能入境，人無遊食，村無盜賊，夜不閉戶，路不拾遺是赤區的長處。盛世才治新疆時期，也用特務統治，也做到人人恐怖，政治清明的現象。迄今新疆民眾猶稱道不衰。至於殘酷，是另外一回事。」雖然作者把那些優點全部歸因於「特務統治」，但至少還是說出了解放區「政治清明」的實情，尤其是最後拿新疆民眾對盛世才的「稱道不衰」作比較，更可看出解放區絕不是像其他反共文字所宣傳那樣的「人間地獄」。生活在貪官污吏橫行、民不聊生的國統區的人們，看了這樣的描述，真不知會不會對於解放區有幾分嚮往。另外關於解放區的合作社，作者也說出一些實情，比如講某合作社「曾辦職業學校，招收高小畢業生，校內設紡織等科，學生一次繳費若干，加入合作社經營，直至畢業不須再繳膳宿學雜費。貧苦學生可以向銀行貸款，年息百分之五。畢業就職後償還。此種制度可稱為『求學合作』，也值得吾人注意。」雖然沒有讚美之詞，但作者對合作社的上述做法，顯然是持肯定態度的。作者有時甚至更大膽地拿解放區的長處來對比國統區的短處，如介紹解放區的政治時說：「邊區的參議會，土豪劣紳不能混入在內，這點比之各省縣參議會成立以來，紳權氣焰高出萬丈者，有天淵之別！」文末的結語裏還有這樣的話：「中共的言行和制度，都有陰陽兩面，陽的用以宣傳，擴大號召力量，陰的乃是實用技術，達到預期效果……但儘管說做不一，而實行起來，必有計劃，有組織，有毅力，快當迅速，必求有成。反觀國內好多大政治家，常常大事宣傳，發佈宏規，鬧得滿天濃雲。惟吾儕小民只聞雷聲隆隆，只見電光閃閃，終久不見滴雨，灑潤道路。比之中共重實行者，又是另一道作風。」〔註81〕雖然對中共也有批判，但同時並不吝惜讚揚之詞，而對於國民政府中所謂「大政治家」的諷刺，則要尖刻得多。

　　當然，如果從另一個角度看，也可以說曾問吾之所以寫出這樣一篇文章，是為了對國民政府進行警示，讓他們看到對手的優長和自身的不足，因此該文的出發點還是「幫忙」。不過登載它的《文化先鋒》畢竟不是什麼「內部出版物」而是面向大眾的，而且該期刊物上其餘文章都是高調的反共文字，所以這篇《陝北匪區見聞實錄》廁身其間，還是顯得相當另類。刊物編者似乎也不太喜歡它，儘管它的篇幅並不短，卻連一頁整版都沒有佔據，而是被排在了連續23個版面的底端約三分之一處，這種不同尋常的排版方式，或許已暗含了編者的微妙態度。而文末還有一段編者的說明：「本文稍有刪除，一因

〔註81〕曾問吾：《陝北匪區見聞實錄》，《文化先鋒》第 7 卷第 2、3 期合刊。

所刪多爲已成過去的事實；再因和談及延安會戰經過與匪軍失敗原因，已往各報刊及本刊均曾詳細刊載，故無再行刊載之必要。」這樣的理由恐怕站不住腳，因爲此時國民政府已佔領延安，所以文中所述均爲「已成過去的事實」，如果這能成爲文章被刪改的理由的話，那它根本就不應該被刊載。根據已刊出的部分推測，很可能作者的原文中還有更不利於反共宣傳的文字，因而編者不願意讓它們與讀者見面。

不過曾問吾的文章也是絕無僅有的一個例外，自此之後，在《文化先鋒》上再也找不出一篇哪怕稍微帶點「客觀性」的關於中共的文字，所有的只是赤裸裸的攻擊乃至污蔑。而且編者還煞費苦心，經常爲某期刊物設立一個相對集中的主題，比如第 7 卷第 4、5 期合刊是「攻蘇專號」，上面發表了周子亞《英美蘇三角關係》、梓英譯《蘇聯之危機》（未署原作者）、庸杞《鐵幕之後》、庫恩作《蘇聯怎樣報導國際新聞》（未署譯者）等文章，集中對蘇聯進行猛烈抨擊；第 7 卷第 8 期則爲「政黨特輯」，發表了褚柏思《論政黨與鬥爭》、丘傑三《民盟總平價》（原文如此）、包遵彭《中國共產黨青年運動總批判》、汪洋《漫畫小黨小派》等文章，對中共、尤其是團結在中共周圍的民主黨派大潑污水；第 7 卷第 12、13 期合刊、第 14 期、第 8 卷第 1、2 期合刊則連續推出了「世界各國共產黨透視特輯」，分別評價了英國、德國、捷克、日本、匈牙利等十幾個國家的共產黨，所講的無非是共產黨在各國是如何的不受歡迎、走投無路，以及共產黨掌權的國家怎樣受到蘇聯的奴役、人民的生活是多麼淒慘等等，其用意自然是警告國內民眾如果讓中國共產黨掌權，「後果」會是多麼「嚴重」。但是當這一特輯分三次連載完成後，歷史已進入了 1948年，此時國民黨的軍隊已在戰場上處處顯出敗象，而《文化先鋒》自身也離它的末日不遠了，它所發出的這種「警告」，聽起來倒更像是一種無望的哀鳴。

不過《文化先鋒》在整個「戡亂」時期，並不是只知道攻擊共產黨，而也會間或正面闡揚一下「三民主義文化」。比如第 7 卷第 6、7 期合刊就刊載了葉青《建立三民主義的社會科學》、林穆光《民生主義之生產體系（上）》、徐文珊《國父手著三民主義未刊稿本與通行本比較研究》三篇文章，第 8 卷第 3 期還有一篇褚柏思的《三民主義的方法論》。然而按道理來說，推進「三民主義文化」建設本來應該是《文化先鋒》自創刊以來的一貫使命，但是到了此時，這些闡揚三民主義的文章夾雜在那一大堆謾罵式的反共文字當中，反倒讓人覺得很不協調，甚至頗爲怪異。大概無論是刊物的編者還是作者，

都感到難以在「三民主義」與「戡亂」之間找到一個合適的結合點，所以《文化先鋒》只能用十之八九的篇幅來叫罵，再用十之一二的篇幅來正面宣揚「三民主義文化」。

至此，我們再回過頭來看張道藩發表在《文藝先鋒》上的《文藝作家對於當前大時代應有的認識和努力》，就會發現其不同尋常的意義，因為這是兩個《先鋒》上唯一一篇明顯帶有把「三民主義」與「戡亂」結合起來之意圖的文章。該文的基本邏輯是：共產黨勾結外國、發動叛亂，所以為了實現民族主義，必須「戡亂」；共產黨反對民主憲政，所以為了實現民權主義，必須「戡亂」；共產黨燒殺搶掠致使生靈塗炭，所以為了實現民生主義，必須「戡亂」。但這種以自欺欺人的謊言為基礎而進行的宣傳，隨著國內戰局的發展，已經越來越沒有市場，恐怕除了張道藩之流自己以外，沒有人會相信國民黨發動的內戰真的是為了三民主義的實現。在這樣的情況下，兩個《先鋒》已不可能完成其建設「三民主義文化／文學」的使命，而只能慘淡收場。

結　語

　　1948 年 9、10 月間，亦即中共發動遼瀋戰役之際，《文化先鋒》和《文藝先鋒》這一對差不多同時創刊的姊妹刊物，又差不多同時終刊。此時距離它們所為之服務的國民黨政權敗退臺灣，尚有一年多的時間，但是在意識形態鬥爭中，它們已經完全無能為力了。這可以說是兩個《先鋒》終刊的根本原因，但除此之外還有一個直接原因，那就是刊物自身面臨的生存困境。1948年 3 月，兩個《先鋒》上同時刊出了《首都雜誌界聯合宣言》，不過這次宣言和以往完全不同，它不再是以「輿論界」的名義對國民政府表示擁護，而變成了對當局的無奈抗議：

　　　　什誌編輯人與新聞記者，同為文化工作而努力，國家民族既然需要文化，也就同樣需要什誌編輯人與新聞記者。然而，今天新聞記者所享受的權利，什誌編輯人並不能享有……再說，報紙與雜誌，同為文化事業，所擔負的任務，雖然不盡相同，但對國家民族的貢獻，根本並沒有兩樣。什誌界在抗戰期間曾經以紙彈發揮攻心的威力，與新聞界並肩作戰；而在戡亂建國的今日，儘管物價高，紙張貴，印刷難，郵費漲，生活苦，仍然和新聞界一樣在那裡大聲疾呼，沒有放棄本身的責任。然而，今天報館有政府大量的配給紙張，什誌社則不能享受同等的待遇，當然，論功行賞，報館是功有應得，而在我們看來，政府對報館幫助也還不夠，但若將什誌社置諸度外，不聞不問，聽其自生自滅，自然更是一件不公平不合理的事。[註1]

〔註 1〕《首都雜誌界聯合宣言》，《文化先鋒》第 8 卷第 4 期、《文藝先鋒》第 12 卷
　　　第 2 期。

　　作爲國民黨中宣部中央文化運動委員會的機關刊物，兩個《先鋒》竟然也參與到雜誌界對政府的抗議中，這實在有點出人意料。但是從宣言中我們也不難看出，包括兩個《先鋒》在內的雜誌大概也是實在支撐不下去了，所以才有這樣的無奈之舉。這篇宣言的末尾提出了三點希望，其中前兩點「籌組什誌界同業工會」和「希望全國新聞界予我們以道義的聲援」並無多大實際意義，只有第三點才是重點：「希望政府給我們應得的權利！國家財政誠然困難，紙張入口誠然不易。但天下事『不患寡而患不均』『不得其平則鳴』，假如國家不要什誌界，乃至不要什誌編輯人，我們自然無話可說。假如不，我們要請政府平心靜氣地愼重考慮什誌界迫切的需要，分配我們報紙，並予我們以切實而有效的輔助。」實際上，在上述宣言發表之前，就已經有一批國民黨的官辦刊物紛紛終刊，此後幾個月內，包括兩個《先鋒》在內的更多刊物也走向了末路﹝註2﹞，可見，它們顯然並未得到宣言中所要求的幫助。

　　上述宣言發出之時，國民政府已經處於奄奄一息的境地，面對著更爲嚴峻的重重困難與威脅，它不可能把更多的精力投入到文化事業上，這也是理所當然。但該宣言也透露出一個耐人尋味的細節，即政府對於報紙和刊物的區別對待。儘管誠如宣言中所說，報紙和刊物同樣可以發揮宣傳作用，但是報紙的時效性以及反映社會問題的直接性，卻是定期出版的期刊所無法比擬的，尤其是兩個《先鋒》這樣以文化／文學爲定位的刊物，在進行意識形態鬥爭的時候，更是比不上直接報導並評論時事的報紙。兩個《先鋒》這樣的刊物，眞正的優勢其實在於能把意識形態宣傳滲透到學術、文藝等領域中，從而產生長期的、潛移默化的影響，但是到了那個時代，這種優點顯然已不是當局所需要的了，所以它們最終遭到被「拋棄」的命運，也是在所難免的。

　　與此形成鮮明對照的是，從 1948 年下半年到 1949 年上半年，伴隨著中共在軍事上的節節勝利，「解放區」的地域不斷擴大，左翼文化陣營的勢力也迅速壯大起來。在中共控制下的許多地區，都有大批文藝刊物和其他綜合刊物紛紛創辦，即以文藝刊物而言，較具代表性的就有東北地區的《文學戰線》、《文藝月報》、《群眾文藝》，華北地區的《華北文藝》，延安的《群眾文藝》，

﹝註2﹞除兩個《先鋒》外，在此前後終刊的國民黨官辦刊物還有《中國青年》、《建國青年》、《三民主義半月刊》等等。

天津的《生活文藝》等等〔註3〕，它們都各具特色，而且也不像以往的好多左
翼刊物那樣僅僅是曇花一現，其中不少都延續到了新政權建立以後。同時，
中共的官方出版機構新華書店，也派人隨軍在新佔領地區陸續建立起分支機
構，使圖書發行網絡和業務逐步發展壯大。另外，中共中央宣傳部通過對各
地出版局的直接領導、多層次的審查制度等手段，嚴格規範了文學作品以及
其他各種出版物的出版發行〔註4〕，這正是國民政府的文化部門長久以來一直
想做卻從來未能做到的。最後，就具體的創作而論，中共方面的作家在這一
時期也寫出了不少重要作品，比如隨軍作家劉白羽的《無敵三勇士》、丁玲的
土改題材作品《太陽照在桑乾河上》、周立波的《暴風驟雨》、草明的工業題
材小說《原動力》等等，均出版於1948年（當然，其中部分作品的出版頗費
周折），遍尋「三民主義文學」的整個歷史，恐怕也很難找出與它們有同等分
量的作品。凡此種種，都再清楚不過地表明了國民政府在文藝乃至文化領域
的全面失敗。

　　對於這種失敗，筆者無意站在歷史勝利者的立場上加以政治的乃至道義
的評判，而試圖探尋其深層次的原因。當然面對錯綜複雜的歷史，後人的任
何闡釋都有可能是片面乃至淺薄的，但至少我們可以從前文的大量分析中，
尋繹出一點端倪。三民主義作為一種意識形態，其本身就有許多先天不足，
它內部的曖昧、含混之處，使得「三民主義」旗幟之下的文化與文學，自誕
生起就不得不掙扎在新與舊、左與右的漩渦之中，而顯得矛盾重重、面目模
糊。唯一有可能幫助三民主義文化／文學擺脫這種宿命的，只有民族主義，
尤其是在抗戰的特殊語境中，三民主義文化／文學借助於民族主義話語掩蓋
了其內部的種種矛盾與裂隙，並獲得了空前的合法性。但是「民族主義」絕
不是一粒何時何地都能奏效的救命丹藥，當抗戰結束、民族問題已經不再處
於整個社會的核心地位時，作為主流意識形態的三民主義，自然也應該調整
宣傳策略，然而國民政府卻仍然緊緊抓住「民族主義」這根救命稻草不放。
當然這其中也有不得已的苦衷，蔣介石的心腹、國民黨最重要的御用文人之
一陶希聖，曾經在1947年說過這樣的話：「我們的民權主義和民生主義沒有

〔註 3〕參見劉增傑主編：《中國解放區文學史》，第 105 頁，河南大學出版社，1988
　　　　年。
〔註 4〕郭國昌：《新華書店與解放區文學出版體制的形成》，《中國現代文學研究叢刊》
　　　　2010 年第 2 期。

做到好處，我們承認。我們的民族主義卻自信做得堅決，做得辛苦，做得可以見諒於世界。」〔註5〕拋去其中的自誇意味，這段話還是在某種程度上道出了實情的，國民黨在解決民權與民生問題方面，實在乏善可陳，所以他們只能以民族主義相號召。但是到了內戰時期，明明是兄弟鬩牆之爭，卻偏要說自己是代表「國家民族」在討伐「勾結外力」的「叛徒」，就有點勉爲其難，當然這種論調仍然可以在個別時刻騙取個別民眾的信任（如二‧二二運動），可一旦被識破，國民黨的主流意識形態也就從根本上失去了合法性基礎。

　　隨著兩個《先鋒》的慘淡收場，三民主義文化／文學也在中國大陸走到了盡頭，它的失敗，可以借用艾略特的詩句來形容：不是「嘭」的一響，而是「噓」的一聲。雖然三民主義文化／文學在發展過程中也有一些成果，但是到了它退場之時，卻顯得冷冷清清，不但沒有絲毫的悲壯可言，甚至都很難喚起人們的同情。然而即便如此，作爲主流意識形態的「三民主義」在現代中國的宿命，仍能帶給我們無盡的思考。

　　比如，當我們把三民主義定義爲「主流意識形態」時，究竟應該如何理解「主流」一詞的含義？以往的研究者在討論左翼文化／文學的時候，這一問題就常常被提出，比如王富仁先生認爲：「主流文化是一個社會在特定的歷史階段被普遍視爲合理性、合法性的文化……它的生產和傳播是不會受到政治、經濟法權的抑制、壓迫和摧殘的，並且在一定條件下還會受到政治、經濟法權的自覺的或不自覺的保護」，它「自然地具有一種社會霸權和文化霸權的性質」〔註6〕，因此他認爲現代中國的主流文化是三民主義文化而非左翼文化。無獨有偶，秦弓先生在論及 30 年代的「文學主潮」問題時，同樣也反駁了認左翼文學爲「主潮」的觀點，但他的邏輯卻與王富仁先生大相徑庭：「確認一個歷史時期的文學主潮，主要憑藉的不應是聲勢，而應是文學觀念與文學創作的建樹及其影響。30 年代，非左翼的民主主義思潮與自由主義思潮，無論是作家陣容與地域覆蓋面，還是理論建樹與創作成就，都不比左翼思潮遜色……不能用 1949 年以後左翼的升帳掛帥來『追認』30 年代的左翼主潮。如果一定要從複雜的歷史現象中尋繹出一個主潮的話，那麼不妨說左翼與民主主義、自由主義共同構成了社會解放與個性解放交織並進的 30 年代文學主

〔註 5〕陶希聖：《愛國運動與亡國運動》，《文化先鋒》第 6 卷第 18 期。
〔註 6〕王富仁：《三十年代左翼文學‧東北作家群‧端木蕻良（之一）》，《文藝爭鳴》
　　　2003 年第 1 期。

潮。」〔註7〕雖然這兩段話論述的一是「文化」一是「文學」，使用的說法一是「主流」一是「主潮」，但忽略這種細微的差別，我們還是能看到兩種截然相反的思路：當「主流」被理解爲受統治者保護、具有霸權性質時，它無疑帶有貶義色彩；但是如果認爲影響最大、成就最高的才能被稱爲「主流」的話，那它又變成了一個褒義詞。而且需要指出的是，「主流意識形態」「主流文化」「主流文學」等說法的涵義，絕不像它們在字面上那樣一以貫之，一般而言，人們對於「主流意識形態」的理解還比較一致，即它是具有官方色彩的、由執政者著力推行的一套觀念體系，近似於所謂的「主旋律」〔註8〕；至於文化和文學上的「主流」該如何界定，卻要複雜得多，前面引述的兩種觀點都有各自的道理，但又不易調和，因爲在政治上佔據有利地位的「主流文化」，就社會影響而言卻往往很難成爲眞正的「主流」，文學則更是如此。只有在個別時代，由官方倡導的「主流文化」「主流文學」才能眞正在社會上成爲「主流」，比如上世紀的 50 至 70 年代，但是討論其他年代的「主流文化／文學」時，我們就不得不小心翼翼。本書中稱三民主義爲「主流意識形態」，卻盡量避免用「主流文化／文學」的字眼來指稱三民主義文化／文學，其原因也在這裡。

　　從現代文學研究的歷史來看，兩種對於「主流」的理解都曾經造成過不同性質、不同程度的遮蔽。80 年代以前，左翼文學被認爲是「主流」，也曾被認爲是唯一值得關注的對象，而處於「主流」之外的文學現象，則往往受到輕視；而八九十年代以來，尤其是種種「後現代」理論興起以後，「主流」一詞漸漸被賦予了更多的負面意義，甚至「非主流」已然成了有個性、有主見等美好特徵的代名詞，相應地，在文學史研究領域，對許多作家作品的判斷也發生了翻轉，其中最主要的表現就是離政治越近的作家越受到貶低，而一大批遠離政治的作家則受到追捧。顯而易見，無論按照上面哪種理解，與國民政府有關的文學運動、文學現象都不太可能成爲受歡迎的對象，從這個意義上說，對「國民黨文學」的研究曾經一度嚴重滯後，恐怕原因絕不僅僅在

〔註7〕秦弓：《如何重寫中國現代文學史》，《中華讀書報》2005 年 8 月 3 日。
〔註8〕當然「主流意識形態」也並非鐵板一塊，比如馬克思主義在整個民國的時空內自然不是主流意識形態，但它在解放區，卻是遠比國統區的三民主義更爲貨眞價實的主流意識形態。另外如果考慮到葛蘭西關於「文化領導權」的論述，即革命的政黨在奪取政權以前，就應該獲得思想文化領域的「領導權」，那事情又會變得更加複雜。

於外在的政治環境。因此，今天我們面對三民主義文化／文學這樣的政治色彩非常濃厚的文化／文學現象時，就要力避對於「主流」問題的本質化理解，既要拋棄那種以意識形態爲依據的獨尊左翼「主流」的陳腐觀念，又要提防由於盲目認同「非主流」而造成的新的陷阱。當然，一種文學現象具有怎樣的文學史地位，最終還是由其自身所取得的成就決定的，所以筆者此處對於「主流」問題的探討，並不是爲了替三民主義文學辯護，而只是想指出我們在面對這樣一種文化／文學形態時可能帶有的先入之見。

　　另外一個值得思考的問題是：文學在整個社會系統中，尤其是在意識形態領域，究竟扮演著什麼樣的角色？國民政府敗退臺灣以後，經常有一些國民黨人尤其是文化官員抱怨政府此前對文藝領域重視不夠，由此才造成了意識形態鬥爭的失利，進而導致了國民政府在大陸的統治全面潰敗，對於這種看法的虛假性，許多研究者都曾經指出過，比如倪偉就說：「誠然，意識形態的鬥爭是現代政黨政治鬥爭的主要內容和形式之一……但是國家政權在政治、經濟乃至軍事等各個方面的全面潰敗，卻不能完全歸結爲意識形態鬥爭上的失敗」，「這種反思實際上過於誇大了文藝在社會整體運作和在維護政權統治中的作用」〔註9〕。不過，倪偉在批評國民黨文化官員的反思之膚淺的同時，似乎也認同了他們把文藝與「意識形態鬥爭」等同起來的邏輯。當然，倪偉主要是按照愛德華・希爾斯的定義來使用「意識形態」這一概念的，即「意識形態是那些由關於人、社會以及與人和社會有關的普遍的認知和道德信念所構成的普遍性模式之一」，它是「一套在文化構造中發揮重要作用的符號系統，對意識形態展開分析，目的是要考察它與現實政治及社會行動之間的複雜的相互作用關係」〔註10〕，按照這樣的理解，作爲特定社會的「表意系統」的文學，自然毫無疑問地屬於意識形態的一部分。但是我們通常在說到「意識形態」、尤其是「意識形態鬥爭」的時候，主要還是把它和政黨政治聯繫在一起的，在這一意義上，所謂文學在意識形態領域裏的地位問題，大約可以置換成另一個曾被討論過無數次的問題，即文學與政治的關係。雖然這早已是陳詞濫調，但是三民主義文化／文學的倡導與實踐，仍能爲我們看待這一問題提供新的啓示。

〔註9〕倪偉：《「民族」想像與國家統制──1928～1948 年南京政府的文藝政策及文學運動》，引言第 1 頁。

〔註10〕同上，第 24 頁。

　　從《我們所需要的文藝政策》等文章中可以明顯看出，對於文學應該在何種程度上爲意識形態服務、甚至是否應該爲意識形態服務，張道藩等人的態度並不是特別堅決，而是時常顯示出某種猶疑。應該說，張道藩還是考慮到了文藝這一領域的特殊性的，即使是在兩個《先鋒》之間比較，也會發現《文化先鋒》承擔了更多的意識形態使命，而《文藝先鋒》則總是能夠相對「超脫」一點。遺憾的是，文藝所受到的這一點「偏愛」，並沒有使得三民主義文學結出什麼美好的果實，且不說與自由主義文學相比如何，就是比起左翼文學來（平心而論，中共對文藝領域的控制要嚴格得多），也要相形見絀。這至少說明文藝與意識形態的關係絕不是線性的，以往那種「政治標準第一」、以是否符合意識形態爲衡量作品之標尺的觀念，早已被絕大多數研究者所放棄，但是切不可因此而走向另一個極端——文學作品的成就同樣不會與其所受的意識形態束縛成反比。

　　認爲文學應該爲經濟、政治、軍事等社會領域負責固然是一種幻想，但讓文學爲意識形態鬥爭的成敗負責，恐怕也有些勉爲其難。至少就三民主義文學的情況而言，說因爲國民政府對文藝領域重視不夠，而導致意識形態鬥爭失敗，就有倒果爲因之嫌，在筆者看來，恰恰是由於三民主義意識形態的先天不足，才致使三民主義文學難以避免失敗的宿命。或許可以這樣說：文學若不爲意識形態服務則已，一旦爲意識形態服務，那麼它本身的感召力，就要在很大程度上取決於其所服務的意識形態的感召力。三民主義文學在左翼文學面前所顯示的巨大劣勢，除了一些具體的原因（如中共確實團結了一批高水平的作家）以外，恐怕更根本的原因還是三民主義意識形態較之馬克思主義在感召力上的差距。

參考文獻

一、民國報刊：

1、《文化先鋒》
2、《文藝先鋒》
3、《文藝月刊》
4、《前鋒周報》
5、《中央日報》
6、《民國日報》
7、《新華日報》
8、《解放日報》
9、《解放周刊》
10、《抗戰文藝》
11、《大公報》（重慶）
12、《申報》
13、《邊政公論》
14、《中國青年》
15、《建國青年》
16、《三民主義半月刊》

二、著作：

1、《先總統蔣公全集》，臺北中國文化大學出版部，1974年。
2、《王平陵先生紀念集》，臺北正中書局，1975年。

3、《陳垣學術論文集》，中華書局，1980 年。

4、《孫中山全集》，中華書局，1981 年。

5、《馮雪峰論文集》，人民文學出版社，1981 年。

6、《梁宗岱譯詩集》，湖南人民出版社，1982 年。

7、《茅盾全集》（第 6 卷），人民文學出版社，1984 年。

8、《毛澤東選集》，人民出版社，1991 年。

9、《梁實秋批評文集》，珠海出版社，1998 年。

10、《沈從文批評文集》，珠海出版社，1998 年。

11、中國人民大學法律系法制史教研室編：《中國近代法制史資料選編》，1980 年。

12、秦孝儀主編：《中華民國重要史料初編・對日抗戰時期・第三編：戰時外交》，中國國民黨中央委員會黨史委員會編印，1981 年。

13、文天行、王大明、廖全京編：《中華全國文藝界抗敵協會史料選編》，四川省社會科學院出版社，1983 年。

14、蘇光文編：《國統區抗戰文學研究叢書・文學理論史料選》，四川教育出版社，1988 年。

15、蔡儀主編：《中國抗日戰爭時期大後方文學書系・第一編：文學運動》，重慶出版社，1989 年。

16、蔡儀主編：《中國抗日戰爭時期大後方文學書系・第二編：理論・論爭（一、二）》，重慶出版社，1989 年。

17、《中國新文學大系 1937～1949・文學理論卷二》，上海文藝出版社，1990 年。

18、中國第二歷史檔案館編：《中華民國史檔案資料彙編・第五輯第一編・文化（一、二）》，江蘇古籍出版社，1994 年。

19、中國第二歷史檔案館編：《中華民國史檔案資料彙編・第五輯第二編・文化（一、二）》，江蘇古籍出版社，1998 年。

20、陳立夫：《唯生論》，正中書局，1939 年。

21、印維廉：《與中國共產黨論三民主義》，勝利出版社，1942 年。

22、張道藩編：《文藝論戰》，正中書局，1944 年。

23、趙友培：《文壇先進張道藩》，臺北重光出版社，1975 年。

24、尹雪曼總編纂：《中華民國文藝史》，臺北正中書局，1975 年。

25、周錦：《中國新文學史》，臺北長歌出版社，1976 年。

26、張道藩：《酸甜苦辣的回味》，臺北傳記文學出版社，1981 年。

27、楊堃：《民族學概論》，中國社會科學出版社，1984 年。

28、藍海:《中國抗戰文藝史》,山東文藝出版社,1984 年。

29、蘇光文:《抗戰文學概觀》,西南師範大學出版社,1985 年。

30、程榕寧:《文藝鬥士——張道藩傳》,臺北近代中國出版社,1985 年。

31、李瑞騰編:《抗戰文學概說》,臺北文訊月刊雜誌社,1987 年。

32、文天行:《國統區抗戰文學運動史稿》,四川教育出版社,1988 年。

33、劉增傑主編:《中國解放區文學史》,第 105 頁,河南大學出版社,1988 年。

34、甘少蘇:《宗岱和我》,重慶出版社,1991 年。

35、蘇光文:《大後方文學論稿》,西南師範大學出版社,1994 年。

36、葛留青、張占國:《中國民國文學史》,人民出版社,1994 年。

37、茅盾:《我走過的道路》,人民文學出版社,1997 年。

38、秦弓:《荊棘上的生命——20 世紀三四十年代中國小說敘事》,春風文藝出版社,2002 年。

39、倪偉:《「民族」想像與國家統制——1928～1948 年南京政府的文藝政策及文學運動》,上海教育出版社,2003 年。

40、陳謙平:《抗戰前後之中英西藏交涉（1935～1947）》,三聯書店,2003 年。

41、鄧野:《聯合政府與一黨訓政:1944～1946 年間國共政爭》,社會科學文獻出版社,2003 年。

42、莊孔韶主編:《人類學通論》,山西教育出版社,2003 年。

43、張憲文等:《中華民國史》（1－4 卷）,北京大學出版社,2005 年。

44、王由青:《張道藩的文宦生涯》,團結出版社,2008 年。

45、張大明:《主潮的那一面——三民主義文藝與民族主義文藝》,中國社會科學出版社,2010 年。

46、張中良:《中國現代文學的「民族國家」問題》,花木蘭文化出版社,2012 年。

47、〔意〕葛蘭西著、葆煦譯:《獄中札記》,人民出版社,1983 年。

48、〔美〕費正清主編、章建剛等譯:《劍橋中華民國史》（1－2 卷）,上海人民出版社,1992 年。

49、〔英〕特里·伊格爾頓著、馬海良譯:《歷史中的政治、哲學、愛欲》,中國社會科學出版社,1999 年。

50、〔英〕馮客著、楊立華譯:《近代中國之種族觀念》,江蘇人民出版社,1999 年。

51、〔德〕卡爾·曼海姆著、黎鳴譯:《意識形態與烏托邦》,商務印書館,

2000 年。

52、〔美〕赫伯特・馬爾庫塞著、李小兵譯：《審美之維》，廣西師範大學出版社，2001 年。

53、〔美〕夏志清著、劉紹銘等譯：《中國現代小説史》，復旦大學出版社，2005 年。

54、〔美〕杜贊奇著、王憲明等譯：《從民族國家拯救歷史——民族主義與中國現代史研究》，江蘇人民出版社，2008 年。

55、〔美〕本尼迪克特・安德森著、吳叡人譯：《想像的共同體——民族主義的起源與散佈》，上海人民出版社，2011 年。

三、學位論文

1、錢振綱：《民族主義文藝運動研究》，北京師範大學博士論文，2001 年。

2、周雲鵬：《「民族主義文學」（1930～1937 年）論》，復旦大學博士論文，2005 年。

3、張志雲：《〈文藝先鋒〉（1942～1948）與國統區文藝運動》，四川大學博士論文，2007 年。

4、汪翠華：《戰時國民黨文藝政策的晴雨錶：〈文藝先鋒〉研究》，西南大學碩士論文，2007 年。

5、畢豔：《三十年代右翼文藝期刊研究》，湖南師範大學博士論文，2007 年。

6、冷川：《20 世紀 20 年代的外交事件與中國現代文學民族話語的發生》，中國社會科學院研究生院博士論文，2008 年。

7、傅學敏：《1937～1945：「抗戰建國」與國統區戲劇運動》，四川大學博士論文，2008 年。

8、尚博：《〈文藝先鋒〉研究》，重慶師範大學碩士論文，2010 年。

9、牟澤雄：《（1927～1937）國民黨的文藝統制》，華東師範大學博士論文，2010 年。

10、趙偉：《〈文藝月刊〉（1930～1941）中的民族話語》，中國社會科學院研究生院博士論文，2012 年。

四、期刊論文

1、孫宅巍：《國民政府經濟接收述略》，《民國檔案》1989 年第 3 期。

2、張仲謀：《王進珊先生文學生涯七十年》，《徐州師範學院學報（哲學社會科學版）》1991 年第 3 期。

3、胡正強：《王進珊文藝報刊編輯故事掇拾》，《編輯學刊》1997 年第 5 期。

4、王家康：《四十年代的詩人節及其爭論》，《中國現代文學研究叢刊》2003

年第 1 期。

5、王富仁：《三十年代左翼文學‧東北作家群‧端木蕻良》，《文藝爭鳴》2003 年第 1－4 期連載。

6、張福貴：《從意義概念返回時間概念——關於中國現代文學的命名問題》，《文學世紀》（香港）2003 年第 4 期。

7、錢振綱：《論三民主義文藝政策與民族主義文藝運動的矛盾及其政治原因》，《江西社會科學》2003 年第 4 期。

8、江沛、張丹：《戰時知識青年從軍運動述評》，《抗日戰爭研究》2004 年第 1 期。

9、秦弓：《如何重寫中國現代文學史》，《中華讀書報》2005 年 8 月 3 日。

10、秦弓：《「五四」時期文壇上的新與舊》，《文藝爭鳴》2007 年第 5 期。

11、秦弓：《魯迅對 20 世紀 30 年代民族主義文學的評價問題》，《南都學壇》2008 年第 3 期。

12、段從學：《論文協在抗戰時期的歷史形象變遷——以歷屆常務理事爲中心》，《重慶師範大學學報（哲學社會科學版）》2009 年第 4 期。

13、劉向上：《「張莘夫事件」與蘇軍撤出東北》，《環球軍事》2009 年第 4 期。

14、秦弓：《現代文學的歷史還原與民國史視角》，《湖南社會科學》2010 年第 1 期。

15、呂厚軒：《陳立夫「唯生論」創制的背景及其內容、特點》，《齊魯學刊》2010 年第 2 期。

16、郭國昌：《新華書店與解放區文學出版體制的形成》，《中國現代文學研究叢刊》2010 年第 2 期。

17、李怡：《含混的「政策」與矛盾的「需要」——從張道藩〈我們所需要的文藝政策〉看文學的民國機制》，《中山大學學報（社會科學版）》2010 年第 5 期。

18、李怡：《民國機制：中國現代文學的一種闡釋框架》，《廣東社會科學》2010 年第 6 期。

19、丁帆：《新舊文學的分水嶺——尋找被中國現代文學史遺忘和遮蔽了的七年（1912～1919）》，《江蘇社會科學》2011 年第 1 期。

20、丁帆：《給新文學史重新斷代的理由——關於「民國文學」構想及其它的幾點補充意見》，《中國現代文學研究叢刊》2011 年第 3 期。

21、秦弓：《關於張道藩劇本〈自救〉的評價問題》，《南都學壇（人文社會科學學報）》2011 年第 4 期。

22、楊奎松：《1946 年安平事件眞相與中共對美交涉》，《史學月刊》2011 年

第 4 期。

23、丁帆：《「民國文學風範」的再思考》，《文藝爭鳴》2011 年第 7 期。

24、張福貴：《從「現代文學」到「民國文學」——再談中國現代文學的命名問題》，《文藝爭鳴》2011 年第 7 期。

25、姜飛：《文藝與政治的合縱連橫——關於抗戰時期「文藝政策」的論戰及其他》，《現代中國文化與文學》第九輯，巴蜀書社，2011 年。

26、秦弓：《三論現代文學與民國史視角》，《文藝爭鳴》2012 年第 1 期。

27、計璧瑞：《張道藩與國民黨的文藝政策》，《中國現代文學研究叢刊》2012 年第 1 期。

28、李怡、周維東：《文學的「民國機制」答問》，《文藝爭鳴》2012 年第 3 期。

29、周維東：《中國現代文學研究中的「民國視野」述評》，《文藝爭鳴》2012 年第 5 期。

30、袁盛勇：《〈講話〉的邊界和核心》，《文藝爭鳴》2012 年第 5 期。

31、丁帆：《關於建構民國文學史過程中難以迴避的幾個問題》，《當代作家評論》2012 年第 5 期。

32、羅執廷：《「民國文學」及相關概念的學術論衡》，《蘭州學刊》2012 年第 6 期。

33、張桃洲：《意義與限度——作為文學史視角的「民國文學」》，《文藝爭鳴》2012 年第 9 期。

34、羅執廷：《中國現代文學發展中的民國出版機制》，《文藝爭鳴》2012 年第 11 期。

35、熊飛宇：《〈一九四一年轟炸集〉與〈抗戰時期重慶大轟炸日誌〉的詩史互證》，《抗戰文化研究》第六輯，廣西師範大學出版社，2012 年。

36、許亦嶠：《從瞿式耜看天主教影響下的明末遺民》，《安徽文學（下半月）》2013 年第 1 期。

37、朱彧：《張莘夫遇害事件真相考》，《炎黃春秋》2013 年第 3 期。

附錄：「民國視野」與現代文學的「研究範式」

一

　　近幾年來，我們時常能看到現代文學研究者對於本學科「研究範式」的討論，不過「範式」一詞卻幾乎在每一位討論者那裡都被賦予了不同的意義，許多截然不同的因素都曾經被指認為「範式」。比如有人認為上世紀八十年代，以「啓蒙」、「現代化」、「民族國家」、「主體性」等全新的關鍵詞為核心而建構起來了一整套新的知識譜系，就是一種延續至今的「研究範式」〔註1〕；有人認為進化論、階級論、啓蒙論、現代性是現代文學研究史上先後出現的四種「研究範式」〔註2〕；有人從史料角度出發，認為側重於「文學研究」還是「文學史研究」，其實是兩種不同的「研究範式」〔註3〕；也有人把「範式」理解為一種文學史的「敘述框架」，認為「新文學」、「近代／現代／當代文學」和「二十世紀中國文學」即是三種文學史範式〔註4〕；有人甚至把一些具體的觀念轉變，比如從以「五四」為現代文學的起源到發現晚清以來的「多種現代性」，從以情感化、政治化的簡單視角看待「十七年文學」轉為「瞭解之同

〔註1〕徐志偉：《中國現代文學研究的範式危機》，《雲南社會科學》2007年第2期。
〔註2〕邱煥星：《中國現代文學研究範式的內在統一性及其問題》，《文藝爭鳴》2009年第7期。
〔註3〕韓晗：《我們需要什麼樣的現代文學研究範式？——關於期刊研究的思考與建議》，《文藝評論》2011年第9期。
〔註4〕李怡：《中國現代文學史的敘述範式》，《中國社會科學》2012年第2期。

情」，以及在「重返八十年代」的口號下對八十年代的文學觀念、文學敘述的反思等等，統統歸結爲現當代文學研究的「範式轉換」〔註5〕；還有人乾脆把某些特定的研究領域，如「文學發生學與文學的現代性辨認、向左翼回歸、知識分子研究與文化研究」等，也說成是目前學界三種主要的「研究範式」〔註6〕。面對著上述種種不但各不相同、甚至是互不相關的關於「範式」的討論，我們難免會困惑：「範式」究竟是怎樣的一個概念，竟然能夠衍化出如此之多的所指？

值得注意的是，許多討論者都會在文章中直接引述托馬斯・庫恩的名著《科學革命的結構》（以下簡稱《結構》），而這本書正是使得「範式」一詞在全世界範圍內流行起來的源頭；另有一些文章雖然沒有正面提到庫恩及其著作，但是從其中常常出現的「常規科學」、「範式危機」、「範式轉換」、「不可通約性」等典型的庫恩式概念中，我們還是很容易發現其所憑藉的理論資源。爲此，我們不妨先來看看「範式」這一概念在庫恩的《結構》中的原始定義。

《結構》是一本科學史著作，其主要觀點可以概括爲：科學革命有著特定的「結構」，其一般過程是這樣的：首先，存在一種具有特定研究範式的「常規科學」；隨後，出現了一些常規科學所不能解釋的「反常」，但常規科學仍然試圖在自身的框架內將其調和；緊接著，隨著「反常」現象的逐漸增多或加重，既有研究範式就會出現「危機」；最後，新的範式在危機中誕生，而危機也隨之得以解決。在這裡，庫恩對於「範式」有著相當明確的定義，即它首先是一項具體的「科學成就」，如果這項成就具有兩個基本特徵，即能夠「空前地吸引一批堅定的擁護者，使他們脫離科學活動的其他競爭模式」，以及具有開放性，「足以無限制地爲重新組成的一批實踐者留下有待解決的種種問題」，那它就是一種範式〔註7〕。因此庫恩所說的「範式轉換」，也就是指一種具有革命性的科學成果的產生，顛覆了此前該領域內的一系列基本認識（這些基本認識也是由以前的某項成果而帶來的），並由此帶來許多新的議題。具體例子如天文學領域內哥白尼的日心說取代托勒密的地心說、力學領域內牛

〔註5〕 郭彩俠、劉成才：《觀念、限度與認識性裝置——從「知識考古學」角度看現當代文學研究的範式轉換》，《東方論壇》2010年第6期。

〔註6〕 李旺：《10年來中國現當代文學研究範式之反思》，《北京工業大學學報（社會科學版）》2013年第2期。

〔註7〕 〔美〕托馬斯・庫恩著、金吾倫、胡新和譯：《科學革命的結構》，第8頁，北京大學出版社，2012年。

頓動力學取代亞里士多德動力學等等。

由此看來,我們在援引庫恩來探討中國現代文學的「研究範式」時,其實存在著很大的誤解,因爲在文學研究領域,恐怕很難找到像哥白尼的日心說、牛頓的運動定律、愛因斯坦的相對論這樣足以顛覆整個學科此前的認識基礎的成果,那些被我們指認爲「範式」的東西,基本上與庫恩的定義南轅北轍。比如,不管如何定義現代文學的「研究範式」,絕大多數討論者都會認爲在 80 年代發生了一次「範式轉換」,其標誌就是「二十世紀中國文學」以及「重寫文學史」的提出,但實際上無論是「二十世紀中國文學」還是「重寫文學史」,其本身僅僅是一種主張,而非具體的研究成果。當然,在上述主張之下確實產生了一批有價值的成果,但是它們都離代表一種「範式」相去甚遠,而且所有討論者所謂的「範式」都並不是指它們。所以,我們基本可以斷言:如果嚴格按照庫恩的定義,在中國現代文學領域,「研究範式」根本就是一種並不存在的東西。

實際上,對於自己提出的「範式」一說的適用範圍,庫恩本來就是有著明確的認識的。他在 1962 年所寫的《結構》初版序言中,提到了促使他發現「範式」的契機:他曾經在一個由社會學家組成的學術團體裏度過了一年,其間他驚奇地發現,「社會學家關於正當的科學問題與方法的本質,在看法上具有明顯的差異……然而,不知怎的,天文學、物理學、化學或生物學的實踐者對其中的基本問題通常並沒有展開爭論,而今日在比方說心理學家或社會學家中,對這些基本問題的爭論則似乎已習以爲常了。」〔註 8〕正是對這種差異的考察,才導致他發現了「範式」在科學研究中的重要作用——顯而易見,他的意思是說在自然科學中存在範式,而社會科學則沒有。在該書中的另一處,庫恩更明確地說:「在社會科學各部分中要完全取得這些範式,至今還是一個懸而未決的問題。」〔註 9〕雖然他沒有提及人文科學,但是人文科學與自然科學的差異,卻比社會科學更加懸殊,因此似乎更不可能產生庫恩所定義的範式。然而詭異的是,在全世界範圍內,「範式」一詞在社會科學乃至人文科學領域內的受追捧程度,竟然遠遠超過了其本來所屬的科學史領域。難怪伊安·哈金教授在爲《結構》撰寫的導讀中不無諷刺地說:「庫恩以一己之力,使『範式』一詞得以如此流行,使得每一個新的讀者,都對這一詞語賦予了與其作者在 1962 年提出時所

〔註 8〕 同上,序言第 4 頁。
〔註 9〕 同上,第 12 頁。

想表達的非常不同的內涵。」而庫恩本人也在這本書僅僅出版了六七年之後，就不得不承認「對這個詞已經失控」〔註10〕。

　　既然對「範式」一詞的無限制使用並非始於現代文學研究領域，甚至也並非始於中國，我們自然沒有必要死抱住庫恩的「原始定義」，而對今天的討論者求全責備。更何況，「範式」（paradigm）一詞在英語中早就存在，庫恩並不是其發明者，當然也無法「壟斷」它的意義，而且它又被翻譯成了中文，讀者對其有不同的理解，這也是很正常的。不過筆者還是想指出：既然我們所謂的「範式」與庫恩的定義相去甚遠，那麼就不應該把庫恩的某些關於「範式」的論述附會到我們的學科。比如，庫恩認爲範式轉換的起點是「反常」的出現，但是即便說在現代文學研究中眞的也存在「範式轉換」的話，那麼它的原因也應歸於社會思潮的變遷和研究者主觀認識的變化，而不是出現了什麼舊範式不能解釋的「反常」。有人或許會認爲，80年代大量曾經被忽略的自由主義作家漸漸浮出地表，這就是一種衝擊了舊的新民主主義範式的「反常」，但實際上，這些作家本來就在他們創作的時代具有相當大的影響力，後來之所以消失在文學史中，只是緣於一種人爲的遮蔽，80年代對他們的所謂「重新發現」，其實僅僅是一種歷史去蔽，這與科學上的新發現完全不應同日而語。再如，庫恩的著作中重要性僅次於「範式」的一個概念是「不可通約性」，即新範式巨大的革命性，使得它與舊範式之間的差異是必然的且不可調和的，這在科學史上很容易找到例證，比如哥白尼的天文學體系建立起來以後，托勒密體系中的那些問題幾乎都變成了僞問題，愛因斯坦的相對論提出以後，牛頓的動力學便僅僅是低速狀態下的一種特例，等等。然而對現代文學研究而言，無論「範式」怎麼「轉換」，像魯迅這樣的經典作家，其地位都不會受到太大影響，如果片面強調新舊範式的「不可通約性」，就會有無視學術傳統的繼承之弊〔註11〕。另外，庫恩認爲「常規科學」的工作不過是「解謎」，而不會產生創新，眞正的創新只能由「範式」的革命來推動，這種觀點就連其他科學史家也往往會提出異議，因爲庫恩過於強調理論創新，而對實驗性、工具性研究的創新性估價不足。如果我們也認爲，文學研究沒有「範式轉換」就不能產生創新的話，那自然會導致不重視文學史料等很嚴重的偏

〔註10〕同上，導讀第11頁。
〔註11〕如果打個不嚴肅的比方，我們倒是可以說：目前討論者對於「範式」的那些五花八門的理解之間，才確實是「不可通約」的。

頗。對於這些問題，許多討論者不是沒有很清楚的認識，就是雖然意識到了，但又由於知識體系的隔膜，而把本來屬於學科差異的問題歸咎於庫恩的範式理論本身的「內在缺陷」。因此，我們在討論中國現代文學的「研究範式」之時，澄清上述種種誤解是十分必要的。

二

在筆者目前所見過的關於現代文學「研究範式」的討論中，最令筆者感興趣的，是倪偉在其博士後出站報告《「民族」想像與國家統制——1928～1948年南京政府的文藝政策及文學運動》（後由上海教育出版社於 2003 年出版）的引言中提出的一個觀點。他認為，上世紀 80 年代「二十世紀中國文學」與「重寫文學史」等命題的提出，標誌著一場「研究範式」的革命的發生，這種新範式以高舉「啓蒙」旗幟和強調文學的「藝術性」為主要特徵，而取代了以往的以革命意識形態為中心的舊範式。這種對於「範式」的理解，在其他討論者那裡也很常見，然而他緊接著提出的一個觀點卻更加值得關注：

> 但是，以啓蒙的意識形態代替革命意識形態來重寫文學史，這只是對以前的文學史敘述結構的某種顛倒，還不能從根本上改變其結構……正是由於沒能徹底地從傳統的以某種意識形態為經、以作家作品為緯的文學史研究模式中超脫出來，到了 20 世紀 90 年代，這種文學史研究範式漸呈疲憊、枯竭之態……〔註12〕

在這裡，倪偉用了另一個詞「研究模式」，來指稱此前的「範式」所共有的特點，即「以某種意識形態為經、以作家作品為緯」，筆者認為，這一概括是很有洞見力的。對於現代文學的「研究範式」究竟是什麼，雖然討論者已經給出了無數種定義，但這些定義歸納起來無非是兩類，一是把範式理解為某種觀念體系，一是理解為某種闡釋框架，而倪偉所指出的「以某種意識形態為經、以作家作品為緯」，則是一種更根本的研究方法。儘管倪偉並沒有把這叫做「範式」，而是用了一個近義詞「模式」，不過在筆者看來，這樣的研究方法倒是最接近庫恩所謂「範式」的本意的，因為每一種範式都會對應著特定的研究方法，而與範式轉換相伴隨的也必然是整套研究方法的更新。至於其他那些曾被稱為「範式」的觀念體系或闡釋框架，無論是「啓蒙」、「現

〔註12〕 倪偉：《「民族」想像與國家統制——1928～1948 年南京政府的文藝政策及文學運動》，引言第 6～7 頁，上海教育出版社，2003 年。

代性」還是「新文學」、「現代文學」、「二十世紀中國文學」，其實更接近於庫恩所說的「議題」，每一種範式內部都會有不同的議題，議題的轉變，並不一定意味著範式的更迭。因此，筆者更傾向於把倪偉概括的這種「以某種意識形態爲經、以作家作品爲緯」的研究方法，界定爲中國現代文學的研究範式，這樣我們或許就應該說，在現代文學研究領域，其實並未發生過此種意義上的「範式轉換」。

對於這種「以某種意識形態爲經、以作家作品爲緯」的研究範式所存在的弊端，倪偉也做了分析：「把文學研究當作思想啓蒙的工具，這和以往那種把文學當作意識形態宣傳工具的做法相去不遠，同樣會把文學研究引入工具論的歧途，使文學研究喪失其豐富性和內在活力」；雖然在「二十世紀中國文學」等議題之下，文學的審美性也會被突出，但對於所謂「藝術價值」的強調往往不過是一種「反抗手段」，況且如果眞的「把文學與社會的其他領域隔絕開來，僅僅滿足於對文學進行純粹的形式美學的研究，那又未免過於狹隘，會使文學史退化爲對個別文學作品或文學體裁的研究」，因此，他描述了自己理想中的文學研究範式：

> 我認爲文學史研究首先應是歷史的研究，它必須能夠在對文學生產和演變歷史的研究中體現出某種深邃的歷史觀，提供對於包括文學在內的整個社會歷史運動的某種洞見。因此，文學史研究不應孤立地研究文學的發展演變史，而必須把文學作爲整個社會系統不可分割的一部分來加以研究，探討文學的生產與其所處的特定歷史時期的社會政治、經濟、文化相互交織、糾纏的複雜關係……正在形成中的這種文學史研究範式將從根本上改變以作家作品爲主幹的傳統的文學史研究模式，而把關注的重點轉移到作爲社會的象徵表意系統的文學在特定歷史時期裏生產機制的形成和演變，以及這一象徵表意系統與其他社會子系統之間的密切關係上來。〔註13〕

這種過於決絕的姿態，或許會令我們疑惑：傳統的文學史範式是否眞的完全耗盡了潛力，而「必須」被新的範式所代替？但是筆者仍然認爲倪偉的提議具有重要的價值，畢竟，現代文學這一學科的研究時段僅有短短的三十餘年，在經歷過成千上萬的研究者的持續挖掘之後，哪怕是稍有成就的作家

〔註13〕 倪偉：《「民族」想像與國家統制——1928～1948 年南京政府的文藝政策及文學運動》，引言第8～9頁。

作品都幾乎已經被窮盡，此後如何培育新的（並且是可持續的）學術生長點，是整個學科都必須面對的難題。在這樣的情況下，轉變文學史的研究範式、將文學史作爲整個社會歷史的一部分來研究，這雖然並不一定是必然的、但的確是一種可能且十分誘人的選擇。只不過，倪偉的表述似乎略有些抽象，比如怎樣才算是把文學看作「社會的象徵表意系統」？把文學與「整個社會歷史運動」聯繫起來又該採取怎樣的方式？從他的著作本身，我們似乎也不容易找到明確的答案，按照倪偉的說法，「我個人更感興趣的問題是文學與現代民族國家建設之間的關係，即文學是如何被整合進民族國家建設的方案之中的？它在民族認同或是民族意識的形成過程中發揮了什麼樣的作用？」〔註14〕這樣的思考確實貫穿在了《「民族」想像與國家統制──1928～1948 年南京政府的文藝政策及文學運動》一書中，但是，所謂「現代民族國家建設」與之前的「啓蒙」，同樣從屬於一種更爲宏觀的意識形態即「現代性」，所以，如果僅僅把關注點從啓蒙轉向現代民族國家，那恐怕很難說是突破了「以意識形態爲經」的研究範式。

　　不知是由於倪偉所設想的新範式太具顛覆性，還是由於這種設想沒能眞正體現在具體的研究成果中，它並沒有得到學界的多少響應。但是近年來現代文學研究領域裏的一股熱潮，即關於「民國」問題的討論，卻很容易讓我們回想起他的觀點。此次討論中，最具代表性的觀點有三種，即「民國文學」、「民國機制」與「民國史視角」，其中「民國文學史」關注的是文學史的命名或斷代問題，與研究範式並無直接關係，而後兩種觀點則與倪偉的設想頗有相通之處：李怡先生提出的「民國機制」是一種新型的「闡述框架」，這種框架「是從清王朝覆滅開始在新的社會體制下逐步形成的推動社會文化與文學發展的諸種社會力量的綜合」，它包括「作爲知識分子的一種生存空間的社會保障，作爲現代知識分子文化傳播渠道的基本保障以及作爲精神創造、精神對話的基本文化氛圍」等內容，這實際上是把「民國」爲文學提供的空間，理解爲類似布爾迪厄所謂之「場域」，並著力探討在這一「場域」內現代文學是如何發生的〔註15〕，這與倪偉所強調的「文學在特定歷史時期裏生產機制

〔註14〕同上，引言第 9 頁。
〔註15〕參見李怡：《民國機制：中國現代文學的一種闡釋框架》(《廣東社會科學》2010
　　　　年第 6 期)、李怡、周維東：《文學的「民國機制」答問》(《文藝爭鳴》2012
　　　　年第 3 期) 等文。

的形成和演變」，已經非常接近了。秦弓先生提出的「民國史視角」針對的則是「歷史還原」的問題，所謂「歷史還原」包括「追溯現代文學的傳統根源、還原現代文學的歷史面貌與發展脈絡、探究現代文學的社會文化背景」等等，在「民國史視角」之下，應該「還原」的具體問題包括「應該全面解讀現代文學中的辛亥革命」，「應該勇於正視民國爲中國現代文學提供的發展空間」，「應該還原面對民族危機的民國姿態」等〔註16〕。這些「歷史還原」主要是從政治的視野上進行的，因此人們最容易看到的是這種論點的政治去蔽意義，但也有評論者指出：「民國史視角」的學術意義遠不止於此，它眞正的價值在於其所體現出的宏闊的史學視野：

> 大陸中國現代文學史研究在歷史視野上並不是十分開闊，它要麼被局限在逼仄的政治史框架中不能動彈，要麼強調文學的自足性在文學的思潮史中打轉，文學史與政治史、經濟史、社會史、思想史、文化史等的豐富聯繫並沒有深入開掘，從而造成文學史研究視野的局限，很多文學史現象之間的深層聯繫不能發現，很多文學史判斷只知其一不知其二。「民國史視角」實際將「文學史」復歸到「大歷史」的框架中，在「大歷史」的框架下審視文學，文學與政治、經濟、思想、社會、文化等因素在歷史中的豐富聯繫因此得以呈現。
> 在我看來，這才是「民國史視角」的眞正價值所在。〔註17〕

上面的一段話，大概同樣也可以用來評價倪偉提出的「文學史研究首先應是歷史的研究」這一主張。因此，筆者覺得「民國機制」與「民國史視角」（尤其是後者）的提出，在某種意義上可以看成是對倪偉的主張的一種呼應，或者說，對「民國」問題的討論恰恰能夠「照亮」倪偉的設想。因爲正如前文所述，倪偉那些略爲抽象的提法，像把文學看作「社會的象徵表意系統」，把文學與「整個社會歷史運動」聯繫起來等等，在具體的學術實踐中究竟該如何落實，是頗令人疑惑的，而「民國機制」與「民國史視角」中的「民國」，則是一種具體而明確的歷史時空，將文學研究納入到民國的歷史語境當中，至少從理論上講是更加具有可操作性的。而實際上秦弓、李怡等先生近年來

〔註16〕 參見秦弓：《現代文學的歷史還原與民國史視角》（《湖南社會科學》2010年第1期）、《三論現代文學與民國史視角》（《文藝爭鳴》2012年第1期）等文。
〔註17〕 周維東：《中國現代文學研究中的「民國視野」述評》，《文藝爭鳴》2012年第5期。

的一些研究，也的確讓人們看到了某種新氣象，並吸引了不少追隨者。由此，筆者覺得在關於「民國視野」〔註18〕的討論方興未艾的今天，重新把現代文學「研究範式」的問題提出來，可謂恰逢其時，這不僅有助於「民國視野」討論的深化，甚至還有可能關係到整個學科未來的發展。〔註19〕

三

如果我們假定，讓文學史回歸到「大歷史」中去將可能成為現代文學的一種新研究範式的話，那麼我們同樣也會遇到這樣的問題，即如何將這種思路納入到學術實踐中，具體來說，也就是如何將「現代文學」真正納入到「民國」的歷史視野裏。

在這方面，秦弓和他的幾位弟子已經做出了比較成功的嘗試和探索，比如秦弓所做的關於抗日戰爭正面戰場與現代文學之關係的研究、冷川討論 20 世紀 20 年代的外交事件與現代文學中民族話語的發生、張堂會討論民國時期自然災害在現代文學中的反映等等，都為我們提供了有益的方法論啟示。冷川曾將這套方法概況為「以事件為中心」〔註20〕，即圍繞著某些具體的歷史事件，來搜集與它們相關的文學作品並進行分析。這種方法的優點是顯而易見的，它不但具有很強的可操作性，而且話題集中，並能夠直觀而明晰地展現出現代文學與民國歷史之間的豐富聯繫。

不過在筆者看來，「以事件為中心」的方法還是有一些美中不足：一方面，按照這種研究方法，只有反映到了文學作品中的歷史事件才能得到關注，而那些由於種種原因沒有被文學所反映的歷史事件便被排除在研究者的視域之外，可它們自然未必沒有價值。換句話說，這樣的研究所關注的歷史，僅僅是被文學「過濾」過的歷史，如果從「大歷史」的角度加以衡量的話，這不

〔註18〕 「民國視野」是周維東在《中國現代文學研究中的「民國視野」述評》中對於「民國文學」、「民國機制」與「民國史視角」三種主張的統稱，它在隨後的討論中逐漸被一些學者接受，因此本書也借用這一表述。

〔註19〕 實際上，已經有研究者在關於「民國視野」的討論中提出了「研究範式」的問題，如李怡先生的《中國現代文學史的敍述範式》（《中國社會科學》2012 年第 2 期）、貫振勇先生的《民國文學史：新的研究範式在崛起》（《文藝爭鳴》2013 年第 5 期）等等，不過筆者對於「範式」的理解與兩位先生均有很大的不同。

〔註20〕 冷川：《20 世紀 20 年代的外交事件與中國現代文學民族話語的發生》，中國社會科學院研究生院博士論文，2008 年。

能不說是一種不足。另一方面，可能更重要的是，我們雖然強調文學史研究的「大歷史」視角，但我們在介入歷史之時仍然要採取「文學的方式」，所謂「文學的方式」，並不僅僅是指通過文學作品來介入歷史，而更在於介入的角度：對於歷史學者而言，歷史上「究竟發生了什麼」可能是最重要的，但是對於文學研究者而言，歷史「事實」的重要性並不是絕對的，歷史事件對人的觀念、心態等精神層面的影響或許才更值得關注。從這個意義上說，「以事件爲中心」的方法如果使用不當，可能變成只是單純地考察文學對歷史事實的反映，結果就會把文學僅僅當成歷史的注腳，或者把歷史當做文學的注腳，而無法眞正在文學與歷史之間建立起「有機的」聯繫。當然，無論是秦弓還是冷川等人，對於「以事件爲中心」的方法運用得都比較得當，在他們的研究成果中很少看到這種簡單化的弊病，不過，如果這種方法眞的有望成爲一種新型研究範式的基本方法而傳佈開來的話，那我們還是需要注意其可能出現的負面效果，而考慮對其加以改進的可能性。

筆者近期關注了《文化先鋒》和《文藝先鋒》兩份刊物，在對它們進行梳理的時候，從中得到了很大的啓示：這是一對關係非常密切的姊妹刊物，差不多同時創刊於 1942 年 9、10 月間，又差不多同時終刊於 1948 年，它們同爲國民黨中宣部文化運動委員會的機關刊物，只是分工不同而已：前者是一份以宣揚「三民主義文化」爲定位的綜合性刊物，其內容涉及到政治、經濟、外交、軍事乃至自然科學等方方面面，同時也發表文學作品；而後者則是一份文學刊物，鼓吹「三民主義文學」。兩份刊物目前的研究狀況有著極大的反差，關於後者，已經出現了一篇博士論文和兩篇碩士論文，可關於前者，目前不但尙無學位論文，就連單篇的論文也很少見，雖然也有研究者偶而提到它，但那基本都是因爲其創刊號上刊發了張道藩的一篇《我們所需要的文藝政策》，至於刊物上其餘那些相當豐富的內容，則幾乎從未進入過研究者的視野。造成這種狀況的原因是很容易理解的：目前現代文學研究的主流範式，還是以作家作品爲中心，所以這樣一份並非以發表文學作品爲主的刊物，自然很難被納入我們的研究範圍。

然而筆者卻發現，這兩份刊物關注的許多話題都是「平行」的。比如，「新與舊」的關係是現代文學中一個常辯常新的話題，不少研究者都曾注意到，抗戰爆發以後，舊體詩詞迎來了一個創作高潮，我們在《文藝先鋒》上也能看到一些舊體詩詞；與此同時，《文化先鋒》上亦有許多探討以儒家爲代表的

中國傳統文化的文章，其內容涉及到哲學、倫理、道德、教育等各個領域。不過兩個《先鋒》在處理新與舊的關係時傾向卻剛好相反：《文藝先鋒》上舊體詩詞的絕對數量雖不少，但相對新文學而言所佔比例仍然極低，而且從一些書評、論著中可以看出，刊物基本上堅守的是新文學的立場；《文化先鋒》則更偏重於傳統文化，並試圖從中發掘出足以與新文化頡頏的力量，像馮友蘭談道德、倫理問題，胡一貫談哲學問題，太虛法師談文化問題等等，都會試圖從傳統文化中尋找話語資源，就連著名的化學家吳承洛，也在一篇科普文章中把化學元素的分類和「五行」學說附會在一起，為此甚至不惜違背自然科學常識。兩個《先鋒》在處理新舊問題上的相同與不同，其原因非常耐人尋味。再比如，民族主義也是現代文學中的一個重要問題，如果討論抗戰時期的民族主義，我們自然會想到那些抗戰題材的文學作品，就《文藝先鋒》而言，此類作品也確實佔據了相當大的比例；但是如果翻閱《文化先鋒》，我們還會發現：除了抗戰這一整個社會的中心事件外，其他一些內政外交上的焦點事件也時常會激起人們的民族主義情緒，比如 1943 年中國與英美兩國簽訂的「平等新約」，以及戰爭時期此起彼伏的邊疆問題等等，都受到了整個社會的普遍關注，雖然在現代文學中很難找到反映這些事件的作品，但是許多政治、外交、地理、歷史等領域的頂尖學者，都曾在《文化先鋒》上撰文討論上述問題，而且他們的討論自然不會是純粹學理性的，而是夾雜著相當複雜的民族感情。這與抗戰文學裏的民族主義話語之間，是有著很大的「互文性」的，如果我們在討論抗戰文學時，能夠把這些內容也納入我們的參照系，那麼我們所理解的民族主義話語將會具有更加豐富的內涵。

像諸如此類的話題，在以往的現代文學研究中雖然被討論得很充分，但是大多數討論要麼是在文學內部進行的，要麼至多從「思想史」領域找一些參照。而實際上，許多話題都不可能只有文學在關注，所以我們的文學研究如果能在討論這些話題時，不僅僅局限於作家作品，而是將與作家作品同時代的、其他社會文化領域對於同類話題的關注也納入參照系，那無疑會大大拓展現代文學研究的視域。同時，這樣的研究方式還可以避免把文學與歷史事件直接勾連所可能產生的簡單化之弊，因為它不是直接以歷史事件為關注對象，而是探討文學作為社會文化領域中的一個分支，與其他分支在介入歷史的方式上有何異同，這樣就可以達到通過「文化」的中介而將文學融入歷史的效果。因而，如何通過「文學的方式」介入歷史，亦即如何從精神層面

觀照歷史的問題，或許也就可以迎刃而解。

　　當然就目前而言，所謂現代文學研究的新範式還僅僅是一種設想，而且即使這種範式真的形成，在可以預見的時期內，它也不太可能取代傳統的研究範式，最多不過是與其並存而已，因為傳統的以意識形態為經、以作家作品為緯的研究範式雖然面臨著「飽和」的危機，但是其內部調整的潛力還遠遠沒有耗盡。所以，本文探討的讓文學融入「大歷史」的研究範式，也就至多只能被看做現代文學學科未來有可能的發展方向之一。